잘게 조각난 삶의 단면일지라도,
그 안에는 여전히 살아 있는 감정과 시간이 있다.
- 머릿말중에서

남 명 희 드림

시베리아 횡단 열차는
기다리지 않는다

남명희 휴먼 산문집

시베리아 횡단 열차는 기다리지 않는다

발 행 일　2025년 12월 01일
지 은 이　남명희
표지그림　안유정
이 메 일　nam3583@hanmail.net
펴 낸 곳　안북스(인쇄와디자인)
출판등록　제07-2012-70호
주　　소　서울 성북구 고려대로 27길 6
전　　화　(02) 957-7780
이 메 일　color5400@naver.com
ＩＳＢＮ　979-11-89850-93-7　　03800
값　　　　22,000원

ⓒ 남명희 2025

** 본 책의 내용 일부 혹은 전부를 사용하려면 반드시 저작권자의 동의를 받으셔야 합니다.
[본 책에서는 한국출판인회의에서 제공하는 Kopub 서체와 개방형 공유 서체를 활용 하였습니다.]

시베리아 횡단 열차는
기다리지 않는다

남명희 휴먼 산문집

책 머리에

　세월이 흐르고 기억은 희미해져도 잊지 못할 순간들이 있다. 기억은 본질적으로 불확실하고 불연속적이지만, 의미와 추억이 담긴 사물이나 사람은 오래도록 또렷하게 남는다. 빛바랜 사진 몇 장이나 오래된 편지 한 통은 잃어버린 기억과 단절된 순간들을 다시 불러내곤 한다. 비록 잘게 조각난 삶의 단면일지라도, 그 안에는 여전히 살아 있는 감정과 시간이 있다.

　그 속에 숨어있는 슬픔과 아픔과 환상과 그리움은 오직 나만의 것이다. 남들에게 내놓고 얘기하기가 부끄럽고, 때로는 애써 잊으려 했던 나만의 은밀한 것들도 있다. 하지만 차마 잊지 못해 내 삶의 궤적으로 한데 모아 남기고 싶었다.

　'잃어버린 순간을 찾아서'의 제목은 마르셀 프루스트의 『잃어버린 시간을 찾아서』에서 빌려온 것이다. 한편 '성북에서 읽은 사람책'에는 성북구 주민기록단 활동을 하며 만난 이웃들의 진솔한 삶의 이야기를 담았다. 주민기록단 활동을 위해 도움을 주신 성북문화원 직원 여러분에게 이 자리를 빌려 깊은 감사를 드린다.

2025년 가을
남명희

Author's Note

Even as the years pass and memories fade, there are moments that remain unforgettable. Memory, by its nature, is uncertain and fragmented—but the objects and people imbued with meaning and emotion stay vivid for a long time. A few faded photographs or an old letter can summon back what was once lost—reviving moments that had slipped away. Though they may be mere fragments of a life, within them still dwell living emotions and the flow of time.

The sorrow, pain, illusion, and longing hidden within those fragments are mine alone. Some of them are too private to reveal, others I once tried hard to forget. Yet, unable to let them go, I wished to gather them together—to trace and preserve the path of my life.

The title 'In Search of Lost Moments' borrows from Marcel Proust's 『In Search of Lost Time』. Meanwhile, 'The Human Book I Read in Seongbuk' captures the honest and heartfelt stories of neighbors I met while participating in the Seongbuk Community Records Team. I would like to express my heartfelt gratitude to the staff of the Seongbuk Cultural Center for their kind support of this work.

Autumn 2025

Myung-hee Nam

Contents

7 • 책 머리에

8 • Author's Note

1부 잃어버린 순간을 찾아서

14 • 동모산 언덕에 서서

23 • 비밀의 정원
      정릉 집의 추억

29 • 내 영혼의 가압장

36 • 사라진 별
      친구 이효형(李孝炯)을 그리며

41 • 무인경전철

48 • 어떤 결심

54 • 인생 좌절의 순간 나를 살린 산(山)

59 • 비둘기 새끼를 떠나보내며

64 • 달리는 사람들

71 • 목련 애도(哀悼)

77 • 인생 7막을 살며

89 • 굽봇대

96 • 산티아고 노인과 장자(莊子)

102 • 가장 귀중한 일

107 • 바다는 사랑이었다

111 • 애가(哀歌) 묵상

116 • 리더십의 기술 - 내가 배운 '리더의 길'

117 • The Art of Leadership: How I Learned to Lead

2부 손편지의 그리움

130 • 손편지의 그리움

134 • 결혼 21주년 기념일을 맞으며
　　　뉴욕에서 아내에게 쓴 편지(1)

139 • 삶의 파라독스를 생각하며
　　　시카고에서 아내에게 쓴 편지(2)

147 • 철새도 둥지 찾아 떠나가는데
　　　뉴욕에서 아내에게 쓴 편지(3)

152 • 당신은 우리 가정의 중심이오
　　　뉴욕에서 아내에게 쓴 편지(4)

156 • 공부에는 인내뿐, 정답은 없다
　　　필라델피아에서 아들에게 쓴 편지(1)

162 • 좋은 만남, 아름다운 추억들
　　　필라델피아에서 아들에게 쓴 편지(2)

171 • 기억에 남는 9명의 인물들
　　　필라델피아에서 아들에게 쓴 편지(3)

179 • 의사 소명을 받은 아들에게
　　　김대건 신부 유학처 마카오에서 쓴 편지

190 • 드넓은 글로벌 세계로 날아가다
　　　미국의 커리어우먼 딸에게 쓴 편지

3부 성북에서 읽은 사람책

208 • 호랑나비를 기다리는 여자
  개운산에도 초피나무가 있을까

217 • '익청로' 비석을 세운 사람
  중봉 이가범 화백을 그리며

231 • 마흔에 시작한 고물상 인생
  고물상 이야기(1)

240 • 폐지 줍는 사람
  고물상 이야기(2)

254 • 알록달록 바느질하는 이주여성들
  '다문화 고부 열전' 속 이주여성의 특징

268 • 재개발의 고통과 상처
  정릉골의 시련(1)

281 • '박경리 가옥'이 사라진다
  정릉골의 시련(2)

293 • 떠나야 할 사람들
  정릉골의 시련(3)

307 • 명랑 할머니 이발사
314 • 튀밥 할아버지

4부 블라디보스토크에서 바이칼까지

324 • 지금, 이 자리
329 • 시베리아 횡단 열차는 기다리지 않는다
346 • 알혼섬의 들풀
354 • 에피슈라의 비밀
361 • 미니픽션/하보이곶의 이방인
370 • 단편소설/이콘을 찾아서

1부

잃어버린
순간을 찾아서

'우이-신설 도시철도' 무인경전철(2017.9.2.개통)

잃어버린 순간을 찾아서

동모산 언덕에 서서

　비행기가 옌지(延吉)공항에 가까워지자 빠르게 고도를 낮추었다. 중국 여행은 처음이었다. 창밖을 서성거리던 내 시선이 공항 청사의 지붕 위 '연길'이라는 한글 팻말에 멈추었다. 물론 옆에는 한자 '延吉'도 나란히 있었지만 내 눈에는 '연길'만 보였다.
　중국의 낯선 공항에서 커다란 한글 간판을 본 순간, 나도 모르게 '아, 여기가 바로 연변의 중심 연길이구나' 하는 탄성과 함께 가슴이 두근거렸다. 조선인이 이주하여 이곳을 개척하였고 그전에는 북간도라고 부른 땅, 그리고 지금은 연변조선족자치주의 주도(州都)이며 백두산의 관문인 옌지(延吉)에 온 것이었다. 나는 드디어 중국 땅에 온 것을 실감했다.

　석 달 전쯤이었다. 홍범학(弘範學)을 연구하는 단체에 근무하는 친구 P가 문자를 보냈다. 7월쯤 백두산과 만주 지역으로 답사 갈 계획인데 함께 가면 좋겠다는 것이었다. 중국 지린성(吉林省)의 옌지(延吉)에서 백두산을 거쳐 헤이룽장성(黑龍江省)의 하얼빈(哈爾濱)까지, '홍역 사상의 원류를 찾아' 20여 명의 회원들이 함께 가는 순례의 길이다.
　나는 홍역 사상에 대해 들어본 적이 없었다. 친구에게 물었더니 '홍범'

은 유교의 5대 경전인 서경(書經)의 주요 내용인데, '나라와 백성을 편하게 하라'는 왕의 통치 비법을 공자가 정리해서 후대에 전한 것이라고 얘기해주었다. 아무튼 나는 곧바로 순례길에 동참하기로 했다. 사진으로만 보았던 백두산을 간다기에 마음이 끌렸던 것이다. 우리뿐만 아니라 동방 민족이 성산(聖山), 혹은 영산(靈山)으로 숭상해 온 백두산이 아니던가!

그런데 참으로 알 수 없는 일이었다. 답사를 다녀온 지 한 달이 지난 지금, 이 글을 쓰고 있는 내 머릿속에는 온통 만주벌판을 덮고 있던 옥수수밭의 기억뿐이니 말이다. 오금이 저리도록 지그재그로 달리는 지프차의 손잡이를 움켜잡고 올랐던 백두산 천문봉에서의 감격이며, 20억

톤의 물을 품은 천지(天池)가 승사하(昇嗣河) 계곡의 깎아지른 벼랑으로 떨어지는 장백폭포의 장대한 광경도 꿈결의 한 장면처럼 가물거린다. 어디 그뿐인가. 석양의 노을처럼 내 가슴을 붉게 태우던 상경용천부(上京龍泉府) 발해성터도 1,300여 년 전의 먼 얘기다. 또한 하늘을 찌르는 침엽수림 사이로 펼쳐지던 자작나무와 잎갈나무 숲의 이국적인 모습도 추억 속 풍경으로만 남았다. 내 눈앞에는 바람결에 흔들리는 옥수수밭만 또렷하다.

버스는 만주벌판을 쉼 없이 달렸다. 어디를 가나 광활한 대지 위에 펼쳐진 옥수수밭이 뜨거운 여름을 지키고 있었다. 옥수수밭은 침묵 속에

서 말하고 있었다. 찬란한 햇볕이 곧 생존이라고. 지린성(吉林省)의 어디쯤인가에서 버스가 멈춰 섰다. 옆의 남자가 동모산(東牟山) 입구라고 하며, 고구려의 장수였던 대조영이 당나라군을 몰아내고 옛 고구려 땅에 발해(勃海)를 건국하고 처음으로 도읍을 정한 곳이라고 귀띔을 해주었다. 그러나 버스에서 내려 밟고 들어선 발해의 땅에 발해는 없었다. 화강석 바닥의 넓은 광장 한가운데 느닷없이 청조사(淸祖祠)란 글자가 새겨진 청동 향로가 불쑥 앞을 막아섰다. 내 키의 배는 됨직한 높이의 큰 화로였다. 광장을 지나자 궁전을 연상케 하는 위압적인 건물이 버티고 섰다. 청조사(淸祖祠)였다. 궁전인지, 아니면 사당인지, 아무튼 그 건

물과 거대한 용이 새겨진 돌계단은 최근에 지은 게 분명했다.

누군가 "청나라 주체궁전인 모양이네." 라며 대문 안으로 들어갔다. 그를 뒤따라간 나는 정면에 버티고 앉은 청 태조 좌상 앞에서 그만 막대처럼 꼿꼿이 굳어버렸다. 긴 칼을 거머쥔 누루하치의 좌상 뒷벽에 선명하게 쓰여 있는 '애신각라(愛新覺羅)'와 맞닥뜨렸기 때문이었다. '신라를 사랑하고 기억하자?' 도대체 청나라 사당에 이 무슨 알 수 없는 글귀인가. 나는 무척 당혹스러웠다. 그때, 탐방객 앞에서 설명하는 목소리가 들렸다. 그는 옌지공항에서 A4 크기의 손팻말을 들고 우리 일행을 맞이한 조선족 현지 가이드 청년이었다.

"청나라를 세운 사람이 누구인지 기억하세요? 그의 이름은 아이신 쥐러 누루하치이며, 이를 한자로 표기하면 애신각라 노이합적(愛新覺羅 努爾哈赤)입니다. 만주어인 '아이신 쥐러'는 청 황실의 성씨로 금(金)의 부족을 뜻합니다. 청 황실의 성인 애신각라(愛新覺羅), 즉 아이신 쥐러는 금(金)의 부족, 또는 김 씨를 뜻합니다. 그래서 청조의 마지막 황제인 '아이신 쥐러 푸이(愛新覺羅 溥義)'의 이름을 한자로 쓰면 '김부의(金溥義)'가 됩니다. 그러니까 여기 보시는 '愛新覺羅'는 청 황실의 성씨인 아이신 쥐러를 한자로 표기한 것일 뿐으로 우리의 신라와는 아무런 관계가 없는 것입니다."

그의 설명을 들은 나는 청 태조 누루하치부터 마지막 황제인 선통제 푸이까지 청조 황제 열두 명의 좌상을 둘러보면서도 여전히 당혹스러울 수밖에 없었다. 중국은 왜 하필이면 발해의 성터였던 이곳에 난데없이 엄청난 규모의 청조사를 지었을까. 하기야 동모산에서 가까운 지금의 둔화시(敦化市)가 청 태조가 태어난 곳이라니 어쩔 수 없는 노릇이기도 했지만 말이다. 갑자기 가슴이 답답해졌다. 그러나 이상했다. 나는 슬프지도 않았고 통탄할 회한도 일지 않았다. 눈물 한 방울 나지 않았다. 나는 하릴없이 동모산 언덕의 청조사 기둥에 기대서서, 멀리 육정산이 보이는 넓은 들판에 널브러진 옥수수밭만 한없이 바라보았다. 순간, 깜짝 놀랐다. 눈앞의 기름진 옥수수밭이 어느새 이름 모를 들풀로 가득한 벌판으로 변해있었다. 그리고 불현 듯 들풀처럼 살다 간 우리의 조상 조선인이 떠올랐다.

조선의 1800년대 후반은 백성들이 몹시 힘들고 어려운 시기였다. 가난과 학정에 시달린 수많은 조선인들은 '굶어죽지 않기 위해' 먼 옛날 우리의 땅이었던 만주 지역으로 삶의 터전을 옮겼다. 그들은 고향에서 했던 것처럼 척박한 땅을 개간하여 벼농사와 보리농사와 옥수수 농사를 지었다. 천성이 부지런한 조선인들은 얼마 지나지 않아 여유로운 생활을 할 수 있었다.

일본군이 만주를 점령하면서 그들에게 참변이 닥쳤다. 조국의 독립을 꿈꾸며 '해란강 가를 말 달리던' 우국지사들은 일본군의 총칼에 스러져 갔다. 또한 수많은 조선인들이 '마루타'가 되어 생체 실험장으로 끌려가 생죽음을 당했다. 조선인들은 살아있는 상태에서 마취 없이 실험을 당했고, 질병을 일으키는 세균을 집어넣은 만두를 멋모르고 먹었다.

한편 옛 부여의 땅 연해주로 이주한 우리의 조상들은 어느 날 자신들이 개척한 삶터에서 이유도 모른 채 허허벌판 중앙아시아로 쫓겨 갔다. 그들은 무려 6,000킬로미터를 소나 돼지처럼 화물칸 기차에 실려 강제

청조사 전경

누루하치 좌상 뒷벽의 선명한 '愛新覺羅'

로 끌려갔다. 이동 중에 기차 칸에서 굶어 죽고, 병들어 죽고, 얼어 죽었다. 새로운 삶을 찾아 만주와 연해주로 이주한 조선인들은 그렇게 이름 없는 들풀처럼 짓밟혀 죽었다.

동모산을 떠난 버스의 창밖은 또다시 초록으로 물든 광활한 옥수수밭이었다. 그래도 내 눈에 보이는 것은 옥수수가 아니라 들풀이 무성한 조선인들의 한이 맺힌 들판일 뿐이었다. 바람에 서걱대는 옥수수밭의 적막함이 내 마음을 더 아프게 했다. 말 없는 옥수수밭은 처절함을 지나 차라리 숙연했다

답사의 마지막 코스인 하얼빈역의 안중근 의사 의거 현장과 기념관을 둘러본 후 하얼빈(哈爾濱)공항을 떠나던 날이었다. 공항은 한국에서 온 여행객들로 붐볐다. 우리 홍범학 순례단 일행은 ㄹ자로 줄을 친 통로를 따라 조금씩 앞으로 나아갔다. 그 순간, 나는 전기에 감전이라도 된 듯 흠칫 놀랐다. 답사길 내내 우리 곁에서 안내를 해주던 조선족 청년이 생각났기 때문이었다. 혹시 그도 들풀처럼 살다 간 조선인의 후손일지도 모른다는 생각에 머무르자, 나는 감추었던 물건을 들킨 사람처럼 당황스러웠다. 여행 중에 그에게 좀 더 잘 대해주지 못한 게 못내 아쉬웠다.

백팩을 멘 채 손을 흔들고 있는 조선족 가이드 청년이 조금씩 멀어져 갔다. 줄의 방향이 바뀌면 한동안 그의 얼굴이 보이지 않았다. 나는 검색대 쪽으로 가면서 뒤돌아보았다. 좁은 간유리 사이로 그때까지도 손을 흔들고 있는 청년이 보였다.

검색대를 빠져나온 나는 혹시 그의 얼굴을 한 번 더 볼 수 있을지도

모를 거라는 생각을 하며 한동안 그 자리에 서 있었다. 그러나 더는 그의 모습은 보이지 않았다. 내가 움직이지 않고 서 있자, "그만 가지 그래." 하고 친구 P가 내 팔을 가볍게 당기며 말했다. 그러나 나는 그에게 먼저 가라고 말한 뒤 잠시 눈을 감고 스산한 침묵 속으로 빠져들었다. 그 조선족 청년이 더욱 궁금해졌기 때문이었다. 어쩌면 그는 봉오동전투나 청산리전투에서 일본군과 맞서 싸우던 독립군의 핏줄을 이어받은 후손의 하나일지도 몰랐다. 혹은 일본군에게 짓밟혀 죽은 어느 이름 없는 들풀의 자식일지도 몰랐다. 그제야 옛 발해성터에 세워진 청조사 마당에서도 눈물을 보이지 않았던 내 눈에 이슬이 맺혔다. 그 청년에게 무슨 말이든 건넸어야 했는데 못내 무심했던 내가 부끄러웠다. 7일 간의 순례 여정은 모두 끝났다. 하얼빈에서 헤어진 그는 이제 자신의 고향인 지린성 옌지시(吉林省 延吉市)로 다시 돌아갔을 것이다. "멀어서 기차를 타고 갈 겁니다." 귓가에 그의 목소리가 들리는 듯했다.

  하얼빈공항을 떠난 비행기가 순항고도에 접어들고 기내식 서비스가 시작되었을 즈음, 문득 나는 그 청년을 만나러 조만간 다시 옌지(延吉)에 와야겠다고 마음을 먹었다. 마치 그 조선족 청년과 만주벌판에서 일본군과 외로운 싸움을 하던 어느 독립군과의 관계를 내가 꼭 알아내야 할 역사의 비밀처럼 느끼며.

잃어버린 순간을 찾아서

비밀의 정원
정릉 집의 추억

동네 사람들은 우리 집 마당을 '비밀의 정원'이라고 불렀다. 누가, 어떻게 하여 프랜시스 버넷이 지은 《비밀의 화원》이란 소설 제목을 떠올리는 이름을 붙였는지는 알 수 없다. 혹시 우리 집 뒷마당에 들어와 본 누군가가 그냥 애칭으로 말한 것이 사람들의 입에서 입으로 전해져 그렇게 부르게 된 것이 아닐까 라고 내 나름대로 추측해 본다.

첫째 아이가 초등학교에 입학한 해였으니까 1982년 봄 즈음일 것이다. 신혼 초부터 살던 셋방에서 '정릉 집'으로 이사했다. 양지바른 언덕 위 국민주택단지에 지은 집으로, 120여 평의 너른 마당에 푸른색 기와를 얹은 아담한 단층짜리 양옥이다. 결혼 8년 만에 정말 꿈처럼 그리던 내 집을 갖게 되었다.

뒷마당에는 소나무, 향나무, 사철나무 등 늘 푸른 나무들과 모과나무, 대추나무, 은행나무 등 유실수들이 어깨를 겨루고 있다. 나무들은 한결같이 둥치가 굵고 튼실한 가지를 쭉쭉 뻗고 있다. 앞서 살았던 집주인이 오랫동안 정원을 잘 가꾸며 지켜왔다는 걸 알 수 있었다.

또한 주황색 벽돌 담벼락을 따라 만들어 놓은 화단에는 목련, 장미, 찔레꽃 등을 비롯하여 채송화, 분꽃, 수선화, 수국, 목단, 참나리, 맨드라미 따위의 꽃이 철마다 번갈아 피었다. 하지만 어느 꽃밭에서나 흔히 볼 수 있는 이런 꽃들보다 나는 마당 곳곳에서 꿋꿋하게 자라는 민들레, 할미꽃, 애기똥풀, 돌나물, 쑥, 엉겅퀴 등 야생초(野生草)들을 보는 게 더 즐겁고 행복했다. 특별히 가꾸지 않아도 나름의 색깔과 모양을 뽐내며 제 자리를 지키는 들풀들은 마치 씩씩하게 커가는 우리 아이들 모습 같았다. 마당의 흙이 드러난 곳에는 잔디를 입히고, 대문 옆 공간에는 작은 연못도 새로 만들었다.

아이들은 사계절 중 뒷마당 잔디밭에 누워 별들의 얘기를 들려주는 여름밤을 제일 좋아했다. 저녁을 먹고 나서 땅거미가 내려앉을 즈음, 마당에 널찍한 돗자리를 펴고 모기장을 친다. 그런 다음 아이들과 드러누워 북두칠성을 세고 은하수 강물도 건넌다. 또 달 속의 계수나무와 토끼 얘기도 들려준다. 밤이 깊어지면 식구들은 검푸른 하늘에 오색유리알처럼 영롱하게 반짝이는 별들을 보며 '푸른 하늘 은하수 하얀 쪽배'를 합창하다 스르르 잠이 든다. 그런데 정릉 집에서는 아침에 늦잠을 잘 수 없다. 아침햇살이 채 퍼지기도 전에 한 무리의 참새 떼가 몰려와 짹짹짹 재잘거리며 야단법석을 떨고 가면, 이어서 까치 가족의 깍깍거리는 요란한 울음소리가 잠을 깨웠기 때문이다.

우리 집은 동네 아이들의 놀이터였다. 주변에 마음 놓고 놀만한 놀이터가 없던 터라 학교에서 돌아온 아이들은 자연스럽게 우리 아이들과 어울려 놀았다. 아이들이 자주 들락거리니 대문은 늘 열어두었다. 잔디가 깔린 넓은 뒷마당과 비단잉어들이 노는 연못이 있고 우거진 수목과 온갖 꽃이 흐드러지게 핀 꽃밭이 있는 정원은 여느 이름 있는 놀이공원에 비해도 손색이 없었다. 게다가 아이들을 위한 간식을 아내가 때맞춰 내놓았으니 아이들에게는 더할 나위 없는 최고의 놀이터였다. 또한 아이 엄마들도 수시로 들러 함께 음식도 나누고 담소하는 사랑방이 되었다. 한편 언덕길 중턱에 있는 집이라 오가는 사람들이 잠시 들러 숨을 돌리고 가기도 좋은 위치에 있었다. 그래서인지 간혹 낯모르는 사람도 늘 열려있는 대문으로 스스럼없이 들어와 연못가에 앉았다 가거나 뒷마당을 한 바퀴 둘러보고 가기도 했다. 그럴 때면 '동화처럼 예쁜 정원'에서 잘 쉬었다 간다는 인사를 빼놓지 않았다.

　비밀의 정원은 80년대 후반부터 불어닥친 '강남 바람'에 시련을 겪게 되었다. 사람들은 강남으로 가야 '돈'이 된다며 너도나도 남쪽으로 이사를 갔다. 가까이 지내던 이웃들이 하나둘씩 동네를 떠나자 우리 식구들도 덩달아 마음이 달떠서 늦기 전에 정릉 집을 떠나자고 했다. 하지만 10여 년간 정원을 가꾸어오며 정이 듬뿍 든 나는 한 발짝도 떠나고 싶지 않았다. 내게는 제2의 고향집과 같은 곳이었다.

　얼마 지나지 않아 강남 바람 못지않은 드센 '개발 바람'의 역풍이 불어닥쳤다. 앞집이 허물어지고 그 자리에 5층짜리 빌라가 들어섰고, 옆집과 뒷집들도 빌라나 다세대 주택으로 하나씩 하나씩 바뀌어 갔다. 온종일 땅을 파는 굴착기의 소음이 동네를 흔들었고 공사장에서 날아 온 회색 먼지를 뒤집어쓴 마당의 잔디는 서서히 시들고 병들어 갔다. 정원을 제 집 드나들듯 하던 그 많은 참새 떼와 까치들도 사라졌다.

주변의 집과 사람들이 낯설게 바뀌어 갔고, 마침내 신축 주택들에 포위된 우리 집만 절해고도 외로운 섬처럼 남게 되었다. 시시각각 밀려오는 개발의 파도에 더는 버틸 수 없게 되었다. 정릉을 떠나자는 가족들의 성화도 드세졌다. 꽃들도 시들고 새소리도 사라진 마당에 먼지를 뒤집어쓰며 살 수는 없다는 것이었다. 딱히 남들이 가는 강남이 아니라도 좋으니 우리도 이참에 편안한 아파트로 가서 한번 살아보자고 했다. 끝까지 정릉 집을 지키려던 나도 두 손 들고 포기할 수밖에 없었다.

결국 우리 비밀의 정원은 개발자들의 손에 허물어지고 장미꽃이 흐드러지게 피던 정원에는 아이러니컬하게도 '장미빌라'라는 낯선 이름의 3층짜리 시멘트 건물이 밟고 올라섰다. 아이들은 '마음의 고향'마저 뺏겨버렸다. 아버지로서 아이들의 꿈과 희망, 그리고 즐거움이 있던 그 뜰을 끝까지 지켜주지 못한 회한에 마음이 아팠다.

푸른 잔디와 온갖 화초와 들꽃들이 자연스럽게 어우러진 마당에서 아이들은 즐겁고 신나게 뛰어놀며 자연 속에서 그들만의 세계를 만들고 꿈을 키워 왔다. 동네 아이들과 함께 어울려 놀며 서로 사랑하는 방법을 익혔을 것이고, 이 세상은 살기 좋은 곳이라는 희망을 갖게 되었을 것이라고 나는 믿었다.

돈암동 H아파트로 이사한 후에도 비밀의 정원을 결코 잊을 수가 없었다. 대문 위의 S자 모양으로 멋지게 굽은 향나무며, 가을이면 가지가 찢어지도록 주저리주저리 매달린 대추를 이웃들과 나누어 먹던 일 등을 가끔 떠올려보기도 한다. 그럴 때면 내 집 정원처럼 가까이 있어 손쉽게 갈 수 있는 북한산으로 가서 마음을 달랜다. 언제나 산은 지나온 시간들을 고스란히 간직한 채 나를 맞는다. 청수장 입구에서 고갯길 몇 개 넘으면 먼 데서 목탁 소리에 실린 온화한 독경 소리가 들려온다. 그리고 발걸음은 어느새 영취사(靈鷲寺)가 내려다보이는 산 중턱에 이른다. 산은 누구나 들어갈 수 있는 비밀이 없는 정원이다.

돌이켜보면 정릉 집도 사람들이 비밀의 정원이라고 그렇게 이름을 붙였을 뿐이지 누구나 들어올 수 있는 '열린 정원'이었다. 이제는 먼 추억 속으로 사라져 버렸지만, 우리 정릉 집 정원을 거닐어본 사람들의 머릿속에 동화 속 같은 정원으로 오래 기억되기를 바란다.

잃어버린 순간을 찾아서

내 영혼의 가압장 [1]

 2012년 8월 초, 36도의 폭염 속에 윤동주 문학관 개관을 기념하는 탐방 행사에 참가했다. 국립중앙도서관, 교보문고, 조선일보가 공동으로 주최한 이 행사에는 동료 문학인 80여 명이 함께 했다. 경복궁을 지나 자하문 길로 들어선 버스는 잠시 후 일행을 청운동 인왕산자락 끄트머리 '시인의 언덕' 입구에 내려놓았다. 흰색 건물의 윤동주 문학관이 있는 곳으로 한양도성 네 개의 소문(小門) 중 하나인 창의문(彰義門) 바로 건너편이다.

 시인 윤동주는 연희전문학교 재학시절 종로구 누상동에 있는 소설가 김송(金松)의 집에서 하숙생활을 했다. 그는 종종 하숙집 뒤편의 인왕산 중턱에 올라 시정(詩情)을 다듬곤 했다. 그런 인연으로 종로구에서는 인왕산자락에 자리한 예전의 청운 수도가압장과 물탱크를 개조해 윤동주 문학관으로 만들었다.

 탐방단이 한꺼번에 관람할 수 없을 정도로 문학관은 규모가 작고 아담하다. 하지만 외벽을 흰색으로 단장한 문학관은 당당하고 강한 인상

---

1 2009년까지 상수도 가압장으로 사용하다 폐기된 것을 리모델링하여 시인 윤동주(尹東柱)를 기리는 문학관으로 만들어 2012년 7월 25일 개관했다.

외벽을 흰색으로 단장한 윤동주 문학관은
작지만 당당하고 강한 인상을 느끼게 한다.

을 느끼게 한다. 현관으로 들어선 나는 하얀 페인트칠을 한 깔끔한 서가에 적당한 간격으로 꽂혀있는 시집과 '윤동주 평전', '윤동주 시어 사전' 등을 훑어보며 한 걸음 더 안으로 들어섰다.

  전시장은 세 개의 전시실로 나뉘어져 있다. 제1전시실인 '시인채'는 시인의 순결한 시심을 상징하는 순백의 공간으로 '인간 윤동주'를 만날 수 있는 장소다. 시인의 일생을 주제별로 아홉 개의 전시대에 나누어 사진 자료와 친필원고 영인본들을 전시해 놓았다. 고향, 중학교, 연희전문학교, 고뇌의 시간, 후쿠오카 감옥, 시인의 죽음, 시인 별이 되다 등 그가 살아온 발자취를 더듬으며 나는 어느새 그가 살았던 시대 속으로 들어가고 있었다. 그의 고향인 중국 길림성 명동촌에서 가져왔다는 우물 목판도 있다. 그의 대표작 중 하나인 '자화상'의 배경인 우물이다. '산모퉁이를 돌아 논가 외딴 우물을 홀로 찾아가선 가만히 들여다보는' 그를 따라서 나도 우물 속을 들여다보며 내가 누구인지 자화상을 그려보았다.

다시 발걸음은 제2전시실로 향한다. 앞을 가로막은 검은 철문이 드르륵 열리니, 마치 전혀 다른 세상으로 들어가는 듯한 느낌이 들었다. '열린 우물'이라는 이름을 붙인 이 전시실은 물탱크를 그대로 사용한 노출 공간이다. 시 '자화상'에 등장하는 우물에서 모티브를 얻어, 용도 폐기된 물탱크의 윗부분을 헐어버리고 야외정원으로 만들었다. 물탱크의 벽체에 그대로 남아 있는 푸르스름한 물이끼의 흔적에서 세월의 흐름과 시인의 추억을 동시에 느끼는 묘한 감동에 젖어 들었다.

작은 야외정원의 한가운데서 천천히 고개를 들어 하늘을 올려다보았다. 얼굴에 푸른 햇빛이 쏟아졌다. 조각난 하늘에서 쏟아져 내리는 푸른빛이 얼마나 시리고 고운지 가슴마저 아렸다. 사각의 틀 속에 갇힌 무섭도록 푸른 하늘과 둥둥 떠도는 하얀 뭉게구름, 그 아래 좁은 공간에서 필사적으로 손을 내밀고 있는 어린 나뭇가지들이 애처롭고 슬펐다.

그곳을 지나는 탐방자들도 푸르른 하늘을 우러러보며 탄성을 터뜨렸다. 혹시 비운의 생을 살다 간 윤동주 시인을 기리는 가엾은 마음에서 터져 나온 탄성이 아니었을까? 정원의 마당에 자갈과 섞여 무성히 자란 잡초마저 이 세상의 것이 아닌 것 같았다. 저장되었던 물의 이끼 자국이 선명하게 남아 있는 '열린 우물' 전시 공간은, 바로 윤동주 시인이 '하늘과 바람과 별과 함께' 살아 숨 쉬고 있는 곳이었다.

야외정원을 지나, 앞을 막은 육중한 철문을 열고 들어서면 제3전시실

사각의 틀 속에 갇힌 무섭도록 푸른 하늘과
둥둥 떠도는 하얀 뭉게구름,
그 아래 좁은 공간에서 필사적으로 손을 내밀고 있는
어린 나뭇가지들이 애처롭고 슬펐다.

인 '닫힌 우물'이다. 또 하나의 용도 폐기된 물탱크를 원형 그대로 보존하여 만든 곳이다. 1945년 2월, 시인이 28세 젊은 나이로 생을 마감한 장소인 일본 후쿠오카(福岡) 형무소를 상징하는 공간이라고 했다.

열렸던 철문이 다시 그르릉 소리를 내며 닫히자 4면이 시멘트벽인 텅 빈 공간은 순식간에 어둠 그 자체가 되었다. 물탱크의 꼭대기에 뚫린 손바닥만한 작은 숨통마저 막혀버린 듯 갑자기 가슴이 답답해졌다. 곧이어 시인이 옥중에서 애타게 고대했을 한 줄기 빛마저 소멸된 칠흑 같은 어둠 속에 잔잔한 음악이 흐른다. 잠시 후, 눈이 어둠에 익숙해지며 벽면에 비친 영상이 점차로 밝게 보인다. 침묵하고, 사색하는, 빈 어둠뿐인 '닫힌 우물', 그 속에 시인의 일생과 철학과 시(詩)의 세계가 펼쳐진다. 그리고 '별의 시인 윤동주'의 영상 속으로 내 영혼이 서서히 빨려 들어가는 것을 느꼈다.

시인의 다큐멘터리는 1917년 그가 북간도 명동촌(明東村)에서 태어난 때로 거슬러 간다. 그는 자기 작품에 대해 지나칠 정도로 결벽증이 있었다. 다듬고 또 다듬고 해서 완벽하다고 스스로 판정을 내리기 전까지는 아무리 친한 친구에게라도 보여주지 않았다. 또 그는 자신의 작품을 잡지 같은 것에 발표하기를 몹시 꺼려했다. '모자의 작은 주름 하나도 견디지 못한 사람, 영혼의 구김도 참을 수 없었던 사람' 윤동주의 모습이다.

한편 그가 다닌 학교의 성적표를 보면 음악 점수가 아주 좋았다. 또 그는 스포츠에도 재주가 있어서 농구 선수, 축구 선수로 뛰기도 했으며 대나무를 기다랗게 쪼개서 스키를 만들어 타기를 즐겼는데, 당시 그의 스키 재주를 당할 사람이 없었다고 한다. 그러나 윤동주는 무엇보다도 시를 가장 좋아했다.

그는 1943년 사촌인 송몽규(宋夢奎)와 함께 독립운동 혐의로 일본 경찰에 체포되어 징역 2년 형을 선고받는다. 윤동주를 비롯해서 후쿠오카 형무소에 수감 된 많은 한국 학생들은 매일 정체 모를 주사를 맞았다. 윤동주의 얼굴은 핏기 하나 없이 창백해지고 몸은 살이 다 빠져 해골처럼 되었다. 해방을 6개월 앞둔 어느 날, 그는 뜻 모를 외마디 소리를 지르며 감옥 안에서 생을 마감했다. 그의 대표작 〈서시〉가 흐르며 다큐멘터리는 끝을 맺는다.

'닫힌 우물' 전시 공간
그 속에 시인의 일생과 철학과 시의 세계가 펼쳐진다.

죽는 날까지 하늘을 우러러 / 한 점 부끄럼이 없기를, / 잎새에 이는 바람에도 / 나는 괴로워했다.
별을 노래하는 마음으로 / 모든 죽어가는 것을 사랑해야지.
그리고 나한테 주어진 길을 / 걸어가야겠다.

오늘밤에도 별이 바람에 스치운다.

― 윤동주, 〈서시〉 전문

   완전한 어둠 속에서 시인의 처절하도록 투명했던 삶을 보았다. 그는 식민지 조국의 현실에 분노하며 외쳤다. 일제강점기의 가장 힘든 시기에 우리글, 우리말로 시를 썼다. 그는 함께 살았던 같은 시대의 모든 고통받는 영혼들의 가압장이었다.

   닫혔던 두터운 철문이 다시 열린다. 눈이 부시도록 하얀빛이 들어왔다. 물탱크 벽에 남은 시퍼런 물때! 그 푸르딩딩한 얼룩진 물때를 보는 순간, 나는 내 영혼의 불결한 때를 보는 것 같아 부끄러웠다. 나는 무엇을 위해 살았는가? 직장에서, 가정에서, 친구들과의 관계에서, 늘 나만을 내세우고, 나에게 이득이 되는 것만을 계산하며 살았다. 다른 사람을 위해 힘이 되어주지 못했던 나의 삶을 되돌아보며 고개를 숙였다.

   어려웠던 시대의 소용돌이 속에서, 별처럼 맑고 청아하게 살았던 시인의 순수한 영혼은 나를 '새로운 길'로 가라고 채찍질하고 있다. 오늘도 나는, 윤동주 시인을 만났던 가압장의 충격과 감동을 기억하며 앞으로의 여생에서 다른 사람에게 새로운 힘을 주는 삶을 살 수 있기를 다짐해 본다.

사라진 별
친구 이효형(李孝炯)을 그리며

"우리가 밤하늘에 빛나는 별을 보았을 때,
그 별은 이미 수억 광년 전에 사라진 별일 수도 있다."
- 프랑스 소설가 레몽 라디게의 말

백두산 기슭에 어둠이 깃들었다. 장백폭포의 굉음이 멀리서 들려왔다. 그 소리에 이끌린 나는 통나무 숙소인 운동원촌 빈관(宾馆)을 나와 폭포 소리가 들려오는 쪽으로 걸었다. 7월의 한여름인데도 밤바람은 늦가을 날씨처럼 차갑게 느껴졌다. 넓은 주차장 한쪽에서 대여섯 명의 탐방객들이 하늘 남쪽을 가리키며 말하는 소리가 들렸다.

"저기 별 다섯 개를 봐요. 꼭 기러기가 날아오는 거 같잖아요?"

"그렇군요. 가운데 밝은 별이 머리구요."

나도 그들이 가리키는 '기러기별'을 올려다보았다. 누군가의 말처럼 가운데의 황금빛 머리별이 유난히 밝았다. 나는 폭포 소리가 나는 쪽을 향해 계속 걸어갔다. 한참 만에 계곡의 나무다리를 건너자 바로 코앞에 폭포가 나타났다. 어둠 속 희부연한 폭포의 물줄기는 흰 비단 폭을 드리

이도백하 장백폭포

운 듯 신비로웠다. 자세히 보니 높은 벼랑에서 떨어지는 물줄기가 두 갈래였다. 그래서 장백폭포가 이도백하(二道白河)라는 또 다른 이름을 갖게 되었나 보다. 물줄기를 따라 천천히 하늘을 올려다보았다. 자작나무 우듬지에 걸렸던 '기러기별'이 어느새 하늘 중앙에 와있었다. 아까는 무심코 보아서 몰랐는데, 그 별을 본 순간 나는 무엇엔가 몹시 놀란 사람처럼 가슴이 뛰었다. 밝게 빛나는 기러기의 황금빛 머리별이 마치 친구 효형이의 영혼처럼 느껴졌기 때문이었다.

고교 동기인 효형이의 하세(下世) 소식을 문자로 받은 건 두 달 전이었다. 갑작스런 친구의 부고에 가슴이 먹먹해지며 그가 세상을 떠났다는 사실을 도저히 믿을 수 없었다. 조문 길에 상주인 아들로부터 친구의 마지막 모습을 전해 들을 수 있었다.

효형이가 폐암 말기란 걸 알게 된 건 세상을 떠나기 6개월 전이었다고 했다. 하지만 그는 십여 년간 해온 봉사활동을 멈추지 않았다. 건설공무원으로 정년퇴직을 한 그는 청량리의 한 요양병원에서 무의탁 노인들을 돌보는 일을 시작했다. 그러던 중 어느 노인을 목욕시키다 기침 결에 튀

자생춘란, 2010년 4월 4일, 경남 합천군 용족면 봉암리 뒷산(금곡산).

어나온 시커먼 가래덩이가 그의 얼굴에 튄 적도 있었고, 역한 몸 냄새를 견딜 수 없어 수건으로 코를 감싸고 일을 한 적도 있었다고 했다. 효형이는 암 치료 중 머리털이 빠지고 미라처럼 앙상하게 마른 몸으로도 그 일을 계속했다. '다른 사람을 내 생명처럼 소중하게 여기면 무엇이든 할 수 있어.' 이것이 그가 자식들에게 남긴 마지막 말이라고 했다.

 친구 아들의 말을 들으며, 생전의 건강했던 효형이의 모습을 떠올린 나는 가슴이 시렸다. 삼여 년 전부터 그는 혼자서 묵묵히 전국의 야산을 돌며 난(蘭)을 채집하러 다녔다. 그리고 그는 힘들여 채집해 온 난을 화분에 담아 친구나 동네 이웃에 나누어 주었다. 가끔 운 좋게 캔 산삼도 남들에게 거저 주었다.

 봄이면 은은한 난 향기가 우리 집 거실을 감싼다. 어느 날, 우리나라에 자생하는 춘란(春蘭)이라며 효형이가 선물로 준 것이다. 나는 친구에 대한 고마운 마음으로 '효형란'이라고 이름을 붙였다. 그는 길쭘한 토기 화분에 난을 담아주며 원산지 표지판까지 꼼꼼히 써주었다. 흰 플라스틱 조각에 검정 네임펜으로 꼭꼭 눌러썼다.

 효형이는 난 키우는 요령도 몇 가지 귀띔해 주는 일도 잊지 않았다. 가끔 동기 모임에서 그를 만나면, 그저 건강을 위해 산을 탈뿐이라고 했다. 그렇다면, 그는 이미 수년 전부터 자신의 건강에 빨간불이 켜졌다는 걸 알고 있었던 건 아니었을까. 빈소를 떠나며 나는 친구 아들의 어깨를 힘주어 꼭 감싸안았다.

한밤의 숲속 가득한 자작나무 향 내음은 그윽하고 깊었다. 나무는 사람에게 향기를 주고 그늘과 쉼터를 만들어 준다. 그뿐이랴. 새들이 둥지를 틀게 자리를 내주고, 홍수가 나면 온갖 벌레들이 대피하는 피난처가 되어주기도 한다. 나무는 작은 생명까지도 소홀히 하지 않고 품어준다. 친구 효형이는 그런 나무처럼 살다가 갔다.

나는 눈을 들어 하늘을 우러렀다. 별이 총총한 하늘에 기러기별이 북쪽으로 날아가고 있었다. 그때, 활짝 날개를 편 기러기의 황금빛 머리별이 '생명 있는 것들은 모두 다 아름답고 소중한 존재야.' 라고 속삭이듯 깜박였다. 그 별의 속삭임은, 마치 바람결에 흩날리는 효형이의 목소리 같기도 했다.

그날 밤 나는 처음으로 '사라진 별'을 보았다. 그 별은 실체는 사라졌어도 빛으로 남아 수억 광년이 지나도록 기억되는 별이 될 것이었다. 나도 효형이처럼 사라진 별이 되더라도 세상 끝 날까지 빛나는 별이 될 수 있을까. 나는 내 소망이 힘차게 쏟아지는 폭포의 물길을 타고 하늘까지 닿기를 빌었다.

잃어버린 순간을 찾아서

무인경전철

2017년 9월, 우리 동네 보문역에 경전철[1]이 들어왔다. 동대문구 신설동과 강북구 우이동을 오가는 노선이다. 지하철 4호선이나 6호선, 1호선, 또는 2호선으로 쉽게 환승할 수 있게 되어 예전보다 편하고 시간도 줄어들었다. 서울에서는 처음인 '무인경전철'의 승차감이 어떨지 궁금했다. 개통 다음 날, 소풍을 가듯 홀가분한 마음으로 집을 나서 경전철을 타보았다.

2량짜리 우이신설선은 총연장 11.4km에 정거장은 13개소다. 기존의 지하철(중전철) 보다 폭이 조금 좁고 아담한 느낌이다. 마주 앉은 사람과의 거리도 가까워 친근감이 든다. 마치 어느 놀이공원의 관광 열차를 탄 것 같은 기분이다. 함께 타고 가는 승객들도 새 열차라서 기분이 좋은지 연신 싱글벙글 즐거운 표정들이다.

정면 유리창 앞의 1인용 의자가 비었다. 나는 마치 기관사가 된 듯 그 자리에 앉아 전방을 응시했다. 열차의 출입문이 자동으로 닫히고 스르르 미끄러지듯 선로 위를 달리기 시작한다. 터널 안을 밝히는 형광등

---

1 서울시 최초의 경전철인 우이-신설 도시철도(경량전철)는 2009년 9월 착공하여 2017년 9월 2일 개통, 운영 중이다. 열차의 운행은 종합관제실에서 운영되는 중앙관리체계의 무인운전시스템으로 관리, 통제한다(출처: 우이신설도시철도(주) 홈페이지

불빛에 확 트인 시야가 펼쳐진다. 속도 표시판에는 금세 시속 60㎞ 중반까지 올라갔다가 서서히 숫자가 줄어든다. 운전자 없이도 빠르게 달렸다가 느리게 달리기도 하는 무인 열차가 신기하다. 열차는 입을 쩍 벌린 컴컴한 터널 속으로 계속 빨려 들어간다. 마치 지하 동굴을 탐험하는 듯한 느낌이다. 하얗게 빛나는 두 갈래 철길이 열차를 앞으로 앞으로 끌고 간다.

보문역을 출발한 열차는 20여 분 만에 마지막 역인 북한산우이역에 도착했다. 종점까지 오려고 했던 건 아니었다. 그렇다고 딱히 중간 어느 역에 내려야겠다는 계획도 없었다. 그저 여유로운 마음으로 새로 생긴 무인 열차를 타보고 싶었을 뿐이다. 열차에서 내린 나는 밖으로 나가는 계단을 천천히 밟고 올라가며 상상했다.

역을 나가면 어떤 풍경일까. 예전에 북한산 등산을 다닐 때 탔던 버스의 우이동 종점 부근일까. 가끔 들르던 등산용품 가게는 그대로 있을까. 얼큰한 국밥이 맛있는 할매식당 근처일까. 아니면 생수나 초콜릿 등 간식거리를 사던 편의점 옆일까. 종점역의 이런저런 바깥 모습을 그려보며 밖으로 나왔다. 맑고 청량한 가을 햇살에 눈이 부시다. 밀리 북한산 백운대와 인수봉이 반갑게 달려온다.

그런데 주변 풍경이 조금 낯설게 느껴졌다. 전에 없던 외국계 대형 커피 체인점이나 레스토랑 등이 생소하다. 정감이 가던 올망졸망 늘어선 음식점들도 넓은 홀을 갖춘 대규모 식당에 밀려 자취를 감추었다. 어쩐지 몸에 맞지 않은 옷을 입은 듯 어색한 기분으로 무작정 우이동 계곡

쪽으로 걸었다. 북한산에서 내려오는 계곡물 소리만이 변함없이 여유롭고 정겹다. 계곡을 따라 걷다 보니 살결에 스치는 바람이 제법 스산하다. 바람에 흩날리는 낙엽을 보며 차고 비우고 갈아드는 계절의 오묘한 순환을 느낀다.

 그저 무인 열차를 한번 타보려고 나온 길이니 어디로 가야 할지 잠시 망설여졌다. 무심코 걷던 나는 문득 '지금 내 인생의 어디쯤 왔을까.'라는 생각이 들었다. 그동안 목적지도 모른 채 '무인 인생열차'를 타고 살아온 것 같았다.
 그때, 한 남자 등산객이 내 옆을 스치며 지나갔다. 앞서가는 그를 보며

'혹시 그도 내가 타고 온 경전철에서 내린 사람이 아닐까' 라는 생각을 했다. 그 순간이었다. 그가 들고 가는 휴대폰에서 노래가 들렸다. 소리는 크지 않았지만 무슨 노래인지는 곧바로 알 수 있었다. 가끔 듣던 '그랬었구나'였다.

> '그랬었구나 내가 그랬었구나
> 깊은 실망을 안겨 주었었구나'

비교적 가볍고 경쾌한 톤의 노래다. 하지만 노랫말을 듣다 보면 그냥 가볍게 넘길 수 없는 뭔가 심오한 질문을 던지는 듯한 가사에 마음이 이끌렸다. 그중 몇 구절을 떠올려 본다.
'마음에 상처 주었다. 깊은 실망을 주었다. 나 혼자의 욕심을 부렸다. 배려를 못 했다. 내 사랑이 부족했다.' 그리고 마지막 '너를 더 많이 아껴 줘야겠구나, 너를 더 많이 사랑해야겠구나'라는 대목에서 가슴 뭉클한 감동과 더불어 내가 타고 온 '인생 열차'를 뒤돌아보게 된다.

지금까지 나는 인생이라는 열차에 동행한 여행객들과 어떻게 지냈는가. 그들에게 즐겁고 편안한 여행이 되도록 정성을 들였는가. 돌이켜보면 같은 열차를 타고 같은 레일 위를 달려오면서도 그들의 아픔과 슬픔과 절망을 보지 못했고 심지어 사소한 일로 다투고 미워한 적도 있었다. 나만 편하고 즐겁게 여행하면 되는 줄 알았다. 또 옆에 있던 사람이 소리도 없이 사라지고 없어도 언제 어느 역에서 내렸는지조차 알려고 하지도 않았다. 그러면서 어느 역에서 새로 탑승한 사람과 새로운 인연을 맺기도 했다.

인생 열차에 탄 사람은 누구든 어느 역에선가는 내려야 한다. 하지만 누가 어느 역에서 내릴지는 아무도 모른다. 물론 나조차 내가 내릴 역을 알 수 없다. 어쩌면 함께 열차를 타고 가는 사람들보다 내가 먼저 내리게 될지도 모른다. 그리고 열차의 속도도 여행객들이 마음대로 조정할 수도 없으며 한 번 내리면 다시 탈 수도 없는 특별한 열차다. 그러기에 인생 열차는 그 누군가가 끌고 가는 무인 열차다.

내 인생열차에 동승한 사람들은 기쁨과 슬픔을 함께하는 공동운명체다. 그들은 언제 어느 역에서 내릴지 모르기에 세상의 그 어느 것보다

귀하고 소중한 존재다. 힘들어도 그들을 보듬어 주면서 내릴 때까지 함께 가야 한다. 지금부터라도 그동안 부족했던 내 마음을 추슬러 그들을 좀 더 이해하고, 배려하고, 사랑하고, 용서하고, 포용하고, 베풀며 행복한 인연을 만들어가야 하겠다.

"당신과 함께한 여행이어서 참 행복했습니다. 고맙습니다."

어느 역에선가 내가 내려야 할 시간이 다가왔을 때, 나는 동승한 여행객들한테서 이런 말을 들을 수 있는 사람으로 살고 싶다.

어떤 결심

정릉의 단독주택에서 살 때였다. 연탄보일러 집이었는데, 연탄 갈아 넣는 일과 연탄재를 대문 밖으로 내다 버리는 일은 아내가 도맡아서 했다. 어쩌다 주말에 이 일을 해보면 쉽지 않았다. 연탄 갈이를 할 때면 뜨거운 열기와 폐 속까지 파고드는 독한 가스 때문에 한 손으론 코와 입을 틀어막고, 또 다른 손에 잡은 집게로는 활활 타고 있는 연탄을 꺼내어 재빨리 한 장을 떼어내고 새 연탄으로 갈아 넣어야 했다. 나는 손이 뜨거워 꼭 면장갑을 꼈지만 아내는 맨손으로 그 일을 잘도 해냈다.

겨울철이면 하루에도 20여 장의 탄을 갈아 넣어야 했고, 어느 때는 칼바람 부는 새벽에 연탄불을 갈아야 할 때도 있었다. 그럴 땐 으레 나는 피곤하다는 핑계로 아내에게 미루고선 잠만 잤으니 지금 생각하면 이 얼마나 아내에게 몹쓸 짓을 하였던 것인가. 연탄 갈아 넣는 일만이라도 진작 내가 했더라면 요즘 아내가 허리 디스크 통증으로 고생하는 일은 없을 것이다. 참으로 미안하고 마음 아픈 일이 아닐 수 없다.

아이들이 크면서 아내는 부쩍 아파트로 이사 가기를 원했다.
"여보, 우리도 아파트에 가서 한번 살아봅시다. 남들은 강남이다 어디

다 하며 줄줄이 잘도 떠나는데 정말 난 이제 힘들어서 못 하겠어요. 매일 연탄불이나 갈며 집을 지키는 충견 노릇하기에도 지쳤어요."

하지만 아파트 얘기만 나오면 언제나 나는 내 주장만 내세웠다.

"난 아파트가 싫어요. 어떻게 그 닭장 같은데 들어가서 산단 말이요. 지난 부산 출장 때 고모님 아파트에서 잤는데 위, 아랫집의 작은 소음까지 다 들리고 하늘 위에 붕 떠 있는 것 같아서 통 잠이 오지 않습디다. 게다가 사방이 시멘트로 둘러싸인 아파트에 사는 것은 애들 정서에도 좋지 않아요. 사람은 흙을 밟고 살아야 해요."

나는 늘 이렇게 내 주장과 논리만 펴며 아내의 뜻에 따르지 않았다. 돌이켜 생각해 보면 가사에 힘들어하는 그녀의 말에 귀 기울이지 않고 왜 내 고집만 세웠는지 후회스러울 뿐이다. 그때 아내의 말을 따랐더라면 더는 연탄 갈아 넣는 고생도 하지 않았을 것이고, 강남의 아파트로 옮겼다면 재산도 꽤 모을 수 있었을 텐데 말이다.

재산 얘기를 하다 보니 은행에서 셋방 보증금을 빌려 마이너스로 시작한 신혼 때가 생각난다. 나는 첫 월급부터 봉투도 뜯지 않은 채 아내에게 맡겼다. 집안 살림과 경제권을 모두 아내에게 내어주겠다는 내 나름의 생각에서였다. 아내는 기대에 어긋나지 않았다. 그동안 함께 살아오며 옆에서 보아온 아내는 퍽 지혜롭고, 경제관념이 투철하며, 나보다 훨씬 용기 있는 여자라고 느꼈다. 시장에서 물건을 살 때나, 특히 집을 매매하거나 전세를 들고나는 등 남들과 중요한 계약이나 협상을 해야 하는 일을 치를 때면 힘들이지 않고 척척 처리를 잘했다. 또 지난 97년 IMF 위기 때 회사가 졸지에 부도가 나서 백수가 되었을 때도 아내는 많지 않은 생활비를 요리조리 유용하게 쪼개어 쓰며 궁색함을 전혀 느끼지 못할 정도로 살림을 이끌었다.

그런 중에도 그녀는 나이가 들면 다른 사람을 위해 봉사할 줄 알아야 한다며 청량리 바오로 병원으로 봉사활동을 나갔다. 환자 등록카드를 관리하고 보관하는 일을 맡았다고 했다. 오래된 병원이라 카드 보관창고는 비좁고 습하여 일하는 환경도 좋지 않다고 했다. 하지만 아내는 그런 것은 전혀 개의치 않고 매주 금요일 아침이면 콧노래를 흥얼거리며 봉사하러 갈 채비를 하느라 분주했다.

올가을에는 성북천변의 은행나무잎이 유난히 곱게 물들었다. 산책길 바닥에도 자동차 지붕 위에도 노란 은행잎이 소복이 쌓였다. 양탄자처럼 푸근한 은행잎의 감촉이 아내의 손길처럼 부드러웠다. 문득, 반백 년 넘는 세월을 함께 살아오며 그동안 아내의 마음을 헤아려 주지 못해 미안한 생각이 들었다. 어젯밤 거실에서 티브이 주말 명화를 보고 자정이 다 된 시각에 방으로 들어왔다. 창틈으로 스며드는 희부연한 조명이 잠든 아내의 얼굴을 비췄다. 눈가며 미간의 자잘한 주름 속에 나와 함께 살아온 세월이 오롯이 담겨 있다. 오로지 나와 두 아이들 뒷바라지하며 살아온 아내를 위해 나는 무엇을 했던가. 그저 받을 줄만 알았다. 잠시 걸음을 멈추고 벤치에 앉아 아내에게 글 하나 써서 보냈다.

자동차 지붕 위 소복이 쌓인 은행잎
아내와 살아온 세월 같다

문득, 내게 주어진 날이
오늘 하루뿐이라고 생각하니

함께 살아온 세월이
자동차를 덮은 은행잎처럼 포근하고 환했다

서로 달라도 너무 달라요
이제 우리 그만 헤어져요

어느 날 갑자기,
아내가 이보다 더 절망적인 말을 하더라도
결단코 아내 탓은 안 하기로 결심했다

먼저 고요히 나 자신부터 돌아보고
아내의 마음 노오란 은행잎으로 덮어주며

아름다웠던 모습만 기억하고
사랑의 말을 했던 순간만을
떠올리기로 했다

자동차 지붕 위 소복이 쌓인 은행잎
아내와 덮고 잔 이불 같다

곧바로 답글이 왔다.
"얼큰한 낙지볶음이 먹고 싶어요."

아내의 데이트 신청을 받아본 지 얼마 만인가! 그날, 우리는 예전에 가끔 다닌 서초동 낙지 맛집에 점심을 먹으러 갔다. 나는 국물이 있는 연포탕을 시키려다 아내 입맛에 맞는 볶음을 선택했다. 낙지볶음에 밥을 비벼 먹으며 동동주 한 사발도 곁들였다. 돌아오는 길에는 서울의 '걷기 좋은 길' 중 하나인 위례성 은행나무길을 걸었다. 한창 노랗게 물들어 가는 은행나무길이 한성백제역을 끼고 끝없이 이어졌다.

탕이냐 볶음이냐? 아내와 티격태격 다투지 않은 오늘, 샛노랗게 물든 은행나무처럼 화사하고 행복한 하루였다.

잃어버린 순간을 찾아서

인생 좌절의 순간 나를 살린 산(山)

식당 안으로 들어서는데 홀 한쪽 벽에 걸린 액자가 유난히 눈에 띄었다. 한자로 '山'이라 쓴 큰 글자 앞에 앉아 있는 사람 때문이었다. 산에 비해 사람은 아주 작았지만 내 눈에는 산보다 사람이 더 크게 느껴졌다. 가부좌 자세로 앉은 그는 산과 대화를 나누고 있는 것 같았다. 불현듯 인생 좌절의 순간, 나를 살려준 산이 머리를 스쳤다.

1997년 11월 초, IMF 외환위기 사태가 터지면서 재직 중이던 D증권이 부도가 나서 문을 닫게 되었다. 당시 기획, 인사교육, 총무 등의 업무를 총괄하는 임원으로서, 회사의 재무에 관한 주요 사항을 공시하는 일도 겸해서 맡고 있을 때였다. 나는 여의도 증권거래소에 직접 나가서 30여 개 증권사의 전국 방송망을 통해 회사의 마지막 순간을 알렸다.

부도 사실을 알리는 방송 내내 2천여 명의 직원과 그 가족들을 지켜주지 못한 자괴감으로 자꾸만 목이 메었다. 간신히 방송을 마치고 마이크 앞을 떠난 나는 그만 어린아이처럼 소리 내어 엉엉 울고 말았다. 통한의 방송을 마치고 증권거래소 문을 나서는 발걸음은 발목에 무거운 쇠뭉치를 단 듯 무거웠다.

　50대 초반에 맞닥뜨린 인생 좌절의 순간이었다. 가족이 어떻게든 생계를 꾸려가야 하고, 대학생인 아들과 고3인 딸도 학교를 계속 다녀야 했다. 재직 중 10여 년간 모은 우리사주 조합 주식도 휴지 조각이 되고 말았다. 그것은 직장 생활을 하며 어렵사리 마련한 집 한 채 외에는 전 재산이나 다름없는 것이었다. 앞이 보이지 않는 캄캄한 터널 속과 같은 절박한 현실에서 할 수 있는 것은 아무것도 없었다.

　허탈한 마음을 달래며 그때부터 매일 북한산에 매달렸다. 아침에 집을 나서 온종일 산을 맴돌다 해 질 녘 산기슭에 긴 그림자가 드리우면 내려와 밥 한술 뜨고 쓰러져 잤다. 다음 날 눈을 뜨면 또다시 다람쥐 쳇바퀴 돌듯 같은 생활을 반복했다.

티베트의 구도자들은 자신을 무한히 낮추고 3보 1배 오체투지(五體投地)로 산과 물을 건너고 험준한 고원을 넘으며 수백, 수천 킬로미터의 성지(聖地) 순례길을 떠난다고 한다. 그들은 가진 재산을 모두 팔아 순례비를 마련한 후, 수개월 심지어 수년간 바람이 불든 눈비가 오든 한 걸음 한 걸음 거친 땅바닥을 기며 앞으로 나아간다. 그리하여 그들의 성스러운 순례지, 목적지 라싸(拉萨)에 도착한다.

라싸가 티베트 구도자들의 성지(聖地)라면 나에게는 북한산이 성지였다. 나는 그들처럼 묵묵히 하루도 빠짐없이 북한산을 올랐다. 구도자의 순례길 같은 북한산 산행을 시작한 지 반년이 지났을 무렵, 기적 같은 재기의 기회가 찾아왔다. 한 금융회사의 대표로부터 임원으로 '모시겠다'는 전화를 받은 것이다.

아무튼 산 하나를 넘으면 또 다른 하나의 산이 있듯이 살다 보면 우리의 삶도 그런 것 같다. 북한산을 오를 때마다 기약 없는 재기의 기회를 기다리며 늘 마음속으로 다짐했다.

'괜찮아, 너는 꽤 괜찮은 사람이야. 아직 젊었고 다시 일어설 수 있어. 힘을 내!'

나는 그렇게 스스로를 위로하며 다시 일어설 날이 올 거라고 믿었다. 그러면 산도 내 마음을 알았다는 듯 언제나 나를 따뜻한 품에 안고 토닥여주었다. 나는 산에게 감사하며 기도 글 하나를 썼다.

#1

당신이 있습니다

언제나 거기에 당신이 있습니다

너무 멀고, 너무 높아 볼 수 없어도

당신은 언제나 내 마음속에 존재합니다

가난한 마음 감싸주는

당신 자비의 넉넉한 품 자락

고요하고 깊은 당신의 영(靈)과

함께 호흡합니다

참으로 시작도 끝도 없는 당신에게

두 손 모아 바랍니다

언제나 거기에 있는 당신

우리 서로 사랑하게 해 주소서

#2

당신은 늘 거기에 있는데

너무 멀고 너무 높아 보이지 않는다고

모른 체 했습니다

당신에게 가는 길 힘겨워 포기할 때

당신은 몹시 슬픈 듯
짙은 구름으로 얼굴을 가렸습니다

나무도 슬퍼하고
꽃잎도 슬퍼하고
산기슭 새도 슬퍼했습니다

당신의 슬픔을 묵상하며
하루에 한 발짝씩이라도
당신께 다가가기로 결심했습니다

내 연약함을 아는 당신
나를 내치지 말고 부디 받아주소서

  인생 좌절의 순간, 산이 나를 살렸다. 산과 신은 점하나 차이란 것을 알았다. 신과 같은 산 앞에서 나 자신 한없이 약하고 부족한 존재임을 깨닫고 반성하며 흔들리지 않는 삶의 길을 갈 수 있기를 다짐했다.

잃어버린 순간을 찾아서

비둘기 새끼를 떠나보내며

종로 낙원상가, 비둘기들이 땅으로 내려왔다
새의 낙원은 하늘이 아니라 종로구이다

박은영 시인의 시 한 구절이다. 하늘을 날아야 할 비둘기가 이제 땅으로 내려와 사람들과 함께 산다. 그만큼 우리 주변에서 비둘기를 흔히 볼 수 있다. 그런데 어미 뒤를 졸졸 따라다니는 오리 새끼나 닭 새끼(병아리)는 종종 보았지만 비둘기 새끼는 본 적이 없다. 왜 비둘기의 새끼는 보지 못했을까. 마침 며칠 전 모 일간지에서 이 의문을 풀어주는 흥미로운 글을 읽은 기억이 난다.

비둘기는 교회 종탑, 버려진 건물, 아파트나 빌딩의 은밀한 곳에 둥지를 짓고 새끼가 날 수 있을 때까지 그곳에 숨겨두는 습성이 있어 새끼를 거의 볼 수 없다는 것이다. 게다가 암수 비둘기 모두 치즈처럼 노랗고 점도 높은 젖을 공급할 수 있기 때문에 새끼가 두세 달 동안 둥지에서 무난히 성체로 자랄 수 있다고 한다.

꽤 그럴듯한 이유다. 그런데 얼마 전 내가 사는 아파트의 '은밀한' 곳에서 비둘기 새끼를 발견하고 깜짝 놀랐다.

 어느 날 비둘기 한 마리가 건넌방 베란다 난간에 내려와 앉았다. 가끔 있는 일이어서 대수롭지 않게 생각했다. 하지만 얼마 전부터는 두 마리가 번갈아 날아오며 횟수도 부쩍 잦아졌다. 한 마리는 짙은 회색이고 또 한 마리는 깃털에 흰색이 많다. 비둘기들의 행동이 뭔가 심상찮게 느껴졌다. 건넌방으로 가보았다. 결혼한 아들이 분가해 나간 후로는 거의 사용하지 않는 방이라 평소 커튼을 쳐두고 지냈다.

 커튼을 걷어 올린 순간, 베란다 바깥의 거치대에 설치한 에어컨 실외기 뒤 좁은 공간에 비둘기 새끼 한 마리가 잔뜩 몸을 웅크리고 있는 게 아닌가! 통통하게 살이 오른 녀석은 뭔가 먹을 걸 달라는 듯 연신 부리를 벌려댔다. 베란다 유리문을 열고 녀석의 부리에 살짝 손가락을 대보았다. 그러자 녀석은 얼른 내 손가락을 쪼았다.

녀석의 귀여운 짓을 보는 것도 잠시, 실외기 옆에 널브러진 배설물과 코를 찌르는 고약한 냄새에 더럭 걱정이 되었다. 녀석을 어떻게 처리하면 좋을까. 당장 꺼내서 던져버릴까? 아니야. 채 자라지 않은 녀석을 9층에서 떨어뜨리면 죽을 수도 있어. 흥부처럼 부러진 제비 다리를 고쳐주지는 못할망정 멀쩡히 살아있는 한 생명을 죽일 수는 없었다.

그때 우리 아파트 앞 동의 지붕에 나란히 앉아 나를 주시하는 비둘기 두 마리가 눈에 들어왔다. 분주하게 날갯짓을 하며 새끼에게 열심히 먹이를 물어다 준 '부모'가 틀림없었다. 새끼를 걱정하는 어미 비둘기의 심정은 지금 얼마나 초조하고 콩닥거릴까. 어미 두 마리는 연신 머리를 까딱이며 계속 나를 쳐다보고 있다. 나는, 아주 짧은 순간이었지만, 새끼를 아래로 던지려고 생각했던 미련한 내 마음이 들킨 것 같아 민망하여 얼른 커튼을 닫았다.

비둘기 새끼가 둥지를 떠나 훨훨 날아갈 수 있을 때는 언제쯤일까? 새끼의 배설물 냄새를 참으며 얼마나 기다려야 할까? 궁리를 해봐도 답이 잘 나오지 않았다. 한참을 생각하다 마음을 정했다. 일단 지금까지 지내온 대로 베란다 문을 닫고 커튼도 그대로 쳐두기로 했다. 그러면서 수시로 녀석이 둥지를 떠났는지 확인해 보는 것이다.

한때 사람에게 유익하고 평화의 상징이던 비둘기가 왜 이렇게 천덕꾸러기가 되었는지 마음 한편이 짠하기도 했다. 귀소본능(歸巢本能)을 가진 비둘기는 SNS의 원조로서 전서구(傳書鳩)라 불렸다. 노아의 방주를 떠나 세상으로 날아갔던 비둘기가 감람나무잎을 물고 다시 배로 돌아왔고, 제1차 세계대전 때는 군대의 상황을 알리는 통신수단으로도 활약했다. 또 88서울올림픽에서는 성화 점화 때 날릴 비둘기를 수천 마리 수입까지 했다.

사람들에게 호의적이던 비둘기가 도시의 사람들과 함께 살게 되면서 '나쁜 새'로 낙인이 찍혔다. 알레르기나 피부염을 유발하는 세균을 퍼뜨리고, 쓰레기봉투를 찢어 상한 음식물을 쪼아먹는 '더럽고 혐오스러운 새'로 전락하고 말았다. 개체수가 너무 많아진 것이 그 원인일 수도 있다. 비둘기는 원래 야생에서는 1년에 한두 번 번식하지만, 먹이가 풍부한 도시에서는 1년에 5~6회까지 번식한다고 한다. 거리에서 쉽게 먹이를 구하는 비둘기 무리는 몸이 비대해져서 움직임도 둔하다. 오죽하면 '닭둘기'라는 별명까지 얻었겠는가.

아무튼 베란다에서 비둘기 새끼를 발견한 지 열흘쯤 지난 아침, 커튼을 열어보니 둥지가 텅 비었다. 배설물과 나무 잔가지가 층층이 쌓인 둥지를 걷어내고 실외기와 밑바닥도 깨끗이 닦아냈다. 그런 다음 철물점에서 비둘기 퇴치용 그물망과 버드스파이크를 구입해서 에어컨 실외기를 꽁꽁 싸매고 덮으며 법석을 떨었다. 그러면서도 '꼭 이렇게 해놓아야만 하나'라는 생각에 기분은 그리 상쾌하지 않았다. 고향을 잃어버린 비둘기 새끼를 생각하면 마음이 아프고 가여웠다.

그 후, 짙은 회색 비둘기 한 마리가 시도 때도 없이 건넌방 창밖을 맴돈다. 우리 집 실외기 뒤가 고향인 녀석이 틀림없다. 태어난 곳으로 돌아오려는 본능이 작동한 것일까. 하찮은 비둘기도 이러한데 하물며 사람이야 오죽할까. 귀소본능은 사람에게도 있다. 예기(禮記)에 나오는 '수구초심(首丘初心)'은 고향을 그리는 사람의 간절한 마음을 말하고 있다. '언덕으로 머리를 두는 첫 마음'이라 하여, 여우도 죽으면 고향이 그리워 머리를 고향으로 향하고 죽는다는 얘기다. 고향을 찾는 마음은 근원을 찾는 마음이며 뿌리를 찾는 것이다. 무의식적으로 돌아가고 싶은 곳, 매일의 삶에 쫓기며 바쁘게 살다가도 문득 그리워지는 곳이 고향이다.

아파트 창밖을 하염없이 맴도는 고향 잃은 비둘기를 바라보며, 내가 '머리를 향하고 죽을 곳'을 생각해 본다. 과연 내 영혼이 되돌아갈 본향(本鄕)은 어디일까.

잃어버린 순간을 찾아서

달리는 사람들

  3월의 어느 날 아침, 따사로운 햇살에 이끌린 나는 커피 한 잔 타서 한가로이 창가에 앉았다. '달리는 사람들' 조형물이 눈에 들어왔다. 아침저녁 늘 보는 조각상인데 제목이 없어 나는 그냥 그렇게 부른다. 네 사람 모두 서류 가방을 들고 넥타이를 휘날리며 활기차게 달려간다. 차림새로 보아 화이트칼라 직장인들 같다. 그런데 이 조형물을 볼 때마다 이상하다는 생각이 들었다. 회사 빌딩 앞이나 번화한 길거리라면 몰라도 주택가 아파트단지 한가운데의 마당에 있을 작품이 아닌 것 같아서였다.
  천천히 커피를 마시며 달리는 사람들을 하릴없이 바라보고 있는데, 문득 그동안 너무 정신없이 달려오며 그저 그런 삶을 살았구나, 라는 허전함이 가슴속으로 스며들었다. 이제 염렵하고 꿋꿋하게 뜻한 길을 갈 수 있어야 할 텐데 여전히 방향을 잡지 못하고 있다. 한 살 두 살 나이를 먹어갈수록 다가오는 알 수 없는 불안감은 예전 같지 않게 나를 더욱 초조하게 만든다. '나이 듦'에 대한 상대적 박탈감이요 불안감 때문일까.
  왜 그럴까.

  돌이켜보면, 나를 뜨겁게 달구었던 '좋은 글' 쓰기에 대한 열망은 오히려 나를 고통스럽게 만들었다. 더는 앞으로 나아갈 수도 없고 뭔가를 이루기도 전에 벌써 자꾸 끝만 보일 뿐이었다. 열 일 제쳐두고 제대로 된 글 한 편 써야겠다는 강박감이 머릿속을 어지럽힌다. 생각이 어수선하니 아무것도 할 수가 없고, 귀가 시끄러우니 아무 소리도 들을 수 없다. 당장 마감 기일을 다투는 원고를 써야 하는 것도 아닌데 마음은 바쁘기만 하고 글 한 줄 쓸 수가 없다.

머릿속은 안개가 낀 듯 흐릿하고 마음은 도무지 다잡아지지 않는다. 각을 세우며 밤낮으로 밀려오는 스트레스 때문이려니 하고 자신을 위로하며 심호흡 한 번 하고 컴퓨터 앞에 앉아보지만 역시 '글쓰기'에 마음이 붙지 않는다. 결국 부팅이 끝난 컴퓨터만 원망스런 눈으로 바라보다 물러앉고 만다. 머릿속 안개가 걷히기를 기대해 보지만 더는 글쓰기가

어렵다는 불안감에 마음은 바쁘고 초조할 뿐이다. 오늘따라 마당의 달리는 사람들조차 기운이 빠지고 지쳐 보였다. 마치 제 갈 길을 잃어버리고 그저 어디론가 목표도 없이 달려가는 내 모습을 보는 것 같았다.

커피잔을 탁자 위에 놓고 서가에 꽂힌 책들을 훑어보았다. 지금, 이 순간 나에게 힘이 되어줄 한 줄의 글이나, 혹여 나를 위로해 줄 책 한 권이 필요했다. 얼핏 '바쁜 것이 게으른 것이다'라는 제목이 눈에 띄었다. 좀 별난 제목이라 생각하며 뽑아보니 이문재 작가의 산문집이다. 내가 직접 산 책은 거의 다 기억을 하는데, 처음 보는 책처럼 영 생소하게 느껴졌다. 겉표지를 넘기자 붓글씨체로 공들여 쓴 글이 적혀있었다. 아, 언젠가 내 생일 기념으로 소설가 지인이 선물한 책이란 걸 알았다. 그러고 보니 손때 하나 묻지 않은 채 10여 년이 넘도록 서가에 꽂혀 있던 것이다. 주신 분의 호의를 무시한 것 같아 미안한 마음이 들었다. 한편으로는 어쩌다 그 책을 여태 까맣게 잊고 있었을까, 하는 궁금증에 책을 펼쳐 들고 천천히 읽어나갔다. 그런데 뜻밖에도 이 책이 내 마음을 따뜻하게 어루만져주는 위안이 될 줄은 몰랐다.

"백 편의 글을 쓰면, 그만큼 글을 쓰는 노하우가 늘어야 하는데 그렇지가 않다. 시든, 산문이든, 일기든, 글은 매번 첫사랑처럼 다가온다. 도무지 알은체를 하지 않는다. 매번 통사정을 해야 한다. 첫 문장 쓰기가 첫사랑에게 말을 거는 것처럼 힘들다. 그것도 갈수록 힘들어진다. 내가 제대로 게으르지 못해서 그럴 것이다."

저자의 이 말 한마디는 먼 우주에서 가물거리던 별 하나가 창가에 다가와 눈부신 광채를 발하며 훤히 방안을 비추듯 그렇게 내 마음을 밝혀주었다. 만해 시 '사랑의 끝판'의 한 구절인 '바쁜 것이 게으른 것이다'를 책 제목으로 삼아 50여 편의 글을 묶어놓은 이 산문집의 주제어는 '느림'이었다. 흥미를 느낀 나는 만해의 그 시를 찾아보았다.

네 네 가요. 지금 곧 가요. / 에그, 등불을 켜려다가 초를 거꾸로 꽂았습니다그려. 저를 어찌나. / 저 사람들이 흉보겠네. / 님이여, 나는 이렇게 바쁩니다. 님은 나를 게으르다고 꾸짖습니다. / 에그 저 것 좀 보아, "바쁜 것이 게으른 것이다" 하시네.

—한용운, 〈사랑의 끝판〉 중에서

시를 읽으면서, 최근에 이와 비슷한 경험을 한 적이 있던 나는 얼굴이 화끈 달아올랐다. 어느 모임이든 약속한 시간에 늦지 않아야 하는 것은 당연하지만, 지각을 해서는 안 되겠다고 신경이 쓰이는 모임이 있다. 그날 바로 그런 모임이 있었다. 서둘러 준비하고 평소보다 10여 분 빨리 집을 나섰다.

그런데 이게 어떻게 된 일인가? 지하철역까지 와서 보니 꼭 챙겼어야 할 지갑을 책상 위에 두고 나온 것이다. 바쁜 마음에 황급히 나오다 보니 벌어진 '사건'이었다. 집으로 다시 돌아왔다 가는 바람에 결국 그날 모임에 늦어서 그만 쓴웃음을 짓고 말았다. 조급하게 서두르지 말고 조금만 덜 바빴더라면 이런 일은 없었을 것이다. 내가 '제대로 게으르지 못해서' 그랬다.

고교 동창 친구의 재미있는 글을 읽은 기억이 난다. 그는 외출 시 무얼 빠뜨리는 일이 잦아져 엘리베이트 앞에 서면 네 주머니를 확인하는데, 옛 선조들이 공부할 때 가까이했던 '紙, 筆, 墨, 硯'의 문방사우(文房四友) 대신 〈문밖 사우-新文房四友〉를 챙긴다고 했다. 그가 말한 '신문방사우'는 신용카드와 현금이 든 지갑, USB, 스마트폰, 자동차 열쇠 등 네 가지다. 앞으로 나도 외출할 때는 친구처럼 내 나름의 '문밖 사우'를 챙긴다면 제대로 게으른 사람이 될 것이다.

'빨리, 빨리' 문화에 젖어있는 우리가 곰곰 되새겨볼 만한 화두이다. 또 한 가지 덧붙인다면, 느리다는 것은 비운다는 것과 통한다는 사실이다. 욕심을 내서 무언가를 하나라도 더 얻으려고 바쁘게 움직이다 보면 느리게 했을 때보다 결과가 좋지 않을 때도 있다. 결국 마음을 비우고 욕심이 없어야 바쁘지 않게, 부지런히 제 갈 길 진솔하게 갈 수 있을 것이다.

 이제부터라도 너무 바쁘게 서두르며 살려고 하지 말고, 느긋하게 부지런히 사는 삶을 살아보자고 마음을 가다듬어 본다. 가벼운 마음으로 커피잔을 비우며 무심코 '달리는 사람들' 조형물을 내려다보았다. 그 순간이었다. 뒤 처진 세 사람 앞을 한 사람이 유난히 빨리 달려가고 있는 게 아닌가! 그제야 한적한 아파트 마당에 하필 '달리는 사람들' 조형물이 있는 이유를 어렴풋이 알 것 같았다.

잃어버린 순간을 찾아서

목련 애도(哀悼)

오늘은 내가 사랑한 '목련' 이야기를 하려고 한다. 그녀를 처음 만난 것은 지금 살고 있는 아파트로 이사 왔을 때니까 15년 전 봄쯤이었다. 화사한 그녀의 모습을 본 순간, 나는 그만 첫눈에 홀딱 반해버렸다. 그녀는 아파트 정문 경비초소 맞은편의 2층짜리 단독주택에 살았다. 그러니까 그녀는 내가 이사 오기 훨씬 전부터 그 집에서 살고 있었다.

그녀는 늘 낡은 시멘트 담장 너머로 수줍은 듯 고개를 내밀고 있었다. 나는 아침저녁 하루도 빠짐없이 그녀와 눈인사를 나누었다. 한겨울 혹한에 알몸으로 떨고 서 있을 때는 그녀를 보기가 안쓰러워 일부러 외면하기도 했다. 그녀가 담벼락 그늘에서 된바람에 떨고 있을 때 나는 따뜻한 방안에서 오리털 이불을 덮고 잤고, 그녀가 새봄에 내게 보여줄 요량으로 하얀 꽃봉오리를 열심히 만들고 있을 때 나는 빈둥빈둥 게으름만 피웠다. 그래도 그녀는 잊지 않고 봄마다 첫사랑 설렘 같은 탐스런 꽃봉오리를 활짝 터뜨리며 웃었다.

개나리, 산수유, 진달래가 화려한 봄의 향연을 벌일 때, 그녀는 휘어드

그녀는 잊지 않고 봄마다 첫사랑 설렘 같은
탐스런 꽃봉오리를 활짝 터뜨리며 웃었다.

그녀는 사지가 잘려나간 야윈 몸뚱이에
달랑 꽃 한 송이 힘없이 목에 매달고 있었다.

는 한줄기 작은 햇살에 수줍어 숨을 죽이며 눈물 같은 순백의 꽃잎을 발밑으로 떨어뜨렸다. 차가운 아스팔트를 덮은 그녀의 하얀 속살이 행여 자동차에 치이거나 행인들의 발길에 밟힐세라 한 잎 한 잎 고이 주워 담았다.

어느 봄날, 집을 나서다 깜짝 놀랐다.
그녀는 사지가 잘려 나간 야윈 몸뚱이에 달랑 꽃 한 송이 힘없이 목에 매달고 있었다. 허물어진 담장 사이로 드러난 그녀의 벌거벗은 몸은 너무도 가냘프고 연약해 보였다. 거대한 굴착기가 시커먼 매연 한 덩이 왈칵 토해내며 그녀의 알몸뚱이를 짓밟기 시작했다. 팔짱을 낀 채 작업장 주변에 옹기종기 둘러선 동네 사람들은 그녀의 죽음은 아랑곳하지 않은 채 그 자리에 들어설 새 집에 대한 얘기만 끼리끼리 수군댔다.
- 아파트단지 앞이라 빌라를 지어도 세가 잘 나갈 거예요.
- 집값도 꽤 나갈걸요. 5층짜리 대리석 집이라던데.

그네들의 실없는 수다에 가슴이 아팠다. 나는 가던 걸음 멈추고 그녀에게 바치는 '애도의 노래'를 읊었다.

가던 길 멈춰 서서 너의 하얀 웃음을 기억한다
가녀린 목 비틀어 꽃망울 북쪽으로 매달고
다소곳이 고개 숙인 너

화알짝 함박웃음 새봄의 기쁨 알리면
너의 아픔 희망 되어

지구가 하얗게 웃었다

가던 길 멈춰 서서 순교자 같은 너의 죽음을 본다
불사(不死)의 꽃 한 송이 목에 매단 너

인부들 모진 손아귀에 몸뚱이 잘려 나가고
포크레인 갈고리와 해머는
네 여린 영혼마저 무참히 짓밟아버렸다

가던 길 멈춰 서서 너의 숭고한 사랑을 느낀다
아침저녁 하얀 웃음으로 나를 맞아준 너
남을 위해 죽는 죽음이 가장 아름답다는
사랑의 진실을 남기고 떠난 너

나도 온 세상 사랑하며 죽어야겠다

굴착기는 부와앙, 붕붕, 콰르릉, 괴성을 지르며 그녀가 묻힐 깊고 어두운 무덤을 파기 시작했다. 그녀는 평생 담장 그늘에 가린 채 따사한 햇살 한번 제대로 받아보지 못하고 외롭게 살다갔다. 그녀에게 미안했다. 혼자 먼 길 보내서. 그래도 올 겨울부턴 따뜻한 땅속에서 춥지 않게 지낼 수 있으니 얼마나 다행이냐며 위로의 말도 잊지 않았다.

이 세상 누군가도 그녀처럼 허망한 일생을 보낸 사람 있을 것이다. 나

이제 마음속에 그녀를 닮은 목련 한 그루 심는다. 그리고 세상의 외롭고 힘든 사람들을 위해 새봄에 피울 하얀 꽃봉오리 만드는 일에 열중해야겠다고 마음먹었다.

거대한 굴착기가 시커먼 매연 한 덩이 왈칵 토해내며
그녀의 알몸뚱이를 짓밟기 시작했다.

잃어버린 순간을 찾아서

인생 7막을 살며

지하철 종각역을 나와 광교 네거리 쪽으로 가던 참이었다. 무심코 건너편 빌딩을 올려다본 순간, 건물 꼭대기의 '신한은행' 간판이 그날따라 생소하게 느껴졌다. 조흥은행 건물이었는데 내가 잘못 본 게 아닌가 싶어 다시 올려다봐도 '조흥'이 아니라 '신한'이었다. '신한'이 또 '조흥'과 겹쳐 보이며 미시감(未視感)이 드는 거였다. 무교동에서 만나기로 한 옛 직장동료들과의 점심 약속도 잊어버린 채 한동안 멍하니 그 자리에 서 있었다.

#1
내 인생이 꼬이기 시작한 것은 첫 직장인 조흥은행에서 국제그룹으로 옮기면서부터다. 1970년대 후반, '국제'는 '고무신 그룹'에서 종합무역상사그룹으로 변신하며 재계 4위로까지 급성장했다. 어느 날 '국제'에서 간부급 직원을 뽑는다는 5단통의 큼직한 신문광고가 내 눈을 사로잡았다. 항간에서는 종합무역상사에 다니면 무조건 사위로 삼을 거라는 말도 떠돌 때였다. 대학원을 졸업하며 획득한 MBA자격이 프리미엄이 되었는지는 모르지만, 아무튼 나는 '우수한' 성적으로 합격하여 그룹 총괄본

부인 종합조정실 중견간부로 발령받았다. 말단 은행원에서 파격적으로 간부급으로 자리를 옮긴 나는 친구들이 부러워할 정도로 숨가쁘게 승진 가도를 달리며 입사 2년 만에 부서장이 되었다. 하지만 입사 10여 년 후, 나의 무한 질주는 암초에 부딪히고 만다. 당시 정권의 '절대적 힘'에 의해 국제그룹은 하루아침에 공중분해 된다. 오래전에 세상에 알려진 사실이지만, 사람들은 국가 최고 권력자의 심기를 거스르는 사주(社主)의 눈치 없는 처신으로 괘씸죄에 걸려 보복을 당한 것이라고 평을 했다. 졸지에 끝을 알 수 없는 천애 절벽의 나락으로 떨어지며 화려했던 내 인생 2막은 끝난다. 하지만 불혹의 나이를 눈앞에 둔 나는 절망하지 않았다.

'괜찮아, 너는 꽤 괜찮은 사람이야. 여태 말단사원인 친구들도 많이 있잖아. 네가 너무 빨리 앞서갔을 뿐이야. 너는 젊었고 다시 일어설 수 있어. 힘을 내!'

나는 스스로를 위로하며 다시 일어설 날이 올 거라고 믿었다. 아내가 내 책상 위에 꽂아 준 빨간 장미꽃 한 송이도 큰 힘이 되고 격려가 되었다.

#2

국제그룹 패망 후, 20여 개 계열사의 4만여 종업원들은 여러 인수회사로 갈가리 찢어지거나 일자리를 잃었다. 그룹 본부인 종합조정실에 근무한 나는 그룹 분해 과정에서 내가 희망하는 계열사로 갈 기회가 있었다. 동서증권을 선택한 것이 다행이었을까. 건설업으로 성장한 K그룹에서 인수한 '동서'는 점차 경영의 안정을 되찾았다. 그런 가운데 임원으로 선임된 나는 다시 허리를 펴고 맡은 일에 전념하게 되었다. 하지만 행운이었다는 안도감이 채 가시기 전에 또다시 나를 절망에 빠뜨리는 일이 벌어졌다. 1997년 IMF로 직격탄을 맞으며 문을 닫아야 했다. 부채보다 자산이 더 많았던 튼실한 회사였지만 한 번의 부도로 무너진 둑은 막을 도리가 없었다.

　증권업 역사가 가장 긴 업계 4위의 증권사로서 증권사관학교라는 별칭까지 얻었던 알찬 회사가 그렇게 허무하게 무너지리라고는 그 누구도 상상하지 못했다. 임원진의 한 사람으로서, 1,800여 명의 직원과 그 가족들을 지켜주지 못한 자괴감으로 그저 하늘만 쳐다보며 원망할 수밖에 없었다. 동서증권의 부도 사태를 온 매스컴이 '떠들썩하게' 보도했다. 정치권의 '보이지 않는 손'에 의해 당했다는 소문도 돌았다. 아무튼 국가도 막을 수 없었던 IMF 금융위기사태로 내 인생 3막은 또다시 이렇게 허

망하게 막을 내리고 만다. 고행의 인생길로 들어선 나에게 집에서 가까운 북한산이 큰 위안처가 되었다. 매일 산을 오르며 산처럼 묵묵히 때를 기다리자고 결심했다. 그러면서 느리지만 한발 한발 앞으로 나아가며 마음을 다졌다.

#3
아직 50대 초반이었을 때니 재기의 희망은 있었다. 그리고 기대했던 대로 기회가 왔다. 동서증권이 부도난 지 3개월이 지났을 즈음으로 기억한다. "S파이낸스 Y회장입니다" 라는 굵직한 목소리의 전화를 받았다. 나를 만난 적은 없으나 증권회사 임원 경력은 익히 알고 있다며 그에 못지않은 대우를 해줄 테니 당장 부산으로 내려와 자신과 함께 일하자는 것이었다. 나는 그의 제의를 흔쾌히 받아들였다. 2년여 동안 부산과 서울을 오가며 인생 4막의 화려한 꿈을 키워나갔다. 그러던 어느 날, 나는 Y회장과 서울 시내 한 호텔레스토랑에서 마주 앉아 점심을 먹고 있었다. 그때였다. 사복을 한 건장한 남자 두 명이 다가와 "Y회장님이시죠?" 라며 다짜고짜 그의 양팔을 움켜잡고 사라졌다. 그가 일어설 때 포크가 바닥에 떨어지는 소리가 유난히 크게 들렸다. 그 후, Y회장의 체포, 수감을 알리는 기사가 연이어 전국의 신문과 티브이 화면을 메웠다. 그 내용을 요약하면 다음과 같다.

〈1996년 부산을 거점으로 영업을 시작한 S파이낸스는 월 25%~ 30%라는 경이로운 이율로 서민들의 자금을 끌어들이고, 약속된 기일에 이

자와 원금을 반드시 지급하여 신용을 쌓는다. 불과 2년 만에 전국 54개 지점을 비롯하여 일본과 미국에 현지법인을 둘 정도로 급격히 성장한다. 'S엔터테인먼트' 등의 자회사를 잇따라 설립하고, 영화 '엑스트라' '짱' '용가리' 등에 거액을 투자하며 떠오르는 기업으로 관심을 모은다. 그러면서 업체 대표는 고객 투자금을 비자금 계좌로 빼돌려 수백억 원을 횡령하였다.)

당시 직원들의 인사, 교육훈련 등 주로 후선업무를 담당한 나는 고객들에 대한 금전적인 책임은 면했지만 피해를 입은 투자자들에 대한 미안하고 안타까운 마음은 금할 수 없었다. 이제 내가 인생의 활동 무대에서 영원히 내려와야 한다고 생각하니 마음 한구석이 휑하니 뚫린 것 같

고 서글프기도 했다. 부산에서의 생활을 정리하고 서울로 올라가려는 전날, 아내가 먼저 내려왔다. 혼자서 이사 가방을 들고 올 나를 생각하니 쓸쓸하고 외로울 것 같아서 그랬다는 것이다. 말없이 나를 바라보는 아내의 얼굴에는 불안과 근심이 가득했다.

회사에 돈을 맡긴 투자자들이 점령한 부산 기차역은 그야말로 아수라장이었다. 머리에 빨간 띠를 두르고 바닥에 드러누운 사람들은 대부분 자갈치시장에서 좌판을 하며 힘들게 하루하루를 사는 사람들이라고 했다. 당장 원금만이라도 내놓으라며 거칠게 외치는 그들을 뒤로하고 황급히 개찰구를 빠져나온 나는 마치 전쟁터를 탈출한 피난민과 다름없다는 생각이 들었다. 내 인생 4막은 그렇게 경황없이 쫓기듯 막을 내렸다.

#4

앞으로 만일 나를 부르는 곳이 있다하더라도 선뜻 수락하기가 두려웠다. 그런데 부산에서 올라온 지 서너 달이 지났을 즈음, 수원의 한 연구원에서 '수석연구위원으로 모시겠다.'는 연락이 왔다. 주로 중소도시 개발에 관한 연구와 지원을 하는 직원 20여 명의 중소 규모 개인회사인 D연구원이라고 했다. 이번에는 연구원이니까 뭐 부도날 일이 있으랴 싶어 곧바로 승낙 의사를 밝혔다. 내게 만들어준 명함에는 학술용역, 기반시설부담금, 재해대책수립, 개발컨설팅 등의 일을 하는 것으로 적혀 있었다.

연구원과의 계약 내용은 연구 의뢰기관에 제출한 용역보고서가 채택되면 그때그때 목돈으로 받기 때문에 월급도 그에 맞춰 부정기적으로 한몫에 지불한다는 것, 그리고 점심은 연구원에서 지정한 근처 식당에서 먹고 장부에 사인만 하면 된다고 했다. 그 외 복리비나 특별 수당 등에 관한 조항은 없었다. 내가 맡은 연구는 '도시형 공공화장실 개선방안'에 관한 것으로 2명의 팀원을 붙여주었다.

  원장에게 두세 차례 시안을 제출했지만 계속 보완 지시만 할 뿐이어서 마무리를 짓지 못하고 자리만 지키고 있었다. 그렇게 수개월이 지나고 추석이 코앞에 가까웠을 즈음, 원장이 방으로 불러 그동안 수고했다며 귤 한 박스를 주었다. 급여는 약속한 대로 용역비를 받으면 지불할 테니 조금만 더 기다려달라고 했다. 그날 점심 때였다. 식당에 갔더니 주인이 더는 점심을 제공할 수 없다면서 그동안 밀린 식대가 수천만 원인데 어쩔 것이냐며 언성을 높였다. 마침 옆에 있던 총무담당 직원이 자기가 책임지겠다고 하자 그제야 점심상을 차려주었다.

  그 후 1주일쯤 지난 어느 날 밤, 원장이 휴대폰으로 메시지를 보냈다. 운영자금이 모자라 불가피하게 연구원 사업을 접게 되었다며 곧 사무실을 폐쇄할 예정이라고 했다. 물론 그동안 밀린 내 급여에 관한 얘기는 전혀 없었다. 세상에 이름도 알려지지 않은 D연구원은 그렇게 봄눈 슬듯 스러져 버렸고, 매스컴이 '떠들썩하게' 보도하는 일도 없었다. 그와 함께 내 인생 5막도 조용히, 끝나는 것 같지 않게, 1년 만에 어쭙잖게 막을 내렸다.

#5
  곰곰 생각해 보면 내가 가는 회사마다 부도가 나고 문을 닫으니 참 이상하다는 생각이 들었다. 세상살이에 줄을 서도 너무 잘못 선 것 같았다. 아니면 운칠기삼(運七技三)이란 말이 있듯이 내 인생을 지배하는 어떤 운명 같은 게 있단 말인지 도대체 알 수 없는 노릇이었다. 내가 인연을 맺은 회사마다 문을 닫은 것은 모두 내 탓은 아니었다. 하지만 한편으로는 구성원의 한 사람이었던 나에게도 일말의 책임이 전혀 없는 건 아닐 것이라는 생각도 들었다.

이제 환갑도 훌쩍 넘긴 나이에 뭘 더 해보겠다고 아등바등 달려들고 싶지 않았다. 그래서 궁리 끝에 마음을 내려놓고 세상에 봉사할 수 있는 길을 찾아보기로 했다. 사회복지 공부를 하기로 결심하고 대학원에 입학했다. 졸업하면 뭔가 남을 위해 할 수 있는 일이 있을 것 같았다.

다섯 학기의 M대학교 사회복지대학원 과정을 마치며 '한국 노인교육 프로그램개발에 관한 연구'라는 졸업논문도 썼다. 공교롭게도 졸업과 동시에 S대학교 산학협력단 사회복지학과 교수로 추천을 받았다. 교수의 길도 사회에 봉사할 수 있는 한 가지 방법이 되겠다고 생각하니 마음이 가벼웠다.

산학협력단은 4년제 정규대학과 똑같은 학사일정으로 운영되었다. 학과 주임을 맡은 나는 봄 학기부터 학생을 모집하고, 주 8시간씩 강의를 하고, 부족한 강사를 충원하는 등 열의를 갖고 바쁜 한 해를 보냈다.

그해 연말에 '사건'이 터졌다. 신설 산학협력단이 설립 기준에 미비된다며 문교 당국에서 설립취소 통보가 온 것이다. 학생들도 교수들도 모두 울분을 터뜨렸다. 승인을 내줄 때는 언제고 학생을 모집해서 1년이나 수업을 해온 이때 무슨 난리냐며 학생들이 피켓을 들고 학교를 뛰쳐나갔다. 교수진도 학생들과 세종로 정부종합청사로 몰려가 시위를 하는 한편, 교수대표단이 국가인권위원회를 찾아가 학생들을 구제해 달라고 하소연도 했다. 또 한편으로는 법정 소송도 해보았지만 S대학교 산학협력단은 설립 1년 만에 정부의 '폐쇄조치'로 끝이 났다.

산학협력단 교수직은 정년도 없다고 했다. 이번에야말로 해볼 만한 일이라고 희망을 걸었던 인생 6막도 전혀 예기치 않은 돌발 사건으로 막을 내려야 했다. 더는 세상일에 나서지 말자고 다짐했었는데, 그제야 나는 그때까지도 내 마음속에 버리지 못한 욕심과 욕망이 남아있었다는 걸 깨달았다. 어쨌든 이번에도 내 잘못은 없었다. 하지만 80여 년의 역사를 이어온 S대학교에 왠지 누를 끼친 것만 같아 마음이 편하지 않았다.

#6
지금까지 얘기한 내 인생 6막의 '사건'은 모두가 실제로 있었던 사실이다. 픽션이 아니란 말이다. 돌이켜보면 그동안 나는 '살아온' 것이 아니라 '버텨'왔다고 하는 게 맞겠다. 넘어지면 다시 일어나 버티고, 또 넘어지면 좌절하지 않고 또다시 일어나 버텼다. 그런데 힘들었던 건 내가 넘어지고 싶어 넘어진 적은 한 번도 없었다는 것이다. 그렇다고 누군가를 탓할 상황도 아니었다. 그저 모든 '사건'을 숙명처럼 받아들이고 버티고 이겨내며 살아왔다.

넘어질 때마다 나는 번번이 최선을 다해 다시 일어났고, 넘어지는 순간에도 다시 일어설 수 있을 거라는 희망을 버리지 않았다. 그렇게 여러 번 넘어지고 일어서면서 나도 모르게 남들과 따뜻한 마음 한 조각 나눌 수 있는 배려와 겸손이 생기고, 그들을 좀 더 이해하는 마음의 여유도 갖게 되었다.

#7

옛 조흥은행 건물을 올려다보던 나는, 10층 유리창에서 눈길을 멈추었다. 40여 년도 넘었을 오래전 그때, 내가 신입 행원으로 입사하여 근무한 인사부가 있었던 층이다. 어느 날, 한 노년의 고객이 찾아와 재직증명서를 떼러 왔다고 했다. '일제' 때 근무했었다니 서류가 사무실 캐비닛에 있지는 않을 것이었다. 그에게 잠시 기다리라고 하고서 반신반의하며 지하 2층 서류 저장고로 내려갔다. 인사 발령 서류철을 뽑아 들고 이름을 확인하며 한 장 한 장 누렇게 바랜 종이를 넘길 때마다 오래된 종이 냄새가 물씬 풍겼다. 자칫 손으로 잘못 만지면 종이가 바스러질 것 같기도 했다. 어느 순간, 그 노인의 생년월일과 일치하는 이름을 발견한 나는 감전이라도 된 듯 온몸에 전율이 일었다. 그의 인사 발령 서류가 분명히 거·기·에·있·었·다!

나는 그때의 소름 끼치던 전율을 잊지 못한다. 지금 조흥은행은 역사 속으로 사라지고 없다. 하지만 은행 이름이 바뀌었을 뿐, 내가 재직했던 기록도 지하 서고의 어느 곳에 분명히 있을 것으로 확신한다. 이곳저곳을 떠돌며 모두 사라진 줄 알았던 내 흔적 한 조각이나마 남아있을 유일한 곳이라 생각하니 위안이 되었다. 문득, 백석 시인이 북방을 유랑하던 시절에 쓴 시 한 구절이 떠오르며 가슴이 아렸다.

> 아, 나의 조상은 형제는 일가친척은 정다운 이웃은 그리운 것은 사랑하는 것은 우러르는 것은 나의 자랑은 나의 힘은 없다 바람과 물과 세월과 같이 지나가고 없다
>
> —백석, 〈북방에서〉 중에서

모든 게 지나가고 없는 지금, 나는 다시 소설가로 인생 7막을 살고 있다. 앞으로 또 어떤 '사건'이 앞을 가로막을지는 나도 알 수 없다. 그래도 여느 때와 마찬가지로 열심히 살아갈 것이다. 살아온 그대로 나를 받아들이고 항상 내 참모습을 찾으려 노력할 것이다. 여러 번 넘어졌어도 단 한 번도 실패했거나 끝났다고 생각한 적은 없다. 내 인생은 아직도 진행형일 뿐이다.

잃어버린 순간을 찾아서

굽봇대

얼마나 힘들었으면 등까지 굽었을까. 동네 골목길을 지나다 얽히고설킨 전깃줄로 목이 졸리고 무거운 변압기까지 머리에 이고 있는 전봇대를 보면 문득 아버지의 모습이 떠오르곤 한다.

성북구 정릉동의 언덕바지에 있는 집에 살 때였다. 결혼 후 셋방살이 8년 만에 비로소 내 이름으로 갖게 된 집이다. 어느 날 손주들이 보고 싶다며 아버지가 다니러 오셨다. 아버지는 안방 여닫이문이 너무 낡았다며 곧장 나가셔서 새 문짝을 사 오셨다. 그런데 그 크고 무거운 문짝을 등에 지고 오시는 게 아닌가! 미아리고개 가구점에서 집까지 족히 4km가 넘을 텐데 도저히 믿어지지 않았다. 문짝이 너무 크다며 버스에 실어주지 않아 하는 수 없이 지고 왔다고 하셨다. 하지만 가구점에 운송비 얼마라도 주었으면 집까지 배달해 주었을 것이다. 아니면 나와 함께 가자고 하셨으면 마주 들고 올 수도 있었을 텐데. 한 푼이라도 절약하고 자식 고생시키지 않으려는 아버지의 속내를 알고는 마음이 짠하며 미안한 생각이 들었다.

어머니가 돌아가신 후에도 아버지는 자식들에게 짐이 되기 싫다며 홀로 사셨다. 여섯 남매가 서로 모시고 살겠다고 해도 끝까지 고개를 저으셨다. 그러다가 점차 기력이 쇠하시자 아버지는 살던 집을 세를 놓고 요양병원으로 들어가셨다.

겨울 어느 날, 아버지를 만나러 갔다. 나를 보자 얼굴에 가득 미소를 담으시고는 "내가 만든 작품이야!" 하며 손으로 침상 위를 가리키셨다. 울긋불긋한 꽃밭에 오리 두 마리가 놀고 있는 그림이 벽에 걸려있었다. 요양병원에서는 알츠하이머 환자를 위한 프로그램을 운영했는데 미술치료 시간에 그린 것이었다. 병원에서는 정기적으로 치매 검사를 하는데, 의사의 진단 결과 아버지는 초기 단계이며 지속적으로 치료를 하면 증상이 호전될 수 있을 것이라고 했다.

그림은 유치원 아이들이 그린 것보다도 어설펐지만 그 오리 꽃 '작품'을 보며 지금까지 보지 못한 아버지의 자존과 행복을 느낄 수 있었다. 나는 멋진 작품이라고 말하며 엄지손가락을 치켜세웠다. 그리고 아버지와 한동안 깊은 포옹을 나누었다. 지금까지 살아오며 차갑고 멀게만 느껴졌던 아버지의 가슴이 뜨거운 불덩이처럼 나에게 와 닿았다. 껴안은 아버지의 굽은 등이 손에 만져지자 안쓰럽기도 하고 자식의 도리를 다하지 못한 죄스러움에 마음이 아팠다. 그날은, 내 평생 아버지와 처음으로 감격의 포옹을 나눈 날이었다.

그 후, 며칠이 지난 어느 날 새벽 5시 즈음이었다.

"항상 이 시간이면 일어나셨는데 기척이 없으셔서 가까이 가보니 숨을 거두셨어요."

　요양보호사 팀장의 전화를 받는 순간 쿵 하고 가슴이 내려앉았다. 아버지와 감격의 포옹을 한 날이 불과 며칠 전이었는데! 내가 말을 잘 못 들었나 싶어 한동안 멍한 기분이었다.

　아버지는 눈을 감고 조용히 나를 기다리고 계셨다. 아버지의 얼굴은 새벽 바다처럼 푸르스름하고 창백했지만 포근하고 평화로워 보였다. 아버지의 손을 잡았다. 뼈마디가 앙상한 손은 차가웠지만 생전의 어느 때보다 따스한 사랑이 흐르고 있음을 느꼈다. 아버지 볼에 가볍게 입맞춤을 한 다음, 그가 평생 지녔던 대추나무 묵주를 손에 쥐어 드렸다. 그러자 '애야, 너는 내가 가장 아끼던 작품이었어.' 하고 빙긋이 웃으시는 것 같았다.

　무거운 문짝을 지고 그 먼 길을 걸어올 정도로 강건하셨고, 불과 재작년까지만 해도 혼자서 지하철로 시내 곳곳을 다니셨고, 매일 새벽 미사도 거르지 않으셨던 아버지. 오로지 튼튼한 두 다리와 몸이 전 재산이요 평생의 대들보였던 아버지도 끝내 세월을 이기지 못하고 86년간의 삶을 마감하셨다.

　얼마나 힘들었으면 등까지 굽었을까. 굽은 전봇대를 보면 문득 아버지의 모습이 떠오르곤 한다.

* 에필로그(Epilogue)

아버지 얘기를 쓰다가 함민복[1] 시인의 '꽃봇대'란 시가 겹치며 '굽봇대'란 제목을 떠올렸다. '꽃봇대'는 함 시인이 만든 '꽃과 전봇대'의 합성어로 그의 시집 제목이기도 하다. '굽봇대'는 여기서 따온 말로 '굽은 전봇대'를 말한다.

시인을 만난 게 2012년 초였으니 한참 전의 일이다. S문화단체에서 주관한 강화도 문학기행에서 그를 처음 만났다. 그와 옆자리에 앉아 함께 점심을 먹은 후, 그가 오랫동안 정을 붙이고 살았던 동막해변의 시비를 보러 갔다. 함 시인의 시가 새겨진 둥그런 조형물은 특이하게도 땅바닥에 누워있다. 누구라도 그곳에 앉아 다리쉼을 하거나 사람들이 둘러앉아 막걸리 잔을 부딪치며 담소를 나누기도 하는 편안한 곳이길 바란다는 시인의 뜻이 담겨있다고 했다.

강화도를 떠나기 전, 함 시인 부부가 운영하는 초지인삼센터의 인삼가게에 들렀다. "제 아내 '꽃봇대'입니다." 함 시인은 쉰 살의 동갑내기 부인을 그렇게 소개했다. 진열장 앞에 서 있는 부인의 머리 위에 액자 하나가 걸려있다. '꽃봇대'란 시가 담긴 꽃그림 액자다.

---

1 1962년 충북 노은면 출생, 1988년《세계의 문학》에 '성선설' 등단, 서울예술대 문예창작과 졸업, 1996년 강화도 동막리 정착, 시집《말랑말랑한 힘》,《꽃봇대》《눈물은 왜 짠가》등과 에세이집《미안한 마음》,《길들은 다 일가친척이다》등 출간. 김수영 문학상, 박용래 문학상, 윤동주 상 등 수상.

함민복 시인과 점심을 먹은 후 그가 16년간 정을 붙이고 살았던
동막해변의 시비를 보러 갔다.

누워 있는 시비
누구라도 그곳에 앉아 다리쉼을 하거나 둘러앉아 막걸리 잔을 부딪치며
담소를 나누기도 하는 편안한 곳이길 바란다는 함 시인의 뜻이 담겨있다.

전등 밝히는 전깃줄은 땅속으로 묻고

저 전봇대와 전깃줄에

나팔꽃, 메꽃, 등꽃, 박꽃 .. 올렸으면

꽃향기, 꽃빛, 나비 날갯짓, 벌 소리

집집으로 이어지며 피어나는

꽃봇대, 꽃줄을 만들었으면

— 함민복, 〈꽃봇대〉 전문

시집《꽃봇대》를 상재하며 함 시인은 이렇게 말한다.

"우리가 살고 있는 주위를 살펴보면 전깃줄에 연결되어 있지 않은 집과 건물은 없다. 문명의 상징이기도 한 전깃줄 대신, 집들과 건물들이 우리들 마음속에서만이라도 꽃줄로 연결되었으면 하는 바람에서 책의 제목을 '꽃봇대'로 정해보았다."

아버지의 작품 '꽃과 오리' 그림도 함민복 시인의 '꽃봇대'에 걸린 꽃줄과 연결된 것이 아니었을까.

잃어버린 순간을 찾아서

산티아고 노인과 장자(莊子)

지난 2011년 봄, 대학로극장에서 공연하는 헤밍웨이의《노인과 바다》연극을 보았다. 오래전에 소설 원작을 두세 번 읽어본 적이 있는 이 작품은 헤밍웨이에게 퓰리처상(1953년)과 노벨문학상(1954년)을 안겨준 걸작이다. 소설의 줄거리는 단순하다. 84일 동안 한 마리의 고기도 낚지 못한 노인이 사력을 다한 싸움 끝에 큰 고기를 잡았다. 그러나 피 냄새를 맡고 달려든 상어 떼에게 살점은 다 뜯기고 앙상한 뼈만 가지고 돌아온다는 스토리로 이루어져 있다.

헤밍웨이는 주인공 산티아고 노인을 통해 용기와 인내로 역경을 이겨내는 꿋꿋한 인간상을 보여준다. 모처럼 잡은 큰 고기를 허무하게도 상어 떼에게 빼앗기고 빈손이 되지만 노인은 말한다. "인간은 패배하도록 만들어진 것이 아니야. 인간은 죽을지는 몰라도 패배하는 것은 아니니까." 그리고 노인은 담담한 마음으로 그의 통나무집으로 돌아와 깊은 잠에 떨어진다. 그는 꿈속에서 힘의 상징인 사자의 꿈을 꾼다. 비록 실패를 했으나 패배를 모르는 불굴의 인생과 운명을 상징적으로 보여주는 것이다.

산티아고 노인은 세상의 '자연물'을 친구로 삼았다. 그것은 '긍정의 삶'

이다. 나는 노인이 보여준 용기와 인내는 바로 이 긍정의 삶에서 나오는 힘이라고 믿는다. 노인은 자연의 모든 것을 동등한 존재로 여긴다. 그에게는 마을 소년 마노린, 조각배에 앉아 지친 날개를 쉬는 작은 새 한 마리, 하늘을 나는 물오리 떼, 바람, 거대한 바다, 그가 잠자는 침대, 심지어 그가 잡은 고기까지, 모두가 형제고 친구다. 그래서 노인은 혼자 있어도 외롭지 않다. 노인은 그 누구의 힘도 빌리지 않고 모든 것을 혼자 힘으로 이루려 한다. 그가 하는 일의 성공은 단지 운과 준비를 다하고 기다리는 데 달려 있을 뿐이다. 무엇에 의지하지 않으니 그는 완전한 자유를 누린다.

그런데, 노인은 자신의 낚시에 걸린 고기와 밀고 당기는 긴 싸움을 하

연극 「노인과 바다」의 주인공 산티아고 노인
*사진 출처: 연극 포스터 복사

면서 그 고기가 갑자기 불쌍하다고 느낀다. 노인은 다정하게 말을 건다. "이놈아! 나는 죽을 때까지 너와 함께 있을 테다." 그리고 자기와 형제니까 먹을 것을 좀 줬으면 좋겠다고 생각한다.

시간이 흐르면서 노인은 자기의 지혜에 맞서 싸우고 있는 상대방 고기가 되어보고 싶다는 생각을 한다. "이 친구야, 나는 지금까지 너처럼 거대하고, 너처럼 아름답고, 또 너처럼 침착하고 고결한 놈은 처음 봤구나. 자, 그럼, 이리 와서 나를 죽이려무나. 어느 편이 상대방을 죽이건 그건 내가 알 바 아니다." 이 순간부터 노인은 노인대로 있고 고기는 고기대로 스스로 있지만 서로 하나가 된다. 노인은 어느새 자기가 고기가 되고 고기가 자기가 되는 변화를 겪는다. 노인은 고기와의 싸움에서, 포기하지 않고 끝까지 사력을 다해 싸우는 과정을 통하여, 자연물에 대해 보다 깊은 깨달음과 이해의 경지에 도달하게 되었을 것이다. 노인과 고기 사이에는 아무런 걸림도 없고, 서로 죽고 죽이는 상대성도 없고, 차별도 없다. 그저 자연처럼 대등한 존재가 되었을 뿐이다.

나는 이러한 노인의 변화를 보며 장자(莊子)가 '제물론(齊物論)'에서 얘기하는 '크나큰 긍정'을 깨달은 것일 거라고 생각한다. 장자가 말하길, 신인(神人)은 시비(是非)를 하지 않고 자연에 비추어 보고 크나큰 긍정에 머문다고 했다. 또한, 크나큰 긍정, 그것은 시비를 넘어선 '명지(明知)'라고 했다. 그래서 명지의 긍정은 '이것이 저것이고, 저것이 이것'이 된다.

대지의 숨결인 바람은 무수한 구멍들에 제 소리를 내게 하지만 모두 바람과 똑같은 소리를 내라고 우기지 않는다. 장자는 그렇게 하는 게 자연이요, '자연은 곧 자유(自遊)'라고 말한다. 자연에는 옳고 그름을 따지는 '다툼이나 까닭'이 없다. 오로지 크나큰 긍정이 있을 뿐이다. 그래서 긍정적 삶은 사람을 편하게 하고 즐겁게 한다고 했다.[1]

자연물과 친구이고 고기와 시비하지 않고 형제가 되었던 노인은 바로 그 '크나큰 긍정'의 도(道)를 깨닫고 자신의 삶을 즐겼던 것은 아닐까? 그렇지 않았다면 그는 그 어려운 역경을 헤쳐 나가지 못하고 바다에서 외롭게 죽었을지도 모른다. "희망을 버린다는 것은 어리석은 일이야. 그뿐만 아니라 그건 죄다." 라고 노인은 긍정의 삶을 주장한다. 그래서 산티아고 노인은 장자가 말하는 자연의 자유를 누리는 진정한 '자유인(自遊人)'으로 살았던 것이라고 할 수 있겠다.

노년기에도 삶은 지속된다. 인간의 생애주기에 있어서 노년은 어느 단계 못지않게 역동적인 변화의 시기라고 할 수 있다. 나는 산티아고 노인이 가진 긍정의 삶을 보며, 과연 내 삶의 마무리를 어떻게 해야 할 것인가를 생각해 본다.

시인 이육사는 7월을 '청포도가 익어가는 시절'이라고 했다. 문득 청포도처럼 풋풋한 노년을 살다 가면 좋겠다는 생각을 해본다. 청포도는 폭염이나 드센 태풍과 같은 역경들을 시비하지 않고 모두 감싸안으며 달다름한 청포도 고유의 청순한 맛으로 익어간다. 청포도는 다 익어도 푸르다. 자신이 겪은 고통과 어려움들을 전혀 겉으로 드러내지 않고 처

---

1   참고: 장자의 철학우화, 〈학의 다리가 길다고 자르지 마라〉, 윤재근, 도서출판 둥지(1991.3.25.)

음의 푸르름 그대로, 그저 묵묵히 견뎌낸다. 나는 침묵 속에 익어가는 청포도처럼 그 어떤 것도 모두 긍정의 마음으로 받아들이며 죽는 날까지 푸르게 살고 싶다.

그런데 우리는 왜 그토록 악착스럽게 삶에 매달리며 살아가고 있는 것일까? 아마도 제 목숨과, 사람과, 물질에 대한 욕심에서일 것이다. 욕심은 자연이 누리게 하는 무한한 '자유(自遊)'를 잊게 한다. 우리가 사는 현실이 꿈이라고 믿는 사람이 있을까? 아니면 꿈결이 현실이라고 믿는 사람이 있을까? 《장자》를 읽다 보면, 장주(莊周)는 나비가 되는 꿈을 꾸었고 나비가 장주로 되는 꿈을 꾼다. 삶을 한바탕 꿈이라고 한다. 나는 이것도 크나큰 긍정의 변화라고 본다. 이러한 변화는 얼마나 즐거운 것인가. 나 또한 무위자연(無爲自然)의 마음으로, 자기를 잊어버리는 자유인이 되는 꿈을 꾸며 살고 싶다. 내가 청포도가 되고 청포도가 내가 되는 그런 즐거운 꿈을 꾸면서. '그저 있으므로 있는' 자연처럼, 나 스스로 유유자적(悠悠自適) 자유로 노닐다 이 세상 떠나고 싶다.

푸르른 녹음과 더불어 여름의 활기가 넘쳐나는 이 밤에, 산티아고 노인과 장자를 오가며 과연 지금의 내 삶이 정말 내가 원하던 것일까를 골똘히 생각해 본다. 프랑스 문학가이자 비평가인 폴 부르제(Paul Bourget, 1852-1935)가 이런 말을 했다. "기억하라. 생각하는 대로 살지 않으면, 사는 대로 생각하게 된다."

지금 내가 나 자신에게 가장 하고 싶은 말이다.

잃어버린 순간을 찾아서

가장 귀중한 일

　아이들이 마음 편히 놀고 행복하게 살 수 있는 세상은 언제쯤이나 올 수 있을까. 요즘 뉴스를 보면 아이들이 살아가기가 너무 힘들고 위태로운 세상인 것 같아 마음이 아프다. 부모가 어린 자식을 폭행하거나 영하의 추운 겨울날 화장실에 몇 시간씩 가두어두고, 엄마가 아이 혼자 두고 피시방에서 게임에 몰두하다 굶어 죽게 하고, 어느 부모는 시끄럽다고 아이를 아파트 난간에서 내던지는 등 하루가 멀게 반복되는 이런 끔찍한 '사건'들을 다 말하자면 한이 없다. 1등 주의 교육, 물질만능의 사회, 몰인간적인 IT문화 등이 아이들을 차가운 거리로 내몰고 있다는 말은 사치스러운 수식어에 불과하다.

　또한 유치원이나 학교나 사회에서 왕따나 구타를 당하고, 성폭행을 당하고, 심지어 죽음에 내몰리기까지 하는 아이들이 설 자리는 과연 어디인가. 얼마 전에는 초등학생을 상습적으로 구타한 선생님을 처벌하라며 학부모들이 들고일어난 기사도 있었다. 그 아이가 수업 시간에 실수로 풍선을 터뜨렸는데 일부러 그랬다고 뺨을 때리고 발로 찼으며, 일기를 쓰지 않았다고 2시간 동안 체육 교구 창고에 가두기도 했고, 심지어 아이가 혈우병을 앓는 환자임을 알면서도 머리에 피가 나도록 때렸다는 것이다. 참으로 어이가 없고 어떻게 설명을 해야 할지 그저 앞이 캄캄할 뿐이다.

하지만 절망만 있는 건 아니었다. 얼마 전에 어느 일간지에 실린 따뜻한 기사를 보고 참으로 반갑기도 하고 우리 사회가 아직 희망이 있다는 것을 느꼈다. 소년 법정의 한 판사가 절도, 폭행으로 14차례나 법정에 선 전력이 있는 소녀에게 엄한 처벌 대신 "나는 무엇이든 할 수 있다. 나는 이 세상에서 두려울 게 없다. 이 세상은 나 혼자가 아니다."라는 말을 따라서 하게 하고 석방하면서 새로운 삶을 살도록 하였다는 것이다.

이런 여러 사건들을 보면서, 세상에 어떤 일도 아이들을 행복하게 기르는 일보다 보람되고 귀중한 일은 없을 것이라는 생각을 다시 하게 된다. 아이들은 우리의 미래이고 희망이다. 그리고 행복한 아이의 뒤에는 행복한 부모와 행복한 양육자가 있고 행복한 사회가 있어야 할 것으로 믿는다.

내년에 중학생이 될 손녀가 어린이집에 다닐 적 기억이 떠오른다. 아이는 항상 즐겁고, 작은 일에도 감탄하고 감동했다. 하잘것없는 것에도 와, 신난다, 와, 예쁘다, 와, 냄새 좋다 하며 항상 감탄하고 즐거워했다. 또 어린이대공원에서 함께 숲길을 걷는데 다리가 아픈지 업어달라고 했다. 아이를 업자 "와, 행복하다." 하며 내 등에 살며시 머리를 기댔다. 그때 나는 속으로 깜짝 놀랐다. 네 살배기 어린아이가 '행복하다'는 말을 언제 익혔으며, 어떻게 이렇듯 적절하게 때맞춰 활용할 수 있는지 신기했다. 아이를 업고 가며 생각했다. 이 아이가 크면 무엇이 될까, 지금 무

'행복한 아이들'과의 시간 / 손녀가 다닌 E어린이집에서 일일 선생님을 하며

슨 꿈을 꾸고 있을까, 그런 생각을 하면서 말이다. 그날 밤, 나는 손녀에게 큰 꿈을 꾸기를 바라며 편지글 한 편을 썼다. 이 글은 나중에 아이가 중학교에 입학할 즈음 전해줄 생각이다.

얘야,
너의 꿈은 뭐니
네가 꿈꾸는 세상은 어떤 곳이니

꿈을 가지면
열정과 순수함, 정직과 진실이
통하는 세상과 만나는 것이란다

그런 세상은 인간성이 살아 있고
따뜻한 사랑과 배려가 있고
희망이 있는 곳이지

얘야,
태어나 세상을 처음 보았을 때처럼
언제나 새로운 눈으로 바라보고
네 꿈을 키워가거라
깊고, 넓게!

그런데 얘야,
진정 꿈이 이루어지기를 원한다면
실패했을 때가 아니라
꿈을 포기했을 때 끝나는 것이란 걸
하늘과 땅과
굳게 약속하거라

그러고 나서 자기 전에 항상 드리는 기도 끝에 세상의 아이들을 우리 집 아이, 다른 집 아이 구별하지 않고 모두 '우리의 아이'로 행복하게 키우겠다고 성모님께 다짐했다.

아이들이 행복하게 자랄 수 있게 저부터 행복한 마음을 갖겠습니다.
우선 아이들에게 들려줄 동화책부터 몇 권 사서 읽어주고, 아이에게도 책을 읽어 달라고 부탁하겠습니다. 아직 글자를 익히지 못한 어린아이에게는 재미있는 얘길 해달라고 조르거나, 멋진 춤이나 노래를 불러달라고 하겠습니다.

그러면서 아이와 맞장구도 치고, 제 등에 말을 태워 이 방 저 방 기어 다니고, 먹을 것과 마실 것 함께 만들고, 그러다 시들해지면 잔디밭에 나가 꽃도 보고 사진도 찍고 지저귀는 새소리를 들으며 함께 뒹굴며 놀겠습니다. 그러면 저도, 아이도 모두 행복해질 겁니다. 그렇게 아이들이 언제나 제 품속에서 편안하고 행복하게 살도록 하겠습니다. 저는 잠자리에 들 때 내일 아이들과 또 무슨 놀이를 하고 놀까 궁리하며 잠들겠습니다. 저는 언제나 행복한 아이입니다.

나이가 들면 어린아이가 된다는 말이 맞는 것 같다. 어릴 적 손녀처럼 와, 신난다, 와, 행복하다, 라며 감탄하고 감동하며 살면 정말 나도 행복한 아이처럼 될 것이다. 웰빙(well-being)과 웰다잉(well-dying)을 성취하려면 운동이나 좋은 음식과 보약도 도움이 되겠지만, 무엇보다도 아이 같은 마음으로 매일매일 감탄하고 웃으며 사는 것이 가장 좋은 '무병장수 약'이 아닐까. 그러면 하루를 즐겁게 살 수 있고, 마지막 가는 길도 편안한 마음으로 맞을 수 있을 것 같다. 오늘도 내가 아이들 삶의 고향이 될 수 있기를 바라며 살아가는 나는 행복하다.

잃어버린 순간을 찾아서

바다는 사랑이었다

 지난해 가을 미국에 사는 딸을 보러 갔다. 산후조리를 도와주기 위해서였다. 그곳에 머무는 동안 딸네 식구와 태평양의 푸른 파도가 일렁이는 산타크루즈(Santa Cruz) 해안으로 자주 소풍을 갔다. 그래서 '바다'라고 하면 그곳이 산타크루즈 해변이란 걸 서로 잘 알았다. 집이 있는 샌프란시스코 실리콘밸리에서 자동차로 왕복 너덧 시간 거리여서 다녀오는데도 부담이 없었다.

 바다로 가려면 태평양 해안을 따라 캘리포니아 남부까지 길게 뻗어 내린 코스트레인지 산맥(Coast Range Mountains)을 넘어야 했다. 17번 지방도로를 타고 가다 점차 굴곡이 심한 산악지대로 들어선다. 하늘을 찌를 듯한 아름드리 삼나무 숲이 한동안 하늘을 가린다. 숲길은 길고 어둡다. 깊숙한 지역으로 들어갈수록 풍광은 완연히 달라진다. 수령을 헤아리기 힘든 레드우드 숲이 터널처럼 이어지며 곳곳에 산불로 시커멓게 타버린 아름드리나무들이 장승처럼 을씨년스럽게 서 있다. 듬뿍 습기를 머금은 산에서 흘러나온 질퍽한 물 자국이 간간이 아스팔트 포장도로를 가로지른다. 그것은 마치 화마와 싸우다 지친 레드우드 고목의 처절한 눈물처럼 느껴진다.

마침내 부챗살 같은 햇살을 뚫고 자동차는 산맥의 정상에 올라선다. 거기서 서쪽으로 가파르게 달려 내려가다 캘리포니아 해안고속도로와 만나고, 15분 남짓 남쪽으로 달리면 산타크루즈해안의 웨스트클리프(West Cliff)라고 부르는 도로와 이어진다. 구불구불한 절벽 길을 10여 분 오르면 정상 즈음에 바다를 향해 돌출한 바위가 기다리고 있다.

'곶'이라고 하기에는 규모가 좀 작은 편이다. 아무튼 해안 곡선을 따라가다 급작스럽게 불쑥 돌출한 20여 미터의 큰 기암절벽 두 개가 반달처럼 마주 보고 서 있는 곳이다. 태평양 먼바다에서 달려온 파도는 이 깎아지른 절벽 바위 밑동에 제 몸을 던지며 일생을 마친다. 그런데 놀랍게도 산산이 부서진 하얀 포말이 두 절벽 바위 사이의 바다 골짜기를 맴돌며 연신 커다란 하트모양을 만들어 내고 있다. 아내는 절벽 위에서 바람을 맞으며 하얀 하트를 바라보는 것을 좋아했다.

"저 하트는 하느님이 만드시는 거예요. 이 우주를 창조하셨듯이 말이에요. 끝없는 사랑을 주시는 하느님의 심장을 보는 것 같아요. 저 신비한 하트를 담아가서 한국의 우리 동네 사람들에게도 나누어주고 싶어요."

아내는 자기가 서 있는 곳과 우리나라가 일직선으로 맞닿아 있다고 믿고 있었다. 그러면서 보트를 타고 똑바로 노를 저어가면 그리운 동네 사람들을 만날 수 있을 거라고 말했다. 샌프란시스코가 서울과 비슷한 북위 37~38도 사이에 있으니 그렇게 생각하는 것도 무리는 아니라는 생각이 들었다. 아내는 바다에 오면 언제나 절벽 바위에 서서 모노드라마 배우가 대사를 읊듯 '하느님 사랑을 나누어 주고 싶다.'는 말을 되뇌곤 했다. 아내에게 바다는 사랑이었다.

5개월여 딸의 집에 머물며 겨울을 보내고 귀국한 지 어느새 보름이 지났다. 하지만 내일이 춘분인데 아직 밤바람이 차다. 매섭게 몰아치는 꽃샘바람 소리를 들으며 이 글을 쓰고 있다. 매년 부활 시기를 맞으며 느끼지만 봄의 진정한 전령은 춘분이 아니라 부활주일이라는 걸 새삼 깨닫는다. 영하를 오르내리는 날씨도 부활을 지나고 나면 감쪽같이 온화한 봄바람으로 변하며 화려한 꽃소식을 전해주기 때문이니 말이다.

 문득, 미국의 산타크루즈 절벽바위에서 '하느님의 사랑을 나누어 주고 싶다.'고 하던 아내의 말이 생각나며 부활의 의미를 다시 일깨워준다. 예수님의 죽음은 사랑이고 부활은 어두움을 몰아내는 빛이고 희망이다. 오늘 밤, 나는 그동안 제대로 빛을 보지 못하고 어둠 속에서 살았다는 걸 깨닫는다. 바다가 만들어 내는 하트를 보며 하느님의 사랑을 느낀 아내야말로 진정 어두운 밤중에 빛을 찾은 사람이라는 생각이 든다. 그 순간, 한밤중 창문을 두드리는 꽃샘바람 소리가 '빛'이 가까이 왔음을 알리는 전령처럼 느껴졌다.

잃어버린 순간을 찾아서

애가(哀歌)[1] 묵상

당신의 모습을 보지 못하고 살았습니다.

시작도 없고 끝도 없으시고

아니 계신 곳 없이 어디든지 계신

당신 안에서 늘 숨 쉬고 살아왔는데

건성으로 당신을 아는 체하며

바다를 떠도는 통나무처럼

그럭저럭 살았습니다.

오히려 저와 무슨 상관이 있느냐며

당신을 비웃기도 했습니다.

힘들고 슬픈 일이 있을 때만

눈물 속에 가끔 당신을 찾았을 뿐입니다.

일평생,

그토록 오랜 세월 동안,

당신의 참모습을 보지 못하고

---

[1] 구약 성경 예언서 중의 하나인 '애가'는 모두 5장으로 되어있으며, 바빌로니아에 의해 멸망 당한 이스라엘의 처참함을 애도하는 비탄의 시이다.

이방인처럼 살았습니다.
오늘은 눈물을 흘리며
참회의 기도를 드리고 싶습니다.

참회의 마음으로 애가 한 구절을 읽습니다.
"정녕 저의 탄식은 끝이 없고 저의 마음은 너무나 괴롭습니다."

(첫째 애가 1, 22)

당신의 슬픔을 알지 못하고 살았습니다.
당신께서는
이스라엘의 영광을 사정없이 쳐부수고
사랑하는 백성을
'원수처럼 되시어' 고통 속에서 죽게 하셨습니다.
당신 기대와 소망의 좌절에
'타오르는 진노'로 유다를 내치신 의미를
이제야 비로소 되새길 줄 알게 된 오늘 밤,
당신은
사랑보다 깊은 슬픔을 알게 해주셨습니다.
사랑보다 소중한 눈물을 알게 해주셨습니다.

슬픔과 좌절의 마음으로 애가 한 구절을 읽습니다.

"제 눈에서 눈물이 시내 되어 흘러내립니다."

(셋째 애가 3, 48)

당신의 사랑을 깨닫지 못하고 살았습니다.
저는 '아비 없는 고아'처럼 살며
당신께서 하시는 모든 일이
저를 위한 사랑이라는 것을 헤아리지 못했습니다.
지나온 삶의 그 어느 한순간에도
늘 저와 함께 머무르고 계셨음을 깨닫지 못했습니다.
그러나
이제야 당신의 모습을 보게 되었으며,
이제야 당신의 슬픔을 알게 되었으며,
이제야 당신의 사랑을 깨닫게 되었습니다.
제 곁에서 언제나 지켜주고 보살펴주신
당신 사랑에 감사가 넘쳐납니다.
오늘 만나는 모든 사람들에게
손을 내밀어 그들에게 기쁨을 줄 수 있게 하소서.
오늘 제가 드리는 기도가
누군가를 위한 소중한 선물이 되게 해주소서.
오늘 당신이 부르시는 말씀에
겸허히 옷깃을 여미는 하루가 되기를 소망합니다.

오늘 새로 태어나는 마음으로 애가 마지막 구절을 읽습니다.

"주님, 저희를 당신께 되돌리소서, 저희가 돌아가오리다.

저희의 날들을 예전처럼 새롭게 하여 주소서.

정녕 저희를 물리쳐 버리셨습니까?

저희 때문에 너무도 화가 나셨습니까?"

(다섯째 애가 5, 21-22)

리더십의 기술 - 내가 배운 '리더의 길'
The Art of Leadership: How I Learned to Lead

나는 지난 25여 년 동안 기업 현장에서 일하며 훌륭한 리더가 되기 위해 노력했다. 존경받는 사람이 되고자 나는 마치 군대를 이끄는 장수처럼 어려움이 닥칠 때면 피하지 않고 정면으로 맞섰다. 수많은 직원을 관리하는 일에 자부심을 느꼈고, 때로는 부하 직원들의 업무나 정치적, 개인적 신념에 대해 교훈적인 말을 하기도 했다.

나는 늘 '리더십이란 무엇인가'를 고민하며, 과거의 위대한 지도자들이 보여준 행동을 관찰했다. 리더십과 조직개발 분야 전문가인 미국의 맥더못(Lynda C. McDermott)은 리더십이란 단순히 권한이나 지위의 문제만이 아니라, 조직의 문화와 조직원 간의 상호작용과 그들의 신뢰와 감정을 다루는 것이라고 했다. 그러면서 "우리는 역사 속에서 우리를 위기에서 구해줄 영웅적 지도자를 찾아왔다. 그것은 대개 군사적, 종교적, 혹은 정치적인 상황에서였다."고 말했다.

그녀의 말처럼 나는 리더십이란 희귀하고 신비로운 자질이라고 믿었다. 내 사전에는 '약한 리더십'이라는 말은 없었다. 나는 언제나 직원들에게 더 열심히 일하라고 독려했고, 부하 직원의 비판은 무례하다고 여겼다. 강한 통제가 곧 유능하고 효과적인 리더십이라고 확신했다.

잃어버린 순간을 찾아서

The Art of Leadership: How I Learned to Lead

I have worked for twenty-five years in the corporate world, striving to become a successful leader. In an effort to make myself admirable, I tried to face adversity head-on rather than avoid it, like the classic leaders of an army. I took pride in managing a large number of employees, and sometimes I even lectured my subordinates on their business, political, or personal beliefs.

Whatever might be said about leaders and leadership, I tried to identify the traits and qualifications by observing the behavior of great leaders of the past. As McDermott indicated, "Throughout history we have sought out leaders who were heroes, ready to rescue us from crises… typically in military, religious, or political settings." In other words, I believed leadership was a mystical and rare quality. In my vocabulary, there was no such thing as weak leadership. I always drove people to work hard and believed that criticism from my subordinates was a sign of disrespect. I believed that tough management was the same as effective management.

하지만 지금 돌이켜보면, 그것은 착각이었다. 내가 그 사실을 깨달은 것은 불과 3년 전의 일이다. 진정한 리더십을 발휘하기 위해 가장 중요한 덕목은 '공감'이었다. 전통적인 위계 중심의 관료적 리더십은 더 이상 통하지 않았다. 이것을 깨달은 것은 노조와 임금 협상 때 사장이 보여준 리더십에서였다.

1990년대 초, 나는 2,000명이 넘는 금융회사의 인사 담당 책임자로 근무하고 있었다. 당시 50대의 H사장은 원만하지 못한 노사 관계로 힘들어하고 있었다. 협상 테이블에 마주 앉은 노조 간부들은 강경했고, 파업의 위세도 거셌다. 회사 임원진은 그들을 게으르고 탐욕스럽다고 여겼고, 그와 대조적으로 노조원들은 회사를 경영하는 임원들을 무능하고 과도한 보수를 받는 쓸모없는 존재로 생각했다.

가장 어려운 쟁점은 임금 인상 문제였다. 회사는 경기 침체와 저조한 실적으로 어려움을 겪고 있었지만, 노조는 물가 상승을 이유로 27% 인상을 요구했다. 회사 측에서는 5% 인상안을 제시했지만, 노조는 단호하게 거절했다. 나는 노사 양측이 이 간극을 적절한 선에서 메우지 못한다면 협상은 파국을 면하기 어려울 것이라는 생각이 들었다.

마침내 최고경영자인 사장은 자신이 직접 교착 상태를 깨기로 결심했다. 그는 노조에 회사의 실제 경영 상황을 직접 설명하겠다고 했다. 평소 부사장이나 노조 상대자인 내가 그들과 협상의 끈을 밀고 당기며 대화를 해왔다. 하지만 이번엔 사장이 직접 협상의 최전방에 나서겠다는 것이었다. 임원진에서는 모두 의아하게 생각했지만, 그는 이미 결심을 굳

But it has been only three years since I realized that this was an illusion. In my experience, to lead successfully, a person must demonstrate an active and essential trait: empathy. The traditional, bureaucratic, top-down models of leadership simply no longer work. I have a story that illustrates what I mean.

In the early 1990s, I was the general manager of the personnel department in our financial company, which employed more than 2,000 people. My boss, K. J. Han, who was then in his fifties, was suffering under an extremely hostile labor-relations environment. The union leaders were tough at the negotiating table, and their strikes were daunting. Most managers thought they were lazy and greedy. On the other hand, most union members viewed management as incompetent, overpaid, and more or less unnecessary.

One of the most difficult issues was that union leaders demanded higher wages while the business was in trouble. In the early 1990s, our company was suffering from a depressed stock market and low profits. My boss suggested that the company could afford only a 5 percent wage increase, hoping to settle the negotiations without a strike. The union members, however, did not believe him and demanded a 27 percent increase, insisting on the "imbalance" between wages and prices. They argued that living costs were about 20 percent higher than they had been at

힌 듯했다.

그의 경영 성과에 대한 발표는 간결하면서도 핵심을 찌르고 있었다. 노조 측의 질문이 이어졌고, 그는 침착하게 답했다. 그러나 발표 내내 노조 간부들은 항의하고 고함을 질러댔다. 그들의 맞수인 '적장(敵將)'이 눈앞에 나타난 것이었다. 나는 사장이 직접 발표를 하기로 한 것은 실수라고 생각했다. 아마 다른 임원들도 그렇게 느꼈을 것이다.

그런데 그는 끝까지 자신의 태도를 바꾸거나 격분하지 않고 발표를 마쳤다. 놀랍게도 다음 날부터 미묘한 변화가 나타났다. 그와 사무실에서 마주친 직원들은 고개를 끄덕이며 인사하기 시작한 것이다. 예전에는 그가 지나가면 손가락질을 하거나 비웃던 사람들이었다. 그는 마주치는 직원에게 "어제 당신들이 나를 꽤 곤란하게 만들었지?" 하고 웃으며 말을 걸었다. 그의 태도에는 존중과 솔직함, 그리고 따뜻한 마음이 담겨 있었다.

세월이 흐른 지금, 나는 당시 사장의 태도와 직원들과의 소통 방식을 되돌아본다. 노조원들은 그에게 불평하고, 논쟁하고, 심지어 무례할 정도로 공격하기도 했다. 하지만 그는 방어하지 않았고, 오히려 비판을 받아들였다. 그 결과 직원들은 그의 말이 허언이 아니라 진심이라는 것을 느꼈다.

그는 신뢰받는 리더가 되었고, 결국 임금 협상에서도 성공했다. 그가 내게 가르쳐준 것은 분명했다. 리더십의 본질적인 자질은 카리스마도, 강경함도, 엄격함도 아닌 '공감'이라는 사실이었다. 다시 맥더못이 한 말이 떠

the end of the 1980s, and they asked for a "substantial" raise in addition to the general increase. I thought that unless the union understood the significance of the problem, there would be no way to settle the issue. There was a great difference between the two sides.

At last, my boss decided it was up to him to break the impasse, and he believed it was essential to inform the union of the real state of the business. Normally, our deputy president or I would have given the presentation, but this time my boss decided to do it himself—something that had never been done in the long history of our company. We wondered, but he—so I thought—clung to his decision.

The presentation was simple yet thorough and clear, followed by questions from the floor. My boss explained, and union leaders shouted throughout the presentation. For the first time, they had the "enemy" in person. As far as I could tell, they weren't hearing his message, and I thought he had made a mistake in deciding to give the presentation himself.

But he persisted and completed the presentation. To my surprise, I began to see an important change the next day. When my boss went out on the office floor to look around, people began to offer a nod of recognition—a radical change from the way they used to laugh at him as he walked by. Whenever he saw someone, he would walk over and say something like, "You really gave me a hard time yesterday." treating

올랐다. "리더십은 미리 정해놓은 목록(틀)이 아니라, 마음의 상태이자 하나의 기술이다. 그것은 신념이며, 실천 속에서 비로소 드러난다."

언젠가 '숲의 소리(The Sound of the Forest)'라는 우화를 읽은 적이 있다. 김위찬과 르네 마보안(W. Chan Kim and Renée A. Mauborgne)이 공동으로 쓴 이야기다. 왕위를 이어받을 젊은 왕자가 현명한 스승 밑에서 수학하며, '숲의 소리를 들으라'는 가르침을 받고 1년 동안 숲에 들어간다. 그러나 처음에는 뻐꾸기 울음소리, 나뭇잎 스치는 소리, 바람과 벌의 윙윙거림 따위의 소리만 들릴 뿐이었다. 스승은 다시 돌아가 더 깊은 소리를 들으라 한다.

1년 뒤, 왕자는 마침내 꽃이 피는 소리, 태양이 땅을 덥히는 소리, 이슬을 머금은 풀잎의 숨소리를 들을 수 있게 된다.

스승은 왕자에게 말한다.

"들리지 않는 소리를 듣는 법을 배우는 것이 훌륭한 통치자의 필수 덕목이다. 백성의 마음속에 숨어 있는 말 없는 아픔과 불평, 침묵의 목소리를 들을 수 있을 때 비로소 진정한 리더가 될 수 있다."

리더십 전문가 맥더못은 또 이렇게 말했다. "많은 리더들은 권력을 얻고 목표를 제시하면 사람들이 저절로 따를 것이라 착각한다." 그러나 그녀는 동시에 이렇게 덧붙인다. "리더의 첫 번째 임무는 현실을 규정하는 것이고, 마지막 임무는 '고맙다'고 말하는 일이다. 그 사이에서 리더는 '섬기는 자'이자 '빚진 자'가 되어야 한다."

them with respect, honesty, and openness.

Now, years later, as I reflect on his presentation and his daily interactions with employees, I realize that the people he met felt free to complain, argue, and even attack. Because he avoided defensiveness and opened himself to criticism, people were much more inclined to believe that the strength and force of his position were not merely rhetorical but real. People became convinced that he was a credible leader, and he was indeed successful in the wage negotiation. He taught me that empathy is a more essential quality for a successful leader than charisma, aggressiveness, or strictness.

According to McDermott, "Leadership is much more an art, a belief, a condition of the heart, than a set of things to do. The visible signs of artful leadership are expressed, ultimately, in its practice."

I once read a parable of leadership called "The Sound of the Forest" by W. C. Kim and Renée A. Mauborgne. It reveals the essential quality of leadership—the ability to hear what is left unspoken. In the story, a young prince who was to succeed his father as king went to a temple to study under a great master. The master, who was to teach the prince the basics of being a good ruler, sent him alone to the forest to hear "the sound of the forest" for one year. The prince could hear nothing but the

이 말을 되새기며 나는 H사장을 떠올린다. 그는 직원들의 마음속 소리를 들을 줄 알았다. 그들이 말하지 않은 감정과 욕망을 이해했다. 그는 직원들이 불만의 근원을 마주할 수 있도록 자리를 마련했고, 직원들은 그의 진정성을 존경했다.

결국 나는 그에게서 리더십의 본질을 배웠다. 불평과 반발에 귀 기울이는 것, 부하들이 무엇을 느끼고 생각하는지 이해하려는 것, 그들의 불편함을 내 안으로 받아들이는 것.

그것이야말로 생산적이고, 효과적이며 인간적인 리더십의 시작이었다. 감정이 오고가고 마음이 부딪히는 과정에서 우리는 더 인간답고, 신뢰할 수 있으며, 변화에 열려 있는 존재가 된다.

1995년 4월
뉴욕대학 ALI과정을 수료하며

*에필로그(Epilogue)

이 글은 뉴욕대학교(NYU) 부설 교육기관인 ALI(American Language Institute)의 교과목 중 특별과정(Courses for Special Purposes)을 수료하며 제출한 영문 에세이를 한글로 번역한 것이다.

한 학기 16주의 이 과정은 글쓰기(Writing Skills Workshop)와 회화(Conversation Skills Workshop) 두 코스로 구성되어 있으며, 수강생은 한 편 이상의 글을 제출해야 수료할 수 있다.

sounds of cuckoos singing, leaves rustling, bees buzzing, and the wind whispering and howling. The master sent him back again to listen for what more he could hear. At last, one morning, he could hear the sound of flowers opening, the sun warming the earth, and the grass drinking the morning dew.

The master said, "To hear the unheard is a necessary discipline to be a good ruler. For only when a ruler has learned to listen closely to the hearts of the people—hearing their unspoken feelings, unexpressed pains, and unvoiced complaints—can he hope to inspire confidence, recognize when something is wrong, and meet the true needs of his citizens. The downfall of states comes when leaders listen only to superficial words and fail to penetrate deeply into the souls of the people to hear their true opinions, feelings, and desires."

McDermott also wrote, "Many leaders mistakenly believe that once they achieve a position of power and tell people what their goals are, people will automatically and willingly follow them." At the same time, she reminds us that "The first responsibility of a leader is to define reality. The last is to say thank you. In between the two, the leader must be a servant and a debtor."

Now I recall my boss's behavior. He could listen to people's hearts, hear their unspoken feelings, and understand their true desires. People

Del. R. Goldsmith 교수(speaking & grammar 담당)와 함께

Andrew Hess 교수(writing & presentation 담당)와 함께

wanted to confront the sources of their difficulties. He gave them that chance, and they respected him for it. They admired his warmth, honesty, and openness.

In conclusion, my boss's behavior and the parable "The Sound of the Forest" remind me that it is far more productive to listen to objections and complaints—to understand what subordinates are thinking and feeling—and to open oneself to their displeasure. The give-and-take of ordinary emotional interchange makes us more human, more credible, and more open to change.

References

* Lynda C. McDermott (President of Equipro International, Ltd.,) Leadership : Human Resources Management & Development Hand book, American Management Association, 1994, p.303, pp.304-5, p.311

* W. Chan Kim and Renée A. Mauborgne. Parables of leadership : Harvard Business Review, July-August 1992, p.124

2부

손편지의
그리움

미국 보스톤 교외 렉싱턴 숲속의 우체통(ChatGPT 그림)

손편지의 그리움

어느 날, 아내의 화장대 위에서 우연히 딱지 모양으로 접은 노란색 쪽지를 발견했다. 무심코 펼쳐보니 땅콩 비스킷 과자 포장지를 꼬깃꼬깃 접은 것이었다. 나도 모르게 빙긋 웃음이 나왔다. 외출한 아내가 돌아오면 나도 땅콩 비스킷이 먹고 싶다고 말해줘야겠다고 생각했다.

젊은 시절 우리는 한동안 참 많은 편지를 주고받은 적이 있다. 편지는 주로 빨간 우체통에 넣어 보냈지만 더러는 쪽지로 접은 손편지를 직접 건네주고 받기도 했다. 그저께 책상 서랍을 정리하다 노끈으로 묶어둔 편지뭉치가 나왔다. 50여 년 동안 보관해 온 것이었다. 겉봉이 누렇게 바랜 편지가 수백 통은 넘어 보였다.

그 순간, 갑자기 심장이 뛰며 역사의 현장에서 무슨 귀중한 '국보급' 유물이라도 발굴한 기분이 들었다. 무언가에 홀린 듯 나는 방바닥 한쪽에 질편하게 주저앉아 한 통 한 통 편지를 읽어갔다. 편지 읽기 삼매경에 빠진 나는 해가 지는 줄도 모르고 옛 추억 속으로 빠져들었다.

편지는 아내와 연애 시절에 주고받은 것이 대부분이다. 군에 입대하

여 논산훈련소에서 훈련 중에 받은 편지도 있었다.

'신부님 편에 이 편지를 전합니다. 대학교 친구 오빠가 논산훈련소 군종신부님이란 걸 알고 얼마나 기뻤는지 모릅니다. 잠시 서울 다니러 오신 신부님 편에 빵과 용돈 조금 보내드렸습니다. 천주님께 당신의 건강을 빌며 제대하면 우리가 행복한 보금자리를 꾸릴 수 있도록 해달라고 매일 기도합니다.'

그리운 사람 편지에다 서울의 태극당 빵과 용돈까지!
비록 짧은 쪽지 편지였지만 야외사격훈련장에서 돌아온 나는 땀에 절은 옷도 벗지 않은 채 내무반 침상에 걸터앉아 두 번 세 번 읽은 기억이 났다. 행복하고 가슴이 터질 듯 감동적이던 그날, 그때의 순간이 지금인 듯 머릿속에 훤히 그려졌다.

편지들을 읽던 어느 순간, 빨간 하트 모양 쪽지에 눈이 꽂혔다. 학창 시절, 아내가 나와 함께 다녔던 대학교 캠퍼스의 백양로를 걸으며 살며시 내 손에 쥐어준 것이다. 그날은 우리가 만난 지 180일 되는 날이었다.

쪽지 편지를 주고받던 습관 때문일까. 지금도 아내는 가끔 과자 포장지나 광고 전단지를 쪽지로 접어 화장대나 식탁에 둔다. 그걸 볼 때마다 나는 가슴이 설렌다. 혹시 나에게 보내는 사랑의 글귀라도 한 마디 있을 것만 같아서 얼른 펼쳐본다. 하지만 언제나 속은 꽝이다.

아내와 결혼하여 살아온 지난 세월을 돌이켜 보면 좋은 기억도 있고, 기억하고 싶지 않은 일들도 있다. 하지만 이제 '익어가는' 나이가 되어서 그런 것일까. 아내와의 수많은 기억 속 일들이 그리운 추억으로 남는다.

요즘은 아내의 작은 습관 하나하나가 처녀 때의 고운 모습과 겹쳐지며 정겹게 느껴진다. 조용히 앉아 뜨개질하는 모습이며, 머리에 주렁주렁 헤어롤을 매달고 화장대에 앉아 있는 모습이며, 아침저녁 매트 위를 구르며 스트레칭 하는 모습들을 보면 문득 살가운 정을 느낀다.

그중에서도 딱지처럼 접은 쪽지를 여기저기 두는 습관은 아내의 처녀 시절을 떠올리게 하여 때로는 옛 젊었던 시절로 돌아간 기분이 들기도 하여 즐겁다. 빈 쪽지인 줄 뻔히 알면서도 매번 나에게 쓴 '연서'로 착각하고 펼쳐보는데도 말이다.

하루는 아내에게 물었다. 혹시 나에게 사랑한다는 말을 하고 싶은데 차마 쑥스러워서 하지 못하고 빈 쪽지를 남겨두는 거냐고.

"아뇨. 그런 생각은 아예 꿈도 꾸지 말아요. 그냥 버리자니 심심해서 작게 접어서 버리는 거예요."

아내의 말에 나는 한바탕 웃고 말았다. 그래도 가끔 아내의 쪽지가 눈에 띄면 이번에는 혹시나, 하는 기대와 설레는 마음으로 살며시 열어보곤 한다.

사랑?

딱히 사랑이라 말할 수는 없지만 나는 아내의 몸에 밴 쪽지 접는 습관을 보며 마음의 평온을 느낀다. 나는 괜스레 가끔 집 안을 휘둘러 본다. 어디엔가 아내가 남겨둔 쪽지 편지가 있을 것만 같다. 이 또한 나의 작고 사소한 습관이다.

글 없는 쪽지를 기다리는 것도 사랑의 마음일까. 아내의 빈 쪽지 편지를 가슴에 품고 사는 나는 행복하다.

손편지의 그리움

결혼 21주년 기념일을 맞으며
뉴욕에서 아내에게 쓴 편지(1)

사랑하는 데레사에게,

그간 아이들 뒷바라지에 집안일 추스르느라 얼마나 힘들었소. 집을 떠나온 지 어느새 4개월이나 되었어요. 온종일 공부에 몰두하며 지내다가도 저녁에 하숙집에 들어와 붉게 물들어가는 노을빛을 바라보고 있노라면 불현듯 보고 싶은 가족들의 얼굴이 떠오른다오.

나는 지금 뉴욕대학에서 수업을 마치고 맨하탄 남쪽 소호(Soho) 거리의 피가로(Figaro)라는 카페에 와 있소. 미국 작가 오 헨리(O Henry)가 〈마지막 잎새〉를 썼다는 곳이랍니다. 다음 주 목요일이면 우리가 결혼한 지 꼭 21주년이 되는 날이오. 결혼 후 당신과 아이들을 떠나 처음으로 해외에서 맞이하는 날이라 그런지 신혼 때처럼 느낌이 새롭고 마음이 설렌다오.

우리의 결혼기념일을 축하하며 당신에게 보내려고 학교 문구점에서 산 특별한 카드를 카페의 식탁에 앉아 펼쳐보고 있다오. 벚꽃이 한창인 지금 하얀 꽃잎이 나비 되어 흩날리는데, 당신과 함께 있으면 얼마나 좋

뉴욕시 소호(Soho)의 피가로 카페에서

을까 하고 생각하니 더욱 보고 싶구려. 카드에 적혀 있는 글이 아름다워 옮겨보았소.

> If I had never seen your face,
> the way you smile at me,
> I wouldn't know how beautiful
> a loving look could be.
> If I had never found the love
> that you and I now share,
> Sweetheart, I never would have known
> how much my heart could care!

For My Wonderful Wife

*If I had never seen your face,
the way you smile at me,
I wouldn't know how beautiful
a loving look could be.
If I had never found the love
that you and I now share,
Sweetheart, I never would have known
how much my heart could care!*

항상 나에게 미소 짓는 당신의 웃는 모습은
　　이 세상 그 어느 아름다운 것과도 바꿀 수 없답니다.
　　그동안 당신과 함께 나누어온 우리의 사랑을 생각할 때면
　　언제나 내 마음은 설레기만 합니다.

　내가 느낀 대로 대충 번역해 보았는데 마치 지금의 내 심정을 대변해 주는 것 같구려. 당신과 결혼하여 나는 정말 얼마나 행복한지 모른다오. 아프리카 속담에 이런 말이 있답니다.
　"빨리 가고 싶으면 혼자 가라. 하지만 오래 가고 싶거든 함께 가라."
　함께 가기 위해서는 서로 가는 속도를 맞춰야 합니다. 양보하고 배려해야 속도를 맞춰 함께 갈 수 있습니다. 그러기에 함께 가는 것은 부부가 서로에게 성실함이요, 우정이며, 인내하는 것이라 생각하오. 또한 함께함은 서로 의지하고 하나가 되어 살아가는 것이기에 삶의 긴 여로(旅路)를 힘들이지 않고 즐겁게 걸어갈 수 있는 것 아니겠소.
　그런데 아내와 남편이라는 관계는 참으로 매력적이고 신비스럽고 마술과도 같은 것인가 보오. 그동안 21년을 함께 살아왔지만 지금도 당신을 생각할 때면 처음 만났을 때의 그 설레던 마음으로 가슴은 콩닥거릴 뿐이라오. 아직도 나에게 당신은 안개 속에 쌓인 신비스런 존재랍니다.
　결혼기념일에 생각합니다.
　남은 인생의 하루하루를 이 세상에 단 하나뿐인 당신을 사랑하며 살아가는 일이 얼마나 즐겁고 행복한가를 다시 확인했다오. 우리 정말 더 좋은 반려자요 격려자로 살아가도록 해요. 그래서 우리의 남은 인생 더

욱 멋지고 즐겁게 만들어갑시다.

  피가로 카페 앞 길목에 줄지이 선 가로수의 연초록빛이 봄날의 따스한 햇살에 첫사랑처럼 눈부십니다. 언제나 당신의 건강과 행복을 위해 천주님께 기도합니다.

1995. 4. 27

뉴욕의 피가로 카페에서

손편지의 그리움

삶의 파라독스를 생각하며
시카고에서 아내에게 쓴 편지(2)

　미국 생활 8개월째로 접어드니 그동안 새로운 것, 좋은 것도 많이 보고 배웠지만 한편으로는 우리와 여러 면에서 다른 점도 볼 수 있는 기회가 되었다오. 그만큼 이해의 폭이 넓어졌다고나 할까.

　오늘은 그중에서 내가 특이하게 다르다고 느낀 것 몇 가지 전하려 하오. 먼저 학교생활에서 보고 느낀 것이오. 모든 교수가 다 그렇지는 않지만, 어느 교수의 경우 반바지에 운동화를 꺾어 신고 게다가 양말도 신지 않은 채 강의하러 들어올 때는 아예 입이 막히더군. 청바지에 넥타이를 맨 정도는 아주 예의를 갖춘 셈이라오.

　한편, 학생들도 이에 못지않다오. 조용한 강의 시간에 한 여학생이 갑자기 강의실이 떠나갈 듯 쾡, 하고 큰 소리로 코를 풀고는 아무렇지도 않은 표정이오. 물론 그 누구도 그 여학생 쪽으로 고개를 돌리거나 얼굴을 찡그리는 사람도 없다오.

　더 가관인 것은 캠퍼스 잔디밭에 여학생들이 브레지어에 팬티만 걸치고 여기저기 누워 일광욕을 하는 것이오. 우리나라 대학 캠퍼스에서 이런 광경을 목격했다면 어찌하겠소. 솔직히 난 이런 문화(?)를 어떻게 받아들여야 할지 처음엔 많이 혼란스러웠소. 이러한 문화의 차이에서 오는 혼돈스런 상태를 문화충격(Culture Shock)이라고 하던가요.

사람이 다른 문화권에 들어가게 되면 이런 충격 과정을 거쳐 새로운 적응을 하게 되는데 거기에도 단계가 있다고 합니다. 첫 번째 단계는 'Honeymoon stage'라고 하여 새로운 환경에서 행복감을 느끼는 시기인데, 모든 것이 그저 아름답게만 보이고 좋기만 한 그런 시기고, 둘째 단계에서는 점차 문화적 차이를 느끼면서 문화충격이 나타나고, 세 번째 단계는 새로운 환경에 조금씩 적응해 나가는 시기이며, 마지막 단계는 적응이 되었거나 동화가 된 상태인데, 이 시기가 되면 자신의 익숙했던 환경으로 다시 돌아가서도 역으로 새로운 문화충격이 일어난다고 해요. 나는 지금 아마도 두 번째와 세 번째 단계에 있을 것 같다는 생각이 들어요.

또 학교에서뿐만 아니라 일상생활에서도 서양인들의 관습이 우리와는 다르거나 반대되는 것도 있다는 것을 발견했소. 다음에 그 몇 가지만 생각나는 대로 적어보겠소.

#1
어린아이가 귀여워서 머리를 쓰다듬어줄 때 우리처럼 머리를 위에서 앞으로 곱게 쓸어내리면 고양이나 개 같은 동물로 취급하는 것으로 생각하여 부모가 화를 낸다. 손으로 머리카락을 좌우로 흩트리듯 해야 한다.

뉴욕대학교 캠퍼스를 걸으며
- 일반 도로와 대학 캠퍼스의 구분이 명확하지 않은 곳이 더러 있다

#2

손으로 사람을 부를 때의 동작도 다르다. 우리가 강아지나 짐승을 오라고 부를 때처럼 손바닥을 하늘로 하여 자기 몸쪽으로 손바닥을 굽혔다 폈다 한다. 마치 프로레슬링 시합에서 상대방을 얕잡아보고 어서 덤비라는 시늉을 할 때의 동작과 비슷하다. 언젠가 교수가 날 이렇게 불렀을 때 처음엔 속으로 자존심도 많이 상하고 화도 났다.

#3

손가락으로 셈을 할 때도 우리와 반대로 먼저 주먹을 쥔 상태에서 새끼손가락부터 약지, 중지, 검지 순으로 하나씩 펴나간다.

#4

서로 만났다가 헤어질 때의 동작도 잘 가라는 것인지, 다시 잠깐 오라는 것인지 헷갈린다. 우리는 "잘 가! 안녕!" 하며 상대방에게 손을 펴서 좌우로 흔들지만, 이곳 사람들은 상대방을 향하여 손을 오므렸다 폈다 한다.

#5

방명록이나 접수 대장에 선착순으로 이름을 기재하는 경우 맨 아랫줄부터 위로 써 올라온다. 운동경기의 년도 별 스코어 기록표 등도 모두 그렇다. 우리는 위에서부터 순서대로 써내려 가는데.

#6
의견을 묻는 안건을 써 놓은 도표에 찬, 반 표시를 할 경우 찬성은 X로 표시한다. 우리는 꼭 O으로 표시하지만.

#7
식품점, 슈퍼 등에서 거스름돈은 잔돈부터 세어서 준다.

#8
운동경기도 미국에서 발달한 야구나 미식축구 등은 공이나 사람이 일정한 라인 밖으로 나가야 점수를 얻거나 이기지만, 우리의 씨름이나 일본의 스모 또는 유럽에서 발달한 테니스나 축구와 같은 운동은 사람이나 공이 밖으로 나가면 진다.

#9
음식 문화 중 닭요리만 하더라도 우리는 다리를 최고로 삼았다. 예로부터 백년지객인 사위가 오면 장모는 닭을 잡아 다리부터 뜯어주었는데, 여기서는 날개(wing)를 최고로 친다. 우리 조상들은 남자가 닭 날개를 먹으면 바람난다고 거들떠보지도 못하게 했는데.

그런데 나는 아직 문화충격에서 완전히 벗어나지 못한 상태지만, 이런 문화의 차이를 보며 느낀 사실 한 가지는 여러 가지 삶의 역설(Paradoxes)에서 배우는 인생의 지혜요. 한쪽만을 보고 살아온 우물 안

뉴욕대학교 평생교육원에서 함께 공부한 학생들
앞줄 가운데 Del Goldsmith(여) 교수, 뒷줄 우측 세 번째 Andrew Hess(남) 교수,
& 한국, 일본, 이태리, 브라질, 태국, 인도네시아, 타이완 출신 학생들

개구리와 같은 천편일률적 사고방식과 습관, 내 위주로 나만을 내세우며 상대방의 입장을 고려하지 않고 살아온 삶의 자세, 바로 그러한 것을 깨우쳐 준 것이라오.

이는 세상의 이치가 음양(陰陽)의 원리에서 비롯되듯 +가 있으면 -가 있고, 나뭇잎이 흔들리면 보이지는 않지만 바람이 불고 있다는 평범한 진리인 것이오. 언젠가 당신이 물은 말이 떠올랐어요.

"책상을 손으로 치면 손이 아프죠. 왜 그럴까요?"

나는 그때 책상이 딱딱해서 내 손이 아픈 줄 알았는데, 책상보다 내 손이 약해서 아프다는 사실, 새로운 것도 아니지만 평소에 잊고 살아온 이런 역설의 사실이 엄연히 있다는 것이오. 우리의 생활 속에서 이런 삶의 파라독스는 얼마든지 찾아볼 수 있을 것이오.

> 변하려면 우선 현 상태를 받아들여라.
> 통일됨을 원하면 먼저 다양함을 인정하라.
> 내가 강해지려면 남을 강하게 하라.
> 새롭게 태어나기 위해서는 낡은 것을 아끼고 보존하라.
> 명확히 보려면 아무것도 보지 마라.
> 유능한 지도자가 되려면 먼저 즐겁게 따르는 사람이 되라.
> 절망을 극복하려면 과욕을 버려라.
> 가능성을 만들어내려면 한계를 두라.
> 자기 자신을 알려면 남을 만나라.

하지만 세상에는 어떠한 파라독스의 원리로도 설명될 수 없는 불변의 진리가 있다오. 동쪽에서 해가 뜨고 서쪽으로 진다는 사실, 머리 위에는 하늘이 있고 발아래에 있는 것은 땅이라는 사실이오. 그리고 나는 이러한 것들을 창조한 조물주를 내 마음속에 간직하고 믿고 있다는 사실이오.

그간 아이들 뒷바라지에다 돈암동 아파트로 이사하는데 혼자서 고생이 많았겠소. 서늘한 바람이 불면 내가 있는 뉴욕에 한 번 오기 바라오. 비행기표는 여기서 사서 보내겠소. 그러면 좀 더 싸게 살 수 있어요.

당신의 사랑과 돌봄, 그리고 기도로 우리 아이들이 천주님의 사랑스러운 아들과 딸로 건강하게 자라고 있다고 믿으오. 그럼 다음 소식 전할 때까지 잘 지내기 바라오.

섭씨 40도를 넘나드는 시카고의 여름 열기 속에서, 당신의 비오

1995. 8. 25
시카고 레프코 증권연수원에서

손편지의 그리움

철새도 둥지 찾아 떠나가는데
뉴욕에서 아내에게 쓴 편지(3)

뉴욕 플러싱의 하숙집 근처에는 숲이 우거진 공원 속에 꽤 큼지막한 호수가 하나 있다오.

거기에 오늘은 유난히 많은 철새가 날아와 장관을 이루고 있소. 하도 새들이 많아서 사람들이 오히려 피해 다녀야 할 지경이라오. 계절이 서서히 겨울철로 접어들고 있는 때이니 떠나가는 새, 새로 오는 새 함께 어우러져 야단법석인 게요. 주로 기러기와 청둥오리들인데 그중에는 갈매기도 섞여 있고 이름 모를 여러 종의 새들도 어우러져 그들만의 세계를 이루고 있소. 이제 이 많은 새들도 둥지를 찾아 제 갈 곳으로 곧 떠나겠지요.

그동안 나는 1년도 채 안 되는 시간 속에 한국에서 미국으로, 또 미국에서도 뉴욕에서 필라델피아, 시카고, 워싱톤, 보스톤 등지로 철새처럼 참 많이도 돌아다닌 것 같소.

"왜 나는 철새처럼 보금자리를 옮겨가며 그토록 바쁘게 지냈는가?" 하고 자문자답해 봅니다.

없을수록 남에게 베풀며 사는 삶, 그것도 바로 무(無)에서 유(有)를

동서증권 뉴욕 현지법인 직원들과 만나다
- Manhattan 북부 바닷가에서

창조하는 거룩한 삶이라는 진리를 배우려 함이었던가?

익은 과일, 성숙한 과일의 떨어질 줄 아는 지혜, 그것은 바로 새로운 내일을 기약하는 거룩한 희생이라는 자연의 교훈을 얻으려 함이었던가?

계절이 바뀌면 다시 다른 삶의 보금자리를 찾아 먼 여행길을 떠나가는 철새, 그것은 바로 만남의 기쁨보다 헤어짐의 아픔을 더 높은 환희로 승화시킬 줄 아는 철새들의 슬기와 지혜를 깨달으려 함이었을까?

하지만 아직 나는 그런 경지에 들지 못한 미흡한 인간의 모습일 뿐, 헤어지고 나면 또다시 두고 온 정이 그리운 것을!

11월부터는 하루의 생활이 훨씬 자유로워졌소. 지금까지 꽉 짜여진 일정에 따라 움직일 때보다는 한결 몸과 마음도 가벼워진 느낌이오.
　뉴욕 현지법인장과 협의하여 미리 방문 약속을 한 뉴욕증권거래소를 비롯한 주요 금융기관의 책임자를 만나는 일 이외에는 거의 다른 일정은 없소. 그런데 앞뒤 살펴볼 틈도 없이 정신없이 달려오다가 급정거를 해서 그런지, 생활이 나태해지고 하루 빨리 집으로 달려만 가고 싶은 심정이오. 고개를 들면 저 멀리 아름다운 북한산의 보국문 능선이 자꾸만 눈앞에 아른거린다오.
　또 그동안의 과로에서 오는 현상인지, 아니면 객지 생활에 제대로 균형 있는 식사를 하지 못해서 그런 것인지, 지난주부터 갑자기 양쪽 귀가 먹먹하고 막힌 듯 답답하여 병원을 다니고 있다오. 계획했던 일 모두 무사히 잘 마치고 건강한 몸으로 귀국해야 할 텐데 아직도 남은 일정이 있으니 걱정이오. 오늘은 매일 반복적으로 하고 있는 일과 보고 듣는 현상들을 일기장에 적어보았소.

* 창문 밖 전깃줄을 타고 지나가는 덩치 큰 미국 다람쥐.
* 케네디 공항에서 이륙하는 초음속 콩코드 비행기의 요란한 굉음.
* 잦은 가을비와 창문에 부딪치는 빗방울 소리.
* 나뭇가지를 흔드는 거센 바람 소리.
* 간간이 들리는 구급차의 요란한 사이렌 소리.
* 하숙집 아래층에서 종일 들리는 커다란 TV소음.
* 하숙집 할머니가 거실에서 타는 전동휠체어의 모터 소리.

* 집 앞 큰길(Bayside Avenue)을 지나다니는 버스와 자동차 소음.
* 떼를 지어 날아가는 끼륵 거리는 시끄러운 갈매기 울음소리.
* 매일 밤 12시 10분 전 들려오는 옆집 자동차 시동 거는 소리.
* 밤마다 아들을 찾는 하숙집 할머니의 목쉰 전화 소리.
* 아침, 저녁 밥 먹고 설거지 하는 일.
* New York Times 신문 보는 일.
* 매일 밤 9시 노태우 전 대통령 대선자금 비리 관련 TV뉴스 보는 일.
* 미국 연수일지 작성과 보고서 타이핑 하는 일.
* 집 근처 공원길 조깅과 기공운동 하기.
* 매일의 식사 메뉴와 구매할 식품 목록 작성하기.
* 귀 막힘 현상으로 물속에서 살고 있는 것 같은 생활.
* 잠들기 전 좋은 남편, 좋은 아버지가 되자는 결심.
* 일기 쓰기.
* 잠자기 전 묵주의 9일 기도 드리기.

아침에 일어나서 창밖을 본다.
어제와 마찬가지로 커다란 미국 다람쥐가 전깃줄을 타고 지나간다.
재미있다. 그리고 또 하루가 지나간다.

금년 가을의 뉴욕은 비오는 날이 많고 일찍 추운 것 같소. 또 미국 동남부 쪽에서 올라오기 시작한 태풍이 곧 뉴욕과 뉴저지에 도착할 것이라는 뉴스요. TV에서는 태풍 소식과 함께 추운 겨울이 될 것 같다며 미리 대비를 잘하라고 연일 당부하고 있소.

　그곳 한국의 날씨는 어떤지 궁금하오. 감기 걸리지 않도록 각별히 조심하고 겨울나기 준비 잘 부탁 하오.

1995. 11. 14

뉴욕의 2층 하숙방에서

보스톤 수학여행 중 하버드대학교 가는 길목에서
(뒤편 왼쪽은 Trinity Church, 오른쪽은 MIT)

손편지의 그리움

당신은 우리 가정의 중심이오
뉴욕에서 아내에게 쓴 편지(4)

아침에 눈을 뜨니 온 세상이 은빛으로 변해 있소.

올겨울 첫눈이랍니다. 뉴욕시 기상청도 오늘 내린 눈을 올해의 첫눈으로 발표하고 적설량은 3cm라고 했소. 나뭇가지에 남아있는 울긋불긋한 단풍잎과 어우러져 새로운 감동의 세계를 연출해 주고 있소.

어제 당신의 열여덟 번째 편지를 받았소. 당신이 보내주는 편지는 내가 미국에서 지내는 동안 지치고 힘들었을 때 그 어떤 것보다도 큰 격려와 힘이 된다오. 오늘은 아이들이 쓴 글도 동봉했는데, 가족들 모두 내 건강을 걱정해 줘서 얼마나 고맙고 힘이 생기는지 모르겠소. 지난번 편지에 내 귀가 좋지 않다고 하여 온 가족이 괜한 걱정을 하게 해서 미안하오.

그런데 반가운 소식 전할게요. 지난 토요일 퀸즈 성당으로 <그리스도 왕 대축일> 미사를 갔는데, 전날까지도 막혀있던 귀가 맑고 깨끗하게 잘 들리기 시작했다오. 감사와 기쁨으로 가득 찬 나는 당신과 아이들과 손을 잡고 맘껏 춤이라도 추고 싶었소.

먼 곳에 와서 뜻한 일 잘 마치고 돌아갈 수 있도록 보살펴주시는 천주님께 무한한 감사를 드렸다오. 그리스도 왕 대축일은 가톨릭 역(曆)으로는 연말이니, 한 해를 보내고 또 새로운 해를 맞이하는 날이라 더욱 의미가 있었소. "행복한 사람만이 기도할 줄 안다."는 그날의 신부님 강론 말씀이 아직도 귀에 쟁쟁한데, 숨 한번 쉬는 것도 감사할 일이요, 밥 한 숟갈 씹는 것도 감사할 일이거늘, 우리가 살면서 감사의 기도는 아무리 드려도 끝이 없음을 가슴 깊이 새겼다오.

11월 마지막 날 뉴욕의 거리는 이미 완연한 축제 분위기라오. 미국인들이 기념하는 대축제 중 하나인 크리스마스와 연말 세일 경기로 출렁이고 있는 것이오. 추수감사절(Thanksgiving Day)인 매년 11월 넷째 주 목요일부터 시작되는 감사와 화합과 만남의 축제 분위기는 12월에 들어서면서 더욱 고조되고 활기차게 넘쳐나며 크리스마스 정점을 향해 달려간다오.

소비의 대도시 뉴욕.

맨하탄 거리를 가득 메운 사람들의 여유로운 모습과 즐거운 표정들은 샘이 날 정도요. 백화점과 상점마다 풍부하게 넘쳐나는 물건들, 그리고 쇼핑 나온 사람들의 물결과 소란스러움은 생동감 넘치는 역동적인 삶의 현장 그 자체요.

식당에 옹기종기 둘러앉은 사람들을 보며 가족들을 생각했지요. 하숙집으로 돌아오는 길에 아이들과 당신에게 줄 크리스마스 선물도 준비하고, 예수 성탄 구유 세트도 샀어요. 우리 만나면 예쁜 크리스마스트리에 반짝이는 안개등도 켜고, 그 아래 새로 산 성탄 구유를 장식해 놓고 아기 예수의 탄생을 축하하며 감사의 기도를 드립시다.

뉴욕대학교 캠퍼스에서 (1995년 10월 아내가 여행 왔을때)

 돌이켜보면 우리가 살아오며 늘 순탄하고 행복한 날들만 지내 온 것은 아니었소. 크고 작은 시련과 고통도 있었고, 불완전한 인간이기에 겪었던 갈등도 있었소. 그러나 지금까지 올바르고 모범적인 가정의 모습에서 크게 벗어나지 않고 아들, 딸 곱게 키워온 것은 오로지 우리들의 확고한 신앙심과 천주님의 섭리였다고 믿으오.

 특히 당신은 항상 가정의 중심에서 기도와 평상심(平常心)으로 인내하며 우리 가정의 어려움을 극복해 나갔다고 믿어요. 또한 당신의 가족을 위한 헌신적인 봉사와 희생의 마음이 오늘의 우리 가정이 있게 한 원

    천이었음을 나는 믿고 있소.

  지난 1년간 항상 내 옆에서 친구가 되어준 일기책의 마지막 장을 감사의 마음으로 닫으며, 묵주의 9일 기도 '영광'을 바칩니다. 우리 가족 모두에게 천주님의 축복이 있기를 기도합니다.

1995. 11. 30
뉴욕에서 사랑을 보내며

손편지의 그리움

공부에는 인내뿐, 정답은 없다
필라델피아에서 아들에게 쓴 편지(1)

아들 상민이 보아라.

너희들 곁을 떠나 미국에 온 지도 어느새 반년이 넘었구나. 네 어머니를 통해 편지나 전화로 가족들의 안부는 종종 듣고 있다. 너에게 글을 쓰고 있는 기숙사의 내방 2층 창밖으로 워튼스쿨의 아름다운 캠퍼스가 한눈에 들어온다. 워튼스쿨(Wharton School)은 미국 펜실베이니아대학 경영대학원의 별칭이란다.

지금은 자정이 넘은 시각, 잠시 공부를 멈추고 이 글을 쓴다. 열어둔 창문으로 녹차 향 같은 내음이 바람을 타고 불어와 두 볼을 어루만지고, 미풍에 나뭇잎 스치는 소리가 정겹다. 고국이 그립고 사랑하는 가족이 보고 싶은 밤이구나.

쉰 살 나이에 접어든 지금, 만학(晚學)의 길에 힘은 들지만 난 지금 매우 행복하다. 이 시점에서 구태여 학문의 효용성을 따지기 전에, 일상의 모든 관계를 단절하고 오로지 사색하며 학문과 배움 그 자체에 몰입해 볼 수 있는 시간을 그토록 소망하고 열망해 왔기 때문이란다.

내가 입학한 최고경영자과정(Advanced Management Program)은 이

제 3주가 지났으니 힘든 고비는 어느 정도 넘은 것 같다. 교수진은 대부분 세계 경영학계의 석학들로 구성되어 있다. 돌이켜보면 지난 1월 출국하여 지금까지 밥 먹는 시간과 잠자는 시간까지 줄여가며 눈코 뜰 새 없이 숨 가쁘게 달려왔다.

먼저 AMP 과정 공부를 위한 사전 연수코스는 내가 선택한 것이었지만 생각했던 것보다 훨씬 힘들었다. 미국인들의 생활과 문화, 관습 등을 익히기 위한 뉴욕대학의 어학원과 평생교육원에서의 공부, 그리고 비영어권 국가의 AMP 참가자들을 위한 펜실베이니아대학의 개인교습 식 연수과정(Pre-AMP Executive Communication Tutorial Course)의 혹독한 어학 공부는 지금도 잊을 수 없다.

매일 읽어야 하는 끔찍한 분량의 과제물과 다음날의 발표와 시험, 심지어 점심시간과 저녁 시간에도 꽉 짜여진 스케줄에 따라 학교에서 정해준 1:1 대화 상대자와 식사를 해야 했다. 그들은 모두 영어를 쓰는 원주민들로서 교수, 기업체 임원, 개인 사업가, 가정주부, 은행원, 대학원생 등 다양하다. 그러니 잠자는 시간 외에는 온통 공부하는 시간뿐이었단다. 반년 가까이 그렇게 공을 들이고 불철주야 공부했으니 AMP 과정의 공부는 좀 쉬울 줄 알았는데 설상가상이다. 입학 날 오리엔테이션 시간에 카펜터(J.H.Carpenter) 학장이 한 말이 퍽 인상적이었다.

"배움의 과정은 노력에 비해 비능률적이고 효율적이지 못합니다. 공부에 정답은 없습니다. 오로지 여러분들의 인내와 끈기만이 요구될 뿐입니다. 이제 여러분은 비서도 없고 부하직원도 없이 단지 '워튼'의 학생

Wharton School AMP과정 입학식 기념사진

이 되었습니다. 그러나 이 과정이 끝났을 때 여러분은 지구의 여러 국가에서 온 이 시대의 대표적인 엘리트들의 경험과 철학을 공유하고 나누는 계기가 됨으로써 확신과 의욕에 찬 제 2의 인생을 설계하게 될 것입니다."

정신없이 3주간을 지내고 보니 그 말의 의미를 알 것 같았다. 교수들의 조언에 따르면 처음엔 무척 힘들겠지만 첫 주를 이겨내면 그다음부터는 잘 적응할 수 있다고 하여 불철주야 열심히 공부하고 있다.

펜실베니아 대학교 설립자 벤자민 프랭클린(1706~17907)
- 미국 건국의 아버지 가운데 한 사람으로서 독립선언 기초위원이기도 한
그는 정치가, 외교관, 과학자, 저술가 등으로 다재다능한 사람이었다.

학생들은 세계적 대기업의 중역들이나 고위 공직자들로서 내 나이가 중간 정도인데, 환갑을 넘긴 경영인도 있고, 연구원, 컨설턴트, 마케팅 전문가, 회계재무 전문가, 은행 임원, 군인 등 직업도 다양하나 모두 공부에 힘들어 하기는 매일반이란다.

19개국에서 온 44명 학생 중 미국계가 15명, 네덜란드 4명, 독일과 남아프리카 그리고 한국이 각각 3명, 영국과 타이완이 2명씩, 그 나머지는 프랑스, 호주, 스위스, 인도, 브라질, 칠레, 스위스, 사우디아라비아, 쿠웨이트 등 기타 국가가 각각 1명씩으로 다국적 구성이고 경력도 다양하다.

하루 일과는 새벽 6시에는 일어나야 7시에 아침 식사를 할 수 있다. 수업은 어김없이 오전 8시 시작이고, 점심시간 1시간 30분에 1시 30분부터 오후 수업, 그날 강의가 끝나는 시간은 4시 20분이다. 저녁 식사는 6시 30분부터 1시간이며, 그 후 팀별 토론이 밤 10시 30분까지 계속되는데, 다음 날 수업을 위한 예습과 과제물 정리는 팀 활동이 끝나서야 할 수 있다.

비영어권의 나는 언어가 능숙하지 못하므로 시간이 훨씬 더 많이 소요된다. 수업할 내용의 예습과 매일 어김없이 주어지는 100쪽 가까운 분량의 케이스 스터디(事例硏究) 자료를 정독하려면 보통 자정을 넘기고 새벽 2~3시가 되어야 겨우 잠자리에 들게 마련인데, 수면 부족이 가장 견디기 어려운 고충이다. 그래서 주말이면 하루 종일 잠을 자는 게 일이다.

토요일도 오전에는 정상수업이고, 오후에는 단체로 시내 관광, 음악회나 박물관 관람, 야구나 농구 경기 참관 등을 한다. 일요일도 오전의 자유시간에 이어 오후 6시 30분까지는 학교로 들어와야 저녁 식사하고 팀별 토론을 할 수 있기 때문에 그다지 여유 시간이 많지 않다.

대부분의 학생이 기업체 임원이나 고위직의 편안한 생활을 하던 사람들이라 빈틈없는 일정에 힘들어 하고 불평도 하지만, 거의가 스스로 원해서 하는 공부이기에 모두들 열심히 하고 있다.

결코 공부를 강요하는 것이 아니면서도 하지 않고서는 견딜 수 없도록 참으로 교묘하게 프로그램이 잘 짜여 있고, 팀별 활동을 통하여 유익

한 경험과 경이롭고 서로 다른 세계의 다양한 문화를 체험할 수 있는 것이 이 과정의 큰 장점이라고 하겠다.

학생 위주로 공부에 전념할 수 있게 설계된 캠퍼스와 강의실, 그리고 기숙사 시설 등은 거의 완벽에 가깝다고 할 수 있다. 우리나라 대학의 현실과 비교해 볼 때 너무나 큰 격차를 느끼며 세계의 역사를 주도해 가는 미국의 무한한 가능성과 힘을 다시금 생각나게 한다.

내가 공부하고 있는 모습을 속속들이 장황하게 설명하는 이유도 바로 여기에 있다. 우리의 교육도 이제 100년 이상 앞을 내다보고 심사숙고해야 할 시점이라 생각한다. 그리고 우리나라 학생들도 분발하여 지금보다 10배, 20배 더 열심히 공부하고 노력하는 면학의 자세를 가다듬어야 할 것이다. 주말 즐겁게 보내기 바란다.

1995년 5월 20일
필라델피아 워튼스쿨 기숙사에서 아버지가

손편지의 그리움

좋은 만남, 아름다운 추억들
필라델피아에서 아들에게 쓴 편지(2)

　세상을 살다 보면 아무리 힘들고 어려운 가운데서도 웃음과 즐거움이 있고 가슴 벅찬 감동의 순간도 있는 법이란다. 그래서 인생은 살맛이 나는 것이지. 그와 마찬가지로 힘들고 벅찬 공부 과정이라곤 하나 역시 이곳에도 희로애락(喜怒哀樂)의 삶이 녹아있단다. 그리고 동서양 사람을 막론하고 '피교육자'가 되면 나이, 성별 불문하고 모두 천진난만한 어린아이가 되는 것 같다.

　네덜란드 출신 아리(Arie)는 인상도 좋지만 특히 우리 동양인들에 대해 관심이 많았고 또 호감을 갖고 있었다. 그런데 와인을 얼마나 좋아하는지 식사 때 두 잔씩 제공되는 것도 모자라서 매끼 마다 추가로 돈을 내고 5~6잔을 더 마신다. 그러니 수업 시간에 꾸벅꾸벅 졸기도 하고, 아니면 교수의 강의엔 관심이 없는 듯 혼자 흥에 겨워 흥얼흥얼 알아들을 수 없는 말을 읊으며 수업이 끝나기만 기다린다.

　또 매점 3총사가 있다. 그들은 이안(Ian), 존(John), 리차드(Richard) 이렇게 세 명인데, 저녁 식사 후 매일 하는 팀별 토의에는 거의 관심 없이 구내매점에 모여 자기들만의 토론(?)을 펼친다. 세상만사 돌아가는 온갖 일에 열변을 토하다가 밤 10시 매점 문이 닫혀서야 슬그머니 숙소로 돌아오곤 한다.

그러나 교육과정 중 무엇보다 더 기억에 남고 유익했던 것은 정규 학과보다 저녁의 팀별 활동이었다. 44명의 학생들은 모두 7개 팀으로 나누어져 활동했는데, 우리 팀은 팀명을 〈Power Partners〉로 하고 연구 주제를 스트레스 관리(Stress Management)로 정했다.

팀원들과의 활동 과정에서 생전 처음 경험해 본 요리 실습은 즐거운 추억이다, 또한 수료식 때의 발표를 위해 함께 준비하고 연습했던 음악 시간도 즐거웠다. 팀원들이 각각 자기 나라의 민속의상을 입고 춤추며 노래했던 시간은 국경을 초월하여 모두가 한 가족이란 진한 감동에 빠져들게 했다.

매주 토요일 오후의 단체 나들이도 잊지 못할 추억이다. 첫 번째 주말에는 야외 음악회에 갔다. 특별한 설계로 건축된 야외 공연장에서 듣는 필라델피아 오케스트라단의 연주는 감동 그 자체였다. 필라델피아 오케스트라는 100년의 역사를 가진 세계 최고 오케스트라 중 하나이다.

여름날 저녁 붉게 물든 석양 아래 잔디밭 여기저기에는 함께 온 가족이나 연인들이 촛불을 켜놓고 앉거나 누워서 한가로이 음악을 듣고 있다. 격의 없이 평화로운 그들의 모습은 마치 하늘나라에서 내려온 천사들과 같았다. 나는 잔디밭에 양팔 깍지 끼고 베개 삼아 누었다. 오케스트라의 감미로운 음악에서 정겨운 가족들의 목소리를 들었고, 파란 하늘과 흘러가는 하얀 구름 속에서 그리운 사람의 얼굴도 보았다. 가족은 행복이고 즐거움이다.

우리 팀 「Power Partners」의 팀원들과 함께

팀원들과의 즐거운 특별활동 시간
-요리도 하고 빵도 굽고(위), 세계 각국의 음악과 춤도 배우고(아래)

또 필라델피아 필리스팀의 야구 경기를 관람하러 간 날은 아주 신났단다. 필라델피아 필리스(Philadelphia Phillies)팀은 1883년에 창단한 유서 깊은 구단으로, 미국 프로야구(MLB) 내셔널리그 동부지구에서 활동하고 있다. 연고지는 펜실베이니아주 필라델피아이며, 팀명인 필리스(Phillies)는 필라델피아를 이르는 또 다른 이름이다.

구단에서는 우리를 브리핑룸으로 안내하여 재무담당 이사가 직접 구단의 역사와 주요 전적 등에 대해 설명해 주었다. 설명을 듣고 야구장에 들어서니 경기장 전광판에는 우리의 방문을 환영하는 글귀가 대문짝만하게 떴다.

Special Welcome,

Advanced Management Program

-The Wharton School-

스탠드에 있던 관중들도 뜨거운 환영의 박수와 환호로 맞이해 주었다. 우리는 구단 관계자의 안내에 따라 야구장 안으로 들어갔다. 곧 시작될 게임에 대비하여 몸을 풀고 있던 필리스팀 선수들과 악수를 나누고 선수들이 싸인한 볼과 하늘색 필리스팀 모자도 기념으로 받았다.

다시 워튼스쿨 학생들 얘기를 좀 더 하겠다. 역시 사람들의 마음을 사로잡는 데는 선물이 최고인가 보다.

사우디아라비아에서 온 무하마드(Muhammad)는 여행용 세계지도책과 산유국 출신답게 석유를 담아 만든 문진(文鎭: 종이나 책 등을 눌러두는 물건)을 선물로 나누어 주었다. 이에 질세라 미국 해군 장교 출신 캡틴Captain)은 성조기가 그려진 연필꽂이를 선물로 내놓았고, 버뮤다 출신 로저(Roger)는 골프공 닦는 휴대용 수건을 선물로 주어서 인기가 좋았다.

동양의 미덕이 무엇이던가. 받으면 그 이상으로 갚는 것이 우리의 문화고 자랑이다. 다른 학생들에게 받기만 하고 그냥 지내기에는 어쩐지 낯간지러워 견딜 수 없었다. 그러나 미처 선물을 준비해 올 생각을 못했으니 난처하게 되었다. 수소문 끝에 약 30분 정도 자동차를 타고 가면 한국인이 운영하는 기념품점이 있다기에 시간을 내어 가보니 서울의 남대문 시장이나 인사동에서 볼 수 있는 우리나라 전통 공예품이 즐비했다. 나는 한복을 곱게 차려입은 신랑각시 인형과 안동 하회탈 모사품을 학생 수만큼 사 와서 나누어주었는데 아주 반응이 좋았다. 그 후 몇몇 친구들은 나를 보면 수시로 인형과 탈 얘기를 하며 고마워했다.

우리를 환영하는 전광판의 글(위), 팀원들과 함께(아래)

그런데 정말 놀라운 것은 그들이 갖고 있는 번뜩이는 창의력과 저력이다. 겉으로는 그저 개구쟁이 같고, 주정뱅이 같으며 강의에도 전혀 관심이 없는 듯 보였으나, 그날그날 해결할 과제물이나 수업 때 발표할 자료는 어김없이 준비했다. 나는 잠을 설치며 새벽까지 꼬박 준비해도 어설픈 내용이 되기 일쑤인데 어떻게 그렇게 훌륭한(?) 자료를 만들 수 있는지 부러웠다.

또한 그들의 독창성이나 창의력은 상상을 뛰어넘는다. 예를 들면 사람을 그리고 얼굴에 색칠을 할 때, 우리는 천편일률적으로 '살색'이다. 하지만 그들은 오히려 검은 얼굴, 노란 얼굴 심지어 빨간 얼굴도 얼마든지 그린다.

저녁 식사는 가끔 분위기를 바꾸어서 식당이 아닌 다른 장소에서 했는데, 역시 그 '의외성'에 놀랐다. 어떤 때는 온갖 종류의 새나 들짐승의 박재와 실험 도구가 있는 지하 실험실에서, 또 어떤 때는 모형 비행기와 우주선 캡슐 등을 전시해 놓은 우주박물관 홀에 식탁을 차려놓고 식사를 한다. 참으로 신선한 분위기의 전환이고 기발한 발상이라는 생각이 들었다.

오늘은 이만 줄여야겠구나. 다시 또 소식 전하마.

1995. 6. 24
필라델피아 워튼스쿨 기숙사에서 아버지가

워튼스쿨 AMP과정을 마치며(수료식 장면)

손편지의 그리움

기억에 남는 9명의 인물들
필라델피아에서 아들에게 쓴 편지(3)

상민아, 그간 잘 지냈느냐?

오늘은 수료식 애기를 전하마. 학생들 대부분이 떠나고 몇 사람 남지 않은 텅 빈 기숙사엔 정적만 감돌고 있구나. 하지만 오랜만에 편한 마음으로 지난 일정을 돌이켜보며 글을 쓸 수 있어 아주 좋단다.

수료식장에 들어서니 그동안의 힘들고 어려웠던 시간도 모든 게 기억 속의 먼 추억과 같다. 수료식은 특별한 격식은 없지만 자유분방한 가운데 물 흐르듯 부드럽게 진행됐다. 학장의 수료사에 이어, 세계적으로 알려진 석학이며 워튼에 33년간 재직해 온 원로 교수 하워드(Howard V. Perlmutter) 박사의 시(詩) 낭송이 이어졌다. 그리스 시인 카바피가 쓴 <이타카(ITHACA)>라는 시를 읽어 내려가는 노교수의 열정적인 목소리와 숙연한 분위기에 참가자 모두 입을 다물고 고개를 숙였다.

'길 위에서 너는 이미 풍요로워졌으니
이타카가 너를 풍요롭게 해 주길 기대하지 마라'

나는 이 구절에서 온몸에 전율이 오는 것을 느꼈다. 우리는 결국 그 아무도 아닌 우리 자신일 뿐이다. 인생이란 오로지 자기가 살아가는 것이고 나 자신을 찾아가는 길인 것이다. 그리고 목표만을 향해 열심히 달려가다가 허무해하기 전에 굳건한 자신을 찾으라는 교훈도 주는 것 같다. 이 시의 원문은 별도로 동봉하니 그 뜻을 한번 음미해 보기 바란다.

수료식 마지막 순서로 교수진에서 뽑은 교육 중 '특별히 기억에 남는 인물 9명'을 발표했다. 7개 분야에 9명이 뽑혔는데, 의외로 나도 포함되어 있어서 깜짝 놀랐단다. 선정한 배경이나 사유를 듣고서 나는 나름대로 해당 분야의 '도사(道士)'들이라고 이름을 붙여 보았다.

먼저 수업 시간에 계산 문제만 나오면 계산기 없이도 암산으로 늘 제일 먼저 정확하게 답을 풀었던 '계산 도사' 폴(Paul) 인데, 아일랜드 은행에서 재무팀장을 맡고 있다.

다음은 일요일마다 호객(?)하여 골퍼들을 모아 골프를 즐기던 '골프 도사'인데, 싱글 골퍼인 우리나라의 H유리 김부사장과 버뮤다 출신 로저(Roger)가 뽑혔다. 또 TV에서 중계하는 축구 경기를 보다가도 내기, 밥 먹다가도 내기, 토의하다가도 내기를 좋아했던 '내기 도사' 요한(Johannes)인데, 네델란드인으로 마케팅 분석회사를 운영하는 개인 사업가다.

또 '와인 도사'로 스위스 유니온 은행(UBS) 출신인 모리스(Maurice)는 와인감별법(Wine Tasting)에 대한 특강을 해주었다. 그는 학생들로부터 10달러씩을 모은 다음 혼자서 수백 개의 컵과 수십 종류의 와인, 그리고 설명자료 유인물 등을 완벽하게 준비했다. 그의 와인 감별에 대한 해

'와인 도사'로 뽑힌 스위스 출신 모리스(Maurice)의
와인 감별법(Wine Tasting) 특강 모습

수료식 때 카펜터(J.H.Carpenter) 학장이
기공하는 내 모습의 캐리커쳐를 보여주고 있다.

박한 지식과 설명에 학생들은 아낌없는 박수를 보냈다.

또 남미 출신 두 사람도 뽑혔다. 휴식 시간 등 틈날 때마다 장소 불문하고 열정적인 춤 솜씨를 뽐내던 '춤 도사' 칠레의 이안(Ian)과 브라질의 하켄(Hakan)도 있고, 공부벌레 중의 공부벌레, 오로지 책과 과제물 속에 파묻혀 지낸 '공부 도사' 중국계 미국인 피터(Peter)도 선정됐다.

나는 '기공(氣功) 도사'로 뽑혔다. 수업 중 어느 교수가 "비디오에서 봤는데 수염이 허옇게 난 한 동양인 노인이 가만히 서서 건장한 체구의 미국 젊은이 5명을 손바닥으로 밀어서 동시에 넘어뜨리는 것을 봤는데 어떻게 그렇게 할 수 있느냐?"면서 동양에서 온 학생 중에서 누가 설명을 해줄 수 없느냐고 물었다. 교수는 그 영상을 보고 무척 신비스럽고 기이하게 생각했다고 한다. 동양인은 나를 포함한 한국인 3명과 타이완에서 온 1명 등 모두 4명이었는데, 아무도 그 질문에 대답하려는 기미가 보이지 않았다. 그래서 내가 원형 강의실 앞으로 나가서 노인이 어떻게 그런 괴력의 힘을 발휘할 수 있는가를 기(氣)와 기공(氣功)의 원리로 설명한 다음, 기공운동의 하나인 '팔단금(八段錦)' 시범을 보였다.

학장은 이들 9명에게 화가가 그린 각자의 캐리커쳐(caricature)를 기념 선물로 주었다. 학장은 대형화면으로 이들 한 사람, 한 사람의 캐리커쳐를 보여주며 선정 이유를 설명했는데 학생들은 물론 수료식에 참가한 배우자나 가족들도 폭소를 터뜨리며 즐거워했다. 이 또한 즐겁고 인상적인 수료식 풍경 중의 하나였다.

끝으로 워튼스쿨의 교육과정을 마치며 이곳에 대한 몇 가지 얘기를 들려주마.

내가 공부한 펜실베이니아대학 워튼스쿨은 미국 펜실베이니아주의 수도인 필라델피아에 있다. 펜실베이니아주는 1787년 2번째로 미합중국에 가입했는데, 주의 별명이 'Key Stone'이듯 미국 역사의 초석이 된 주이다. 전체 면적은 우리나라 남북한을 합한 크기의 2/3정도라고 하며, 동쪽으로 델라웨어(Delaware) 강이 흐르고 비교적 산이 적고 평야가 많아 주 생산품도 식품류가 많다.

비가 오는 날 밤 기숙사 창밖을 내다보면, 산은 커녕 웬만한 높이의 구릉도 없는 광활한 평지여서 벼락이 치면 그대로 땅에 떨어지는 것이 훤히 다 보인다. 온 사방 어디를 가나 산으로 둘러싸인 우리나라에서는 볼 수 없는 생소한 진풍경이란다.

또한 학교 주변에 숲이 우거지고 공기가 깨끗하여 날씨가 쾌청한 날 밤에는 기숙사 마당에 반딧불이가 수없이 반짝이며 날아다니는 것을 볼 수 있다. 내가 어렸을 때 시골에서 보았던 모습이다. 할머니께서 삶아주신 감자를 먹으며 여름밤 하늘에 촘촘히 박힌 별들을 세

주말에는 시내의 독립기념관(인디팬던스 홀),
구 연방대법원 겸 시청사, 자유의 종 등 사적지 관광을 했다.

고 있노라면 수많은 반딧불이가 눈앞에서 불을 반짝이며 춤을 추었다.

낮에는 캠퍼스 여기저기에 놓여있는 벤치에 한가로이 앉아 빵부스러기라도 던져주면 참새며 비둘기와 이름을 알 수 없는 새와 다람쥐들이 발등까지 올라와서 먹이를 먹을 정도로 사람을 잘 따른다. 새나 다람쥐 같은 미물들도 자기를 해칠 사람인지 아닌지를 잘 구별할 줄 안단다.

늦게나마 이렇게 공부에 몰두할 수 있는 기회를 갖게 된 것을 하느님께 감사하고, 나를 격려하고 도와주고 뒷바라지 해주고, 또 함께 공부하며 가르쳐준 모든 사람들에게 감사한다.

내가 집에 없는 동안 너의 책임이 더욱 무겁겠구나.

이달 중순에는 돈암동의 새 아파트로 입주할 것 같던데 네 어머니가 혼자 이사를 하려면 꽤 힘들 것 같다. 나를 대신하여 잘 도와드리면 좋겠다. 나는 워튼스쿨 기숙사에서 마지막 밤을 보내고 내일 하숙집이 있는 뉴욕으로 갔다가 이달 말경에는 시카고로 떠날 예정이다. 레프코(Lefoco) 연수원에서 증권영업과 선물거래에 대한 공부를 할 계획이다.

그럼 다음 소식 전할 때까지 건강하게 잘 지내기 바란다.

1995. 7. 6
필라델피아에서의 마지막 밤을 보내며 아버지가

손편지의 그리움

의사 소명을 받은 아들에게
김대건 신부 유학처 마카오에서 쓴 편지

사랑하는 아들 상민아,

나는 지금 마카오에 와있다. 가영시아[1] 졸업 기념 여행으로 성지순례를 온 것이다. 3박 4일간 마카오와 홍콩을 탐방하는 일정이다.

너도 잘 알겠지만 마카오는 우리나라 첫 신부인 김대건 안드레아 성인이 사제가 되기 위해 공부한 곳이란다. 성인의 신학생 시절 발자취가 서려 있는 곳이 많아 마치 고향에 온 것처럼 마음이 편안하고 친근감이 느껴지는구나.

오늘 오전에는 세계문화유산 '마카오 역사 지구' 길을 걸었다. 마카오의 중심지 루아 데 산토 안토니오 거리에 있는 카모에스 공원에는 김대건 성인 동상이 있다. 왼쪽 가슴에 성경을 안고 축복하는 모습으로 순례객을 반긴다. 갓을 쓴 도포 차림에 영대를 걸친 신부님은 실제로 이곳을 거닐며 신앙과 학문을 갈고닦았다고 한다.

---

1 '가톨릭 영 시니어 아카데미'의 줄임말. 가톨릭 서울대교구 노인사목부 부설 2년제 과정 학교로, 입학생은 55세에서 67세의 '신중년'이다. 2007년 4월에 개교하여 코로나19 여파로 2021년 교육을 종료하고 11월 24일 '가영시아 굿바이 미사'를 봉헌했다.

동상 좌대의 네 면에는 그의 약력이 한글과 중국어, 포르투갈어, 그리고 영어로 쓰여있다. 연평균 20도가 넘는 습한 기후의 낯선 이국땅에서 유학 중 입에 맞지 않는 음식, 어려운 라틴어 신학교 수업, 아버지 순교 소식 등으로 고독하고 고달픈 생활을 했을 것이다. 카모에스 공원 구석구석에는 그의 조국에 대한 그리움과 가족을 그리는 안타까움이 배어 있는 듯했다.

 이어서 우리의 발길은 공원 바로 앞 성 안토니오 성당으로 향했다. 마카오에서 가장 오래된 성당 중 하나다. 마당 한쪽에는 과거 화재로 소실되었다가 1638년에 재건되었음을 알려주는 돌로 만든 큰 십자가가 눈길을 끌었다.

 이 성당은 김대건 신부가 신학 공부 하며 자주 들러 기도하고 미사를 봉헌하던 곳이다. 그는 이곳에서 파리 외방선교회 선교사들이 가르치는 라틴어, 성가, 교리, 프랑스어, 철학, 신학 등을 배웠다. 공부를 마친 김대건 신부는 1842년 초 마카오를 출발하여 마닐라와 대만 등을 경유하며 프랑스 배와 중국 배를 갈아타는 등 우여곡절 끝에 그해 8월에 조선으로 귀국한다.

성 안토니오 성당에는 별실인 경당이 있다. 갓을 쓴 김대건 안드레아 성인 목상이 모셔져 있으며, 경당 제대 아래에는 그의 유해가 묻혀 있다. 그가 새남터에서 순교하자 신자들이 발등 뼛조각을 수습하여 이곳에 모셔 놓았다. 한국 최초의 신부가 된 그는 불과 13개월 만에 새남터 처형장에서 신앙을 지키기 위해 목숨을 바쳤다. 새남터는 한강 변의 모래사장으로, 억새와 나무가 많아 '새나무터'라 불렸던 곳이다.[2]

김대건 성인 유해가 안치돼 있는 성 안토니오 성당의 경당

[2] 출처 : 김대건 성인 관련 기록은 가영시아 운영진에서 제작한 'Terra Sancta(거룩한 땅), 가톨릭 영 시니어 아카데미 졸업여행' 성지순례 책자와 현지 안내자의 설명을 참고함.

우리 순례단은 성 안토니오 성당에서 미사를 올린 후 경당에서 개인별로 기도와 묵상의 시간을 가졌다. 그런데 김대건 성인의 험난한 순교의 길을 묵상하던 나는 불현듯 네가 오늘의 안과 전문의가 되기까지 걸어온 길이 떠올랐단다. 김대건 성인이 겪은 고초에 비할 바 아니지만, 너는 의사의 길을 선택하는 과정에서 나름대로 고심도 많이 했던 것으로 안다.

유아세례를 받고 자란 너는 초등학교 때 정릉동 성당에서 복사를 하며 가톨릭 신앙을 다져왔다. 그러면서 네 인생의 목표는 '신부 의사'가 되는 게 꿈이라고 종종 말하곤 했다. 어릴 적부터 너는 네 스스로 성직자의 성소(聖召)를 원했던 것이다. 하지만 서울과학고를 거쳐 연세대 의과대학에 진학한 네가 학업에 몰입하는 모습을 보며 신부보다는 의사가 되기를 더 원한다는 걸 알 수 있었다. 원래 성소(聖召)란 각자의 삶 안에서 주님의 영광을 드러내기 위한 소명인즉, 하느님의 거룩한 부르심이 아니겠니. 그래서 성소의 길은 사람마다 다를 것이기에, 성직자가 아니더라도 하느님의 뜻에 따라 의사의 길을 가는 것도 넓은 의미의 성소일 것이다. 평소 성실한 신앙인으로 살며 헌신적으로 환자를 돌보는 너를 볼 때면 하느님의 소명을 잘 실천하고 있다고 믿고 또 그렇게 생각한다.

밤이 늦었구나. 오늘은 이만 줄인다.

2013년 10월 22일
마카오 성지순례 중 TAIPA호텔에서

1835년 화재로 성당 정면 일부와 66개의 계단만 남은 성바오로성당.
김대건 신학생은 이 돌계단을 무릎으로 기어오르면서
"반드시 사제가 되게 해달라"고 기도했다.

*에필로그(Epilogue)

아들아,

이번에 두 번째 산문집을 내며 10여 년 전에 너에게 썼던 글을 다시 읽어보니 감회가 새롭구나. 네가 오랜 역사와 풍부한 임상경험을 간직한 세브란스병원의 둥지를 떠나 15여 년간 차의과대학교 분당 차병원에서 안과 전문의 교수로 봉직한 후, 이제「대치연세안과」병원의 원장이 되기까지 지난날을 뒤돌아보면 어려움도 많았을 터이고 또 누군가에게는 인생의 새 빛을 준 희망과 감사의 길이기도 했을 것이다. 네가 의사의 길을 걸어오며 힘들어하고 고뇌하던 때가 머리를 스치는구나.

「대치연세안과」 진료실에서의 아들과 손주들

네가 전공의 수련 시절 페이스북 홈페이지에 올린 글을 읽은 적이 있다. 아마 의사의 정체성에 대해 고민이 많던 때였다고 기억한다. 내용은 대충 이랬다.

"미래는 불확실했다. 어머니가 말씀하셨듯이 나는 늘 '끝을 보려고 뿌리까지 캐는 방식'으로 의사 공부 열심히 하고 성실히 살아왔지만 아직 아무것도 이룬 게 없다. 의사로서의 기본적인 자격을 갖추고 의욕은 있으나, 그냥 별 볼 일 없는 평범한 의사로 끝날 것만 같았다. 나는 이런 갈등 속에 내가 선택해야 할 앞날에 대해 심각한 고민에 빠져들었다. 무엇보다 괴로워한 것은, 이런저런 핑계로 내가 평생을 단순한 '돈벌이 의사'로 전락하여 살아가지 않을까 하는 우려와 두려움이었다

일부 의사들은 봉사 정신과 히포크라테스 선서를 앞세우며 '돈을 벌기 위해 진료를 하지 않는다.'고 말한다. 하지만 이것은 사실이 아니다. 자본주의 사회에서는 의사도 하나의 경제 주체로서 의료행위로 돈을 벌고 생계를 이어간다. 기본적으로 의료행위도 자본주의에 바탕을 두고 있다. 의사는 공급자이고 환자는 소비자다. 그러나 문제는, 경제 논리는 우리가 살아가는 데 필요한 한 요소일 뿐 본질은 아니라는 데 있다. 다시 말하면, 자본주의 사회는 돈, 곧 이윤이 목적이기 때문에 자칫 소비자인 환자는 이를 위한 수단으로 여기기 쉽다는 말이다. 의료행위는 본질적으로 환자의 생명과 신체, 삶의 질에 대한 것이다. 그래서 나는 환자를 돈벌이 수단으로만 여기고 있지 않은지 늘 점검하고 경계해야 한다고 생각한다. 사람의 생명보다 소중한 가치는 세상에 없기 때문이다. 나는 오로지 돈을 벌기 위해 환자를 진료하는 의사는 되고 싶지 않았

다. 하지만 자신이 없었다. 그렇다면 부조리하지 않으면서도 의사로서 성공할 수 있는 방법은 무엇일까?

그때 이 글을 보며 네가 훌륭한 의사가 될 자질을 충분히 갖추고 있다고 생각했단다. 너처럼 의사의 직분에 대해 깊이 고뇌해 본 사람이 얼마나 있을까. 나는 참으로 믿음직한 아들이라고 느꼈다.

한편, 네가 세브란스병원에서 레지던트로 근무할 때였을까? 인도의 첸나이로 가서 봉사활동을 하고 온 걸 기억하고 있다. 다른 사람들은 오지라고 선뜻 가려고 하지 않는 곳을 너는 자원해서 찾아가 수십 명의 백내장 환자들을 치료해 주고 왔지. 네가 보내준 글과 사진을 보면, 그곳은 남인도의 최대 도시이며 깨끗하게 정비된 지역으로, 문화시설이나 고급 주택가들도 발달해 있는 곳이라고 했다. 그러나 시내에서 조금만 벗어나면 전기나 수도도 없고, 물론 도시가스도 들어오지 않으며, 식수는 마을 위의 호숫물로 해결하는 슬럼가였다고 했다. 그곳에서 네가 보고 느낀 것은 가난하게 사는 사람들이지만 순박하고 친절하다는 것이야. 아이들은 책과 노트가 없어 땅바닥에 글을 쓰고 공부한다고 했다. 그러나 그 사람들은 너에게 없는 것을 갖고 있다고 했다. 남의 것을 탐내지 않으며 지나치게 욕심을 부리지 않는 마음의 평화였다는 거야. 그 평화는 너를 편안하게 해주었으며, 너를 그들에게 저절로 달려가게 하는 커다란 힘이 되었다고 했다. 그러면서 앞으로 너를 필요로 하는 사람들을 저버리지 않고 사랑하며 가족처럼 함께 있어 줄 용기와 마음을 갖게 되었다고 했지.

네가 인도에서 환자들을 무료로 치료하고 가난한 사람들을 방문하여 평화의 마음을 나눈 경험은 의사 성소를 받은 소명자임을 스스로 확인하고 실천한 좋은 기회였다고 생각한다. 비록 네가 어릴 적 꿈꾸던 '신부 의사'는 되지 않았어도 네 의술을 필요로 하는 사람들을 위해 봉사하고 헌신하는 '사랑의 의사'가 될 것을 믿는다. 너는 분명 하느님이 사랑하는 세상의 빛이요 소금과 같은 의사로 길이 기억될 것이다.

2025년 가을
의사 소명을 받은 아들을 생각하며

아들이 봉사활동을 한 인도 첸나이 안과병원 DR. AGARWAL'S EYE HOSPITAL 전경(위)와 백내장 수술 봉사활동 증서(아래)

* 아들이 인도에서 보낸 사진

첸나이 시내의 힌두교 상징탑 앞에서

첸나이 병원에서 제공한 점심

첸나이에서 순교한 성 토마 기념성당

인도 체류 중 하숙집
한국 아주머니가 차려준 한식 밥상

손편지의 그리움

드넓은 글로벌 세계로 날아가다
미국의 커리어우먼 딸에게 쓴 편지

사랑하는 딸 주연아,

네가 미국의 글로벌 기업인 애플 본사 근무가 확정되어 출국한 때가 지난 1월 중순이었으니 벌써 계절이 세 번이나 바뀌었구나. 인천 공항에서 너를 떠나보낸 뒤 그날 밤 한숨도 잠을 이루지 못했단다. 어느덧 장성하여 부모 곁을 박차고 먼 타향, 그것도 미국이라는 머나먼 이국(異國) 땅으로 훨훨 떠나는 너의 모습을 보며 대견스럽기도 하고, 한편으로는 혈혈단신 너 혼자 혹한(酷寒)의 동토(凍土)로 보내는 것만 같아 마음이 아팠단다.

네가 쓰던 책상을 쓰다듬어 보기도 하고, 네가 잠자던 침대에 누워도 보았다. 아직 네가 있을 때의 여운이 짙게 남아있더구나. 네가 즐겨 읽던 책들이 빼곡히 꽂혀있는 책장을 바라보며 너의 어릴 적 천진하고 해맑게 웃던 얼굴이 떠올라 나도 모르게 잠시 빙긋이 미소를 지었단다.

주연아!

네가 떠난 후 아빠는 걱정을 많이 했단다. 너는 샌프란시스코에 도착한 다음 날 바로 엄마한테 전화 했었지. 공항에 내리니 장대 같은 폭우가 퍼붓고 있다고 했다. 게다가 마중 나올 사람이 없어서 렌터카를 빌려 초행의 낯선 미국 땅을 공항에서부터 자동차를 몰고 갔다면서?

떠날 준비에 바빠 도로 주행 연습도 충분히 하지 못하고 갔지 않느냐. 운전도 서툴고 익숙하지 않은 길에 비까지 오는데 어떻게 찾아갔을까 생각하니 눈앞이 아뜩하더구나. 더욱이 혼자서 감당하기 힘든 무거운 이삿짐 보따리며, 마중 나온 사람도 없어 무척 난감한 상황에서 두려움과 공포심으로 짓눌렸을 그때의 너를 생각하면 가슴을 도려내듯 아픈 마음에 도저히 참을 수가 없었단다. 나중에 네 홈피 <이글루>에 쓴 글을 보고 더욱 가슴이 아렸단다. 너는 그날 일을 이렇게 회상했지.

> 홀로 무작정 떠나온 지도 이제 5개월이 다 되어간다.
> 비가 억수로 퍼부었던 그날이 생각난다. 공항에서 내리던 날 내 키보다도 더 큰 가방 두 개를 보고 나 자신한테 다짐했던 그날이 엊그제 같다.
> 멀리 한번 날아보자! 여기까지 왔는데. (2006년 5월 23일)

너는 <갈매기 조나단>처럼 그렇게 자유와 새로운 세계를 찾아 날아갔다. 갈매기 조나단의 꿈을 잘 알고 있을 거야. 보통의 갈매기들이 고깃배 주위를 맴돌며 먹이를 구하기 위해 살아가는 것과 달리, 조나단은 찬란하게 빛나는 희망찬 미래를 마음속에 그리며 더욱 높은 목적을 갖고 더 높이, 더 빨리, 더 멀리, 더 완벽하게 날기 위해 끊임없이 연구하고 피나는 노력을 하지. 조나단은 현실적 문제인 '먹이 구하는 것'을 소홀히

샌프란시스코 해변에서 딸이 촬영한 비상하는 갈매기

한다고 부모와 동료들에게서 비난을 받는다. 그러나 그것은 부질없는 짓이라고 조나단은 생각했던 거야. 권태롭고 불안하고 자존심 상하면서까지 생존을 위해 현실에 안주하는 평범한 갈매기들처럼 살 수는 없었던 거지.

　하나의 목표를 달성하면 더 높은 목표를 세우고 꾸준히 새로운 비행 기술을 터득한 조나단은 마침내 고깃배를 쫓아다니며 던져주는 먹이만 받아먹는 먹이구걸을 하지 않아도 살아갈 수 있게 된 것이야. 너도 조나단처럼 그렇게 더 높이, 더 멀리 드넓은 새로운 세상을 향해 날아간거야.

오빠와 너는 말다툼 한 번 없이 우애 깊게 자란 오누이란다. - 어릴 적 옛 정릉 집에서

어느 날 네가 쓰던 책상을 어루만져 보고, 책장에 가지런히 꽂혀있는 너의 손때 묻은 책들을 한 권씩 빼서 보고 있던 참이었단다. 책장에는 네가 다닌 초등학교의 교지도 있었는데, 네가 쓴 '갈대'라는 시가 실려 있더구나. 너는 어릴 적부터 문학적 감성이 뛰어나고 그림도 잘 그렸다. 초등학교 5학년 때 쓴 글인데, 어쩌면 먼 타향에 가 있는 지금의 너를 읊은 것 같아 네 모습이 눈에 선하였다.

갈대

갈 데가 없어
갈대라고 이름을 지었는가?

갈 데가 없어
서로 부딪치며 길만 헤매는가?

갈 데가 없어
한곳에 머물러 있는 나그네가 되었는가?

갈 데가 없어
바람과 함께 놀고

갈 데가 없어
구름과 함께 놀고. 。

갈 데 없는 갈대
겨울이 되면 이별이라네

그런데 평소 의지가 굳고 나약한 모습을 잘 보이지 않던 너였는데, 어느 날 네 홈페이지 메모를 보고 가슴 한구석에 구멍이 뻥 뚫린 듯 아프게 시려왔다.

집을 떠나 처음으로 울었다.
이제 완전히 적응했다는 소리겠지. 울 시간도 다 있고.

역시 집과, 그리고 알고 지내던 사람들을 떠나 산다는 게
결코 만만한 일은 아니었어.
용기를 내자! (2006년 6월 8일)

너의 글을 보는 순간, 마음 같아서는 곧바로 비행기를 타고 너한테 날아가고 싶었단다. 하지만 당장 달려갈 수 없는 처지라 애만 태웠지. 다행스럽게도 얼마 후 내가 보낸 이메일 편지 한 통에 네가 다시 힘을 얻고 기뻐하는 모습을 보고 무거웠던 내 마음도 한결 가벼워졌단다. 너는 이렇게 썼지.

아빠가 보내주신 메일 편지 한 통!
"오늘의 네가 있기까지는 너를 위해 참으며 격려해 준 사람들이 많았단다."
그렇다. 바쁘게 살다가 문득, 생각나는 사람들이 있다.
감사해야 할 분들도 있고, 또 때로는 깊이 사과해야 하는 분들도 있다.
이 버벅거리는 영어를 끝까지 들어주는 직장 동료들에게 감사하고,
나의 끝도 없는 응석을 귀엽게 받아주는 가족들에게 감사하고,
가끔 어처구니없는 실수를 저질러도 용서하고 넘어가는 친구들에게도 감사한다.
그래서 때로는 기도가 필요하다. (2006년 6월 29일)

이렇게 너는 한 발짝씩 생활의 여유를 되찾으며 점차 네 본래의 자리로 돌아오는 모습을 보며 역시 장한 내 딸이구나 생각했다. 그런데 지난번 내가 보낸 글에 '아빠~, 울 아빠' 라는 제목을 달고 그 글을 곱게 단장하여 홈피에 올렸더구나. 너의 지친 몸과 마음을 다시 일으켜 세우는 새로운 힘과 용기를 주는 작은 버팀목이 되었다니 정말 기쁘고 고마웠다.

끝으로 너에게 당부하고 싶은 것이 몇 가지 있다.

먼저 매일 기도하는 생활을 습관처럼 하고, 겸손한 마음으로 살아라. 그리고 주일날 미사 참여 빠지지 말고 꼭 성당에 나가 주일을 지키도록 해라.

그보다 더욱 중요한 것이 있다. 매일 밥 잘 먹고, 잠 잘 자도록 해라. 건강과 일을 위해서는 밥 잘 먹고 잠 잘 자는 것이 어떤 보약보다 낫다. 이것은 네가 집을 떠난 후 기회 있을 때마다 한 말이니 잘 지키리라 믿는다.

여기에 꼭 한 가지 더 하고 싶은 말이 있는데, 즐겁게 살라는 것이다. 고달프고 힘든 세상 갈 길이 먼데 즐겁게 살아야 한다. 행복했던 순간들, 꿈과 열정으로 뜨거웠던 시절, 가슴 뭉클하고 설레는 추억들은 우리를 다시 힘내게 하고 웃을 수 있게 한다. 좋은 추억 많이 만들며 살아라. 해야 할 일도 중요하지만 즐거움을 누리며 인생을 즐겁게 사는 것 또한 그 무엇보다도 귀하고 소중한 것이란다. 인생의 단계마다 해야 할 과업이 있는 것처럼, 그때그때 누리고 즐겨야할 인생의 몫이 있는 것이니까.

그럼, 오늘도 행복하고 즐거운 하루 보내기 바란다.

가장 소중한 하느님의 선물, 내가 사랑하는 딸을 생각하며
2006년 가을 아빠가

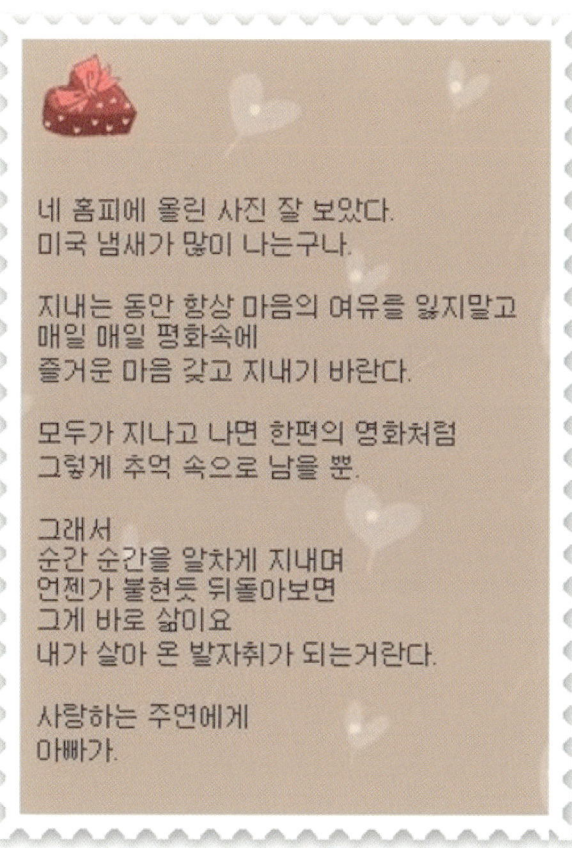

내가 보낸 글을 예쁘게 포장해서 딸의 홈피에 실었다.

애플 본관(Infinite Loop) 정문에서(2010년 딸을 방문했을 때)

* 에필로그(Epilogue)

세계 각국에서 모인 내로라하는 인재들과 딸아이가 어깨를 나란히 하며 애플(Apple Inc.) 본사에 근무한 지도 벌써 20년이다.

"아빠, 너무 힘들어요. 회의에 들어가도 무슨 말인지 도대체 알 수 없고, 내가 발표하려면 버벅거리기만 하고 말이 안 나와요."

한동안 딸아이가 '소통'의 어려움을 나에게 이렇게 하소연하기도 했다. 우리나라 명문대학의 영문학과를 졸업하고 국내에서 직장 생활을 하면서도 새벽에 꾸준히 학원을 다니며 영어의 끈을 놓지 않았다. 그런데도 언어불통의 스트레스로 마음을 태우는 딸을 생각하니 외국어의 장벽이 얼마나 높은지 실감했다. 그러나 미국 시민이며 커리어우먼으로서 다양한 경험과 전문적인 경력을 쌓아 온 딸아이에게는 이제 먼 추억 얘기가 되겠지만 말이다.

지난 2023년 겨울에 딸아이네 집을 다녀왔다. 지난번 손주들 보고 온 지 5년여 만이다. 딸아이가 비행기표까지 사서 보내며 제 엄마하고 꼭 오라고 득달하는 바람에 성북문화원 강의도 쉬고 다녀왔다. 이번에 새 본관으로 사무실을 옮겨서 보여주고 싶다는 것이다.

샌프란시스코 실리콘밸리의 쿠퍼티노에 위치한 애플은 기존의 구 본관(Infinite Loop) 가까운 곳에 지난 2017년 Apple 캠퍼스2 (Apple Park)를 완공하고 직원들도 수개월에 나누어 이동하여 입주를 마쳤다고 한다. 외부인은 본사 내부를 직접 방문할 수 없기 때문에 연말 송년회 때 새 건물을 안내하고 싶다는 것이었다. 그것도 일 년에 딱 한 번밖에 없는 기회라며! 동행인은 보안 문제로 한 명으로 제한해서 애석하게도 아내는 빠지고 나만 송년회에 갈 수 있었다.

오후 7시에 맞춰 도착한 'Apple Park'는 주차장부터 내 눈을 사로잡았다. 딸이 운전하는 자동차는 마치 동화 속에서 본 듯한 화이트 톤의 부드럽고 우아한 곡선의 입구 속으로 스르르 미끄러지듯 빨려 들어갔다.

새로 지은 'Apple Park'를 둘러보며 딸아이의 설명을 들으니 대단한 규모의 건물이었다. 반대편 사무실이나 직원용 식당에 가려면 20분 이상 걸렸다. 이것도 고인이 된 창업자 스티브 잡스의 아이디어라고 했다. 종일 앉아서 일하는 직원들의 건강을 고려하여 그렇게 동선을 길게 했다고 한다.

새 본관 Apple 캠퍼스2 (Apple Park)의 주차장 입구 모습

본관 사옥 외부(위)와 내부(아래) 야경(2023년 12월 딸을 방문 했을 때)

레인보우 광장에서의 직원 행사 장면(2019년 5월, ChatGPT 제공)

원형 본관 하단에 하얀색 주차장 입구가 보인다.

송년회장(직원 식당) 모습.
- 3층 난간에 닿을 듯 큰 수목들은
특수 재배법으로 실내에서 자라는 것이라고 한다.

또한 우주선(spaceship) 혹은 UFO와 유사한 원형 모형의 거대한 건축물은 옥상에 엄청난 수의 태양광 패널을 설치하였고, 12,000여 명이 입주하여 일한다고 한다. 펜타곤처럼 원형 건물 가운데는 숲이 우거진 넓은 광장이며 산책로와 인공 호수가 있다. 건물의 측면 자재는 모두 유리를 사용하였고, 중간중간에 일종의 차양을 둘러 층을 구분했다. 건물에 사용한 유리 패널은 세계에서 가장 큰 곡면 유리라고 한다.
  애플의 디자인과 철학을 가까이서 체험할 수 있었고, 애플의 미니멀리즘과 첨단 기술을 피부로 느낄 수 있었다. 또한 그들이 추구하는 혁신적인 공간 설계를 눈으로 보며 인상 깊었던 것은 건물 곳곳에 특유의 곡선 디자인이 많다는 것이다.
  루프탑 테라스에서는 우주선 모양의 건물이 한눈에 들어왔고, 야간의 오색 장식 등불과 어우러진 정원 풍경이 그림같이 아름다웠다. 건물 중앙의 애플 초창기 레인보우 로고의 무대 지붕이 무지개색으로 빛나는 환상적인 밤이었다.
  내년에 손녀도 대학에 입학하니 딸아이의 애플 근무 20년 기념을 겸하여 내가 축하 파티를 열어주기로 했다.

2025년 가을
사랑하는 딸을 생각하며

3부

성북에서 읽은 사람책

한양도성 아름다운 낙산 길(순성길 카페 '369마실' 전시 작품)

호랑나비를 기다리는 여자
개운산에도 초피나무가 있을까

산초와 초피

성북구청 맞은편에 오래된 추어탕집이 있다. 가끔 들러도 맛은 예나 지금이나 한결같다. 그래서인지 홀은 거의 빈자리가 없을 정도로 늘 손님들로 빼곡했다. 며칠 전, 작가 지망생인 K와 이른 저녁을 먹으러 그 집에 간 적이 있다. 그런데 그날, 뜻하지 않게 초피나무에 대한 이야기를 듣게 되었다. 주문한 추어탕이 나오자 나는 습관처럼 '산초' 병을 집어 살짝 뿌렸다. 이를 본 그가 뜻밖에도 추어탕에 흔히 넣어 먹는 산초가 사실은 '초피'라고 했다. 처음 듣는 얘기였다.

그의 고향인 경주에서는 초피를 제피라고 하는데,[1] 고추가 없던 옛날부터 매운맛을 내는 조미료로 사용했다고 한다. 동네 주변의 야산에는

---

[1] 초피는 지역에 따라 제피(경상도), 젬피(전라도), 또는 젠피, 조피 등으로도 부른다. 혀를 마비시킬 정도로 맹렬한 성질을 가진 초피는 한약재로도 쓰인다. 초피는 우리나라 자생식물로, 고추가 없던 시절 매운맛을 내는 데 쓰인 토종 향신료였다. 산초는 초피와 거의 똑같이 생겼으며, 보통 열매의 씨에서 기름을 짜내 쓰는 것이 주목적이어서 향신료로만 사용되는 초피와는 거리가 있다. 추어탕에 뿌리는 흑갈색 가루는 산초가 아니라 초피다.(출처:《행복한 만찬》, 공선옥 음식 산문집 (2008). '초피'-거짓말 못하게 하는 젬피, 중에서

자생하는 제피나무가 많았다고 한다. 그에게 서울에서도 제피나무를 본 적이 있냐고 물었다. 유심히 찾아본 적이 없어 기억은 없는데 혹시 가까운 개운산에도 야생 제피나무가 있을지 모르니 한번 가보라고 했다. 향내가 강하니까 관심을 갖고 둘러보면 발견할 수 있을 거라고 했다.

식당을 나오며 카운터에 있는 주인에게 물어보았다.

"저기 식탁 위 작은 병에 든 게 산초가 맞나요?"

잠시 머뭇거리던 주인이 말했다.

"아, 그거 초피예요."

"그럼, 왜 산초라고 써 붙였죠?"

"전에는 초피라고 써놓았죠. 그런데 손님들이 산초 없냐며 산초만 찾는 거예요. 그래서 하는 수 없이 산초로 바꿔 놓았죠. 요즘 추어탕집 산초는 다 초피가루예요."

그러면서 주인은 살짝 웃음을 지었다.

초피나무를 찾으러 가다

며칠 후, 개운산으로 초피나무를 찾으러 갔다. 집에서 가기 쉬운 돈암시장 버스정류장에서 성북 20번 마을버스를 탔다. 산지형 공원이라고 부르는 개운산은 성북구 주민들이 쉽게 갈 수 있는 도심 속 쉼터다. 지하철 성신여대입구역, 길음역, 고려대역, 월곡역 등 여러 곳에서도 접근이 가능하다. 또한 사방팔방 뻗어 있는 산책길은 전체가 3.4㎞ 정도로 2시간이면 여러 갈래 길을 충분히 돌아볼 수 있는 그리 높지 않은 산이다.[2]

개운산 입구 '성북구의회' 버스정류장에서 내렸다. 눈앞에 회전형교차로가 보인다. 교차로 가운데 심어놓은 둥그런 모양으로 잘 다듬어진 향나무가 인상적이다. 왼쪽으로는 성북구의회와 개운산 스포츠센터가 있는 운동장으로 가는 길이고, 오른쪽으로는 초입에 제5858 군부대가 있는 고려대학교 뒷산이다. 초피나무를 찾으려면 아무래도 운동장 쪽보다 숲이 우거진 산책길로 곧장 들어가는 게 나을 것 같아 고려대 뒷산으로 들어섰다.

호랑나비를 찾는 여자

숲속 데크길을 서너 차례 오르내리며 걷다 보니 빌딩 군락이 훤히 내려다보이는 마당바위가 나타났다. 잠시 쉬어가기 좋은 너른 전망터였다.

---

2 개운산은 면적 297,926㎡에 표고 134m로 능선이 남북으로 길게 뻗어 있어 성북구 안암동, 종암동, 돈암동에 걸쳐 있다. 조선 태조 5년(1396) 무학대사가 창건한 개운사 절이 있어 붙여진 이름이다. 1982년 근린공원으로 지정되었고, 산 정상까지 도로가 놓여 접근하기도 쉽다.(출처: 서울지명사전, 서울역사편찬원 발간

눈 아래 내려다보이는 우람한 빌딩 단지는 눈대중으로도 고려대병원이란 걸 알 수 있었다. 그런데 너덧 명의 탐방객이 앉아 쉬고 있는 주변을 한 여자가 부산하게 맴돌고 있었다. 휴대폰을 치켜든 그녀는 하늘을 쳐다보며 뭔가를 열심히 찾는 것 같았다. 그녀의 행동이 궁금해서 가까이 다가가 무엇을 찾고 있느냐며 물었다. 그녀는 휴대폰 화면을 응시한 채 호랑나비를 찾고 있다고 했다. 사진을 찍을 새도 없이 순식간에 눈앞을 스치며 날아가 버려서 나비가 다시 오기를 기다리는 중이라는 것이었다.

"깊은 숲속이라 호랑나비가 올 것 같지 않은데요."

"그렇지 않아요. 여기서 자주 보았어요."

"건너편 운동장 쪽에 넓은 화단이 있던데 나비는 거기로 오지 않을까요?"

"아뇨. 호랑나비는 초피나무를 좋아해서 여기로 와요."

그 말을 듣는 순간, 귀가 번쩍 뜨였다. 그렇다면 가까운 곳에 초피나무가 있다는 말이 아닌가!

"그럼, 이 근처에 초피나무가 있나요?"

"예. 저기 데크길 옆에 있어요."

그녀는 울창한 잡목 군락지를 가리키며 말했다. 초피나무를 보고 싶다고 했더니 그녀가 함께 가보자며 숲으로 안내했다. 가까이 가자 산초, 아니 초피 특유의 강한 향내가 맡아졌다. 정말로 거기에 초피나무가 있.었.다! 초피나무는 방금 지나온 산책길 옆에 군락을 이루고 있었다. 옆을 지나오며 어쩌다 냄새를 맡지 못했는지 알 수 없었다. 초피나무 군락 뒤로는 높은 시멘트 옹벽 위에 군부대 막사(아마 사병들 숙소 같기

도 했다)가 우뚝 서 있었다. 아무튼 그녀의 도움으로 쉽게 초피나무를 발견할 수 있었다.

너른 바위 쉼터에 앉아 그녀가 처음에 초피나무를 발견한 얘기를 들어보았다.

충남 당진이 고향인 그녀(67세)는 코로나 팬데믹이 한창이던 2021년 6월 쯤부터 개운산을 다니기 시작했다. 집이 미아사거리역에서 가까운 곳이어서 개운산 오기에는 편했다고 했다. 산속에서는 마주치는 사람이 거의 없어 마스크를 벗고 다녔는데, 어느 날 산책길에서 초피 향내가 확 밀려와서 가까이 보니 좀 전에 알려준 그 초피나무 군락이었다는 것이다. 어머니(90세)가 여러 음식에 넣어 맛을 내던 향신료여서 금방 그 냄새를 알 수 있었다며, 지금도 매년 가을이면 어머니가 시골에서 초피를 보내준다고 했

다. 그녀는 어릴 적부터 어머니가 초피로 풍미를 낸 음식에 맛이 들어 지금도 어떤 음식에나 이것을 넣어 먹는다고 한다. 심지어 겉절이나 탕 요리와 장아찌류, 김치류, 김장에도 두루 초피를 사용한다고 했다.

초피나무가 키운 호랑나비

그녀는 초피나무에 호랑나비가 찾아온다는 사실을 얼마 전까지만 해도 알지 못했다고 했다. 하루는 그녀가 혜화동 사무실에서 일을 마치고 성북동으로 가던 중이었다. 한양도성 너머 동네에 볼일이 있을 때면 가끔 지나다니는 익숙한 길이다. 그날도 여느 때처럼 무심히 걷고 있는데 갑자기 초피 향내가 코를 자극해서 둘러보았다. 그랬더니 생뚱맞게도 빌라 건물의 길가 화단에 초피나무 여러 그루가 있었다. 때마침 그녀와 비숫한 연배의 여자가 화단에 물을 주고 있었다. 불쑥 묻기가 쑥스러워 잠시 멈칫거리다 화단에 하필 초피나무를 키우는 이유를 물어보았다.

여자는 호랑나비를 좋아해서 초피나무를 심었다고 했다. 호랑나비가 초피나무에 알을 낳고, 부화해서 그 잎을 먹고 자란 애벌레가 성충이 되면 어릴 적 향을 찾아 다시 온다고 했다.[3] 처음 듣는 얘기라 신기해서 그걸 어떻게 알았냐고 물었더니 그 여자도 유튜브 보고 알았다는 것이다. 그러고선 건물 위를 가리키며 옥상 정원에는 더 큰 초피나무가 여러 그루 있다고 했다. 그런데 작년까지만 해도 심심찮게 날아오던 호랑나비가 올해에는 여태 보이지 않는다고 했다. 초피나무 꽃이 피면 벌이 날아오는데 아마도 그 벌을 따라 말벌도 와서 호랑나비 애벌레를 잡아먹어서 그런 것 같다고 했다는 것이다. 여자의 얘기를 들은 후, 그녀는 개운산 초피나무 군락지에서 여러 번 호랑나비를 보았다고 했다.

개운산 호랑나비

개운산에서 초피나무를 발견한 것은 신기하고 즐거운 일이었다. 하지만 이왕이면 호랑나비도 보고 싶었다. 그녀가 먼저 산을 내려간 후, 초피

---

3 호랑나비는 초피나무, 산초나무, 탱자나무, 귤나무 등의 운향과 나무에 산란을 한다. 알은 노란색이며, 부화한 애벌레는 초피나무 잎을 갉아 먹는다. 성충이 된 호랑나비는 애벌레 시절에 먹고 자란 초피나무 잎 향내를 잊지 못해 나불나불 나래를 펄럭이며 초피나무 주위를 맴돈다. 호랑나비는 조선시대 회화에 등장하는 나비 종류 중 가장 많은데, 김홍도, 신명연, 남계우 등 작가들이 호랑나비를 자세히 묘사하였다고 한다.(출처: '산초나무와 호랑나비의 군무'-네이버블로그, 글쓴이 화풍

개운산 초피나무 군락지(위)와 초피나무 열매(아래)

나무 옆에서 호랑나비가 오기를 기다렸다. 그러나 나비는 오지 않았다. "호랑나비를 보려면 인내심을 갖고 기다려야 해요. 그리고 운도 따라야 볼 수 있어요." 그녀가 헤어지며 한 말이 귀에 맴돌았다. 30여 분을 기다려도 나비는 오지 않았다. 그러자 호랑나비를 보고 싶은 마음이 더욱 간절해졌다.

혹시나 하는 마음에 스포츠센터와 운동장 주변의 꽃이 흐드러지게 핀 화단으로 자리를 옮겼다. 그러나 호랑나비는커녕 나비 종류는 한 마리도 볼 수 없었다. 한여름 땡볕 속을 한 시간 넘게 화단 주변을 맴돌다 하릴없이 내려왔다.

그런데 작은 행운이 있었다. 개운산 입구 정류장에서 버스를 기다리던 중 호랑나비 한 마리가 화려한 날개를 팔락이며 머리 위를 스쳐갔다. 워낙 찰나의 순간이라 나비의 멋진 고공비행을 응시하며 서 있을 수밖에 없었다. 잠시 후, 사라진 줄 알았던 호랑나비가 다시 날아와 도로 가운데 아스팔트에 사뿐 내려앉는 게 아닌가! 짧은 순간, 얼른 휴대폰을 꺼내 호랑나비 사진을 찍을 수 있었다. 그러나 거리가 너무 멀어서 나비가 작게 나왔다. 그래도 개운산에 호랑나비가 있다는 사실을 확인한 것은 큰 수확이었다.

나중에 다시 초피나무를 찾아왔을 때는 영롱한 날개를 팔락이며 춤을 추는 호랑나비의 현란한 날갯짓을 꼭 사진에 담을 수 있기를 기대했다. 기다리면 운도 따르겠지.

손편지의 그리움

'익청로' 비석을 세운 사람
중봉 이가범 화백을 그리며

　성북구 성북동에는 숨겨진 힐링 산책로가 있다. 성북동 버스 종점 '우정의 공원'에서 팔정사까지의 호젓한 길이다. 이 길은 삼청각과 한양도성 숙정문으로 이어지는 골목이다. 골목이라면 흔히 마을 사이로 이리저리 나 있는 좁은 길을 떠올리기 마련이다. 그러나 이 산책로는 곧게 뻗어있고 폭도 꽤 넓어서 골목이라고 하기에는 조금 민망한 생각도 든다. 길옆으로 숲이 우거지고 개울이 흐르는 고즈넉한 길이라 오히려 오솔길이라고 하는 게 더 적절할 것 같기도 하다. 주민들은 이 길을 익청로라고 한다. 공식 명칭은 아니지만 길 중간 즈음에 '익청로(益淸路)'라는 표지석이 있어 그렇게 부른다.

　지난 주말이었다. 익청로를 걷다 보니 표지석이 단풍나무 가지와 웃자란 잡초에 반쯤 가려 얼른 눈에 띄지 않았다. 비석 옆 단풍나무 곁가지와 잡풀을 걷어 내자 예전의 해맑은 모습이 그대로 드러났다. 표지석은 '益淸路'를 음각으로 새긴 약 1미터 길이의 직사각형 검은 대리석 판을 커다란 바위에 박아 넣은 조형물이다. 표지석 가운데에 한자로 쓴 익청로 오른쪽 상단 부분에 작은 글씨체의 다음과 같은 한글도 있다.

이 길은 도심에서 유일한 청정 산책로로써 오를수록 마음과 몸에 맑은 기운을 더한다는 뜻에서 익청로(益淸路)라 이름을 하였음. 中峯 題

한자 '題'는 '제목, 문제, 적다(쓰다), 기록하다' 등의 뜻이 있다. 그렇다면 이 글은 '中峯'이란 사람이 쓴 것'으로 해석된다.

중봉, 그가 누구인지 궁금했다. 인터넷을 검색해 봐도 그에 대한 정보는 없었다. 그 후, 숙제로 남아있던 익청로 표지석 글을 쓴 사람이 이가범(李可範) 화백이란 걸 알았다. 지난봄이었다. 성북문화원 홈페이지에서 우연히 '익청로 표지석 글은 문인화계의 거목인 중봉 이가범이 쓴 것으로 보인다.'라는 글을 발견했다.[1] 더는 자세한 설명은 없었다. 하지만

---

1 성북마을아카이브-아카이브-이야깃거리(성북문화원 홈페이지)

그의 이름 석 자를 안 것만 해도 대단한 발견이었다.

이어서 '중봉', '이가범', '문인화' 세 단어로 인터넷을 검색하다 '오상갤러리' 홈페이지를 보게 되었다.[2] 그는 우리나라 묵죽화(墨竹畵)의 거장으로 '죽(竹)이 지닌 오상(五常)의 향기를 이 땅에 영원히 뿌리내리자는 욕심'으로 인의예지신을 세상에 확산시키고자 경기도 양주 장흥관광단지 내에 오상미술관을 세웠다고 했다. 장욱진미술관과 나전칠기공예관 옆에 나란히 있으며, 현재 선친인 이가범 화백의 아들 이종갑(李種甲) 관장이 대표자로 있다.[3]

이종갑 관장을 만나면 익청로 비석에 대해 자세한 얘기를 들을 수 있을 것 같아 전화로 인터뷰 요청을 했다. 그는 바쁜 일정 중에도 내 방문을 흔쾌히 받아주었다. 그는 오랜 친구를 보듯 나를 반갑게 맞이해주었고, 손수 주방에서 따끈한 차도 내왔다. 그리고 전시실 한쪽 코너의 테이블에 앉아 함께 차를 마시며 대화를 시작했다.

오상미술관 건립 배경

▷   관장님 안녕하세요. 바쁘신 중에도 시간을 내어주셔서 고맙습니다. 미술관이 산뜻하고 첫인상이 참 좋습니다.

---

2   오상갤러리 홈페이지 중 '비석글씨, 목각글씨들'(서울의 12개소 碑 題字 중 城北洞 益淸路 사진
3   오상갤러리(경기 양주시 장흥면 권율로 190-13 소재) 홈페이지 중에서

▶ 네, 이 오상미술관은 아버님의 유지에 따라 제가 지은 개인 미술관입니다. 평생을 검소하게 살다 가신 아버님의 뜻에 따라 입장료도 받지 않습니다.

▷ 그럼 이 미술관은 언제 지으셨나요?

▶ 2008년에 이곳의 야산을 구입했습니다. 그리고 토목공사와 조경공사를 진행하는 중 두 번이나 무너지는 등 많은 고초를 겪었습니다. 그 과정에서 2천만 원짜리 소나무 두 그루도 모두 죽고 말았어요. 하지만 다시 힘을 내서 2009년 5월 개관을 목표로 열심히 준비했으나 공사가 지연되고 제 건강도 좋지 않아서 개관을 포기하고 8년 동안 방치해두었어요.

그러다 2018년 6월에 제 아들이 사고로 세상을 떠나면서 많은 심적 고통을 겪었습니다. 그러다 문득 미술관을 지으라는 선친의 유지를 받들어야겠다는 생각에 정신이 번쩍 들었어요. 그래서 다음 해인 2019년 3.1절 100주년 기념행사를 겸한 전시를 기획하고 다시 건축 공사를 시작했습니다. 그러나 여러 가지 사유로 공사가 지연되면서 목표를 수정하여 2020년 2월 29일 개관 예정으로 재공사에 들어갔으나 갑자기 코로나가 몰려오면서 개관을 또 연기하는 수밖에 없었지요. 이러한 우여곡절 끝에 지난 2020년 3월에 어렵사리 개관을 했습니다. 그러나 당시 선친께서 우환 중이시라 개관식을 미루어오다 여태 정식 개관식은 하지 못했습니다.

▷ 미술관 건립에 어려움이 많으셨군요. 그럼, 미술관 이름 '오상'은 어떤 의미인지 설명해주시겠습니까?

▶ 선친께서는 평소 "인간이 기본적으로 갖춰야 할 규범인 오상(五常), 즉 인의예지신(仁義禮智信)의 기본 덕목을 곧고 푸른 대나무에서 배울 수 있다."며 "많은 사람들이 묵죽화를 통해 인간의 도리를 되새겨 보는 기회가 되었으면 한다."고 하셨어요, 그러면서 80평생을 치부를 위한 작품 판매나 개인전, 공모전 출품 없이 주로 당신의 작품을 기증하며 오직 필묵에만 묵묵히 전념해 오셨습니다. 생전의 아버님께서 보여주신 이러한 검소하신 뜻에 따라 말씀드린 대로 미술관 입장료는 받지 않습니다.

▷ 아주 존경스럽고 대단하신 아버님이십니다. 그럼, 선친의 예술 활동에 대해 간략히 설명해주시면 고맙겠습니다.

▶ 네, 선친께서는 한국 문인화계의 거목이며, 특히 대나무 그림, 즉 묵죽화의 대가로 알려져 있습니다. 오랜 세월 묵죽화를 통해 한국의 예술혼을 세계에 알려오셨으며 특히 중국과 일본 등에서 그 명성이 더 높으셨죠.

평소 "우리 문화를 세계 속에 심자"는 생각으로 활발한 국제교류전 등을 통해 한국의 얼을 세계 속에 알리기 위해 노력해 오셨는데, 묵죽화의 본고장인 중국에서도 극찬을 받았으며 오스트리아 국립박물관을 비롯한 세계 각국 기관 등은 물론 우리나라 국무회의실, 서울 경찰청 등 공공기관에서도 선친의 묵죽화를 소장하고 있습니다.
▷ 대단하세요. 전시실에는 여러 종류의 묵죽화와 서예 작품들이 많은데 잠시 소개해 주시면 고맙겠습니다.
▶ 네, 그렇게 하시죠. 제가 안내해 드리겠습니다.

중봉 이가범 화백의 작품세계

이종갑 관장의 안내에 따라 전시실을 둘러보며 중봉 이가범 화백의 대나무 그림과 소나무 그림에서 높은 기개와 기품을 느낄 수 있었다. 처

음 개관 때는 2층까지 전시실로 사용되었으나 현재는 1층만 진시실이고 2층은 가족들의 생활공간으로 사용한다고 했다. 그래서인지 생각보다 작품 수는 다소 적다는 느낌이 들긴 했지만 귀한 작품을 선별해서 한자리에 모아놓은 것이라 뜻깊었다.

이가범 화백의 서예 작품 외에도 문인화도 다수 소장되어 있다. 문인화란 대부분 먹을 사용하여 간략하게 그린 후에 엷은 채색을 하는 기법을 사용하며, 전문화가 아닌 순수한 문인들이 그린 그림을 말한다. 주로 왕실이나 사대부 또는 벼슬을 하지 않은 선비들이 그리는 그림을 포괄적으로 뜻하기도 한다.

한편 오상미술관 전시실의 색다른 느낌은 다른 미술관에 비해 전시장 곳곳에 테이블과 의자가 많이 놓여있는 것이 인상적이었다. 관람객들을 위한 배려에 관장의 따뜻한 마음이 느껴지고 마음이 편안했다. 전시실 한쪽에는 중봉 화백에 대한 그간의 국내외 신문 기사 등을 작품처럼 만들어 전시하였다. 거기에는 그의 평생의 족적과 수상 경력, 그에 대한 세간의 평가 등이 담겨 있었다.

마지막으로 중봉의 대형 묵죽화 앞에 선 이종갑 관장은 선친의 작품 세계의 진수를 정리한 것이라며 유인물 한 장을 주며 자세히 설명해 주었다. 그 내용을 원본 그대로 옮기면 아래와 같다.

〈대나무가 지닌 뜻은 地球生存의 상징 綠色의 代表가 竹이요 人類의 共通秩序인 仁義禮智信(五常)을 象徵하는 것도 竹이다. 이 땅에 三萬 가지가 넘는 나무들 중에서 오직 대나무만 가지고 있는 특징들 다섯 가지는 닥나무도 잎도 같이 푸른 것은 仁을 상징하고 닦평지든 경사든 바른 자세는 義를 상징하며 단속을 비운 것은 허심으로 禮를 상징하고 달剛과 柔를 같이 한몸에 지닌 것은 智를 상징하며 달시작과 끝이 한결진 나무결은 初志一貫으로 信을 상징한다. 그래서 이처럼 人間이 지녀야 할 德目 仁義禮智信 다섯 가지 모두를 한 몸에 같이 가지고 있기에 긴 역사 속 수많은 詩文家들이 竹을 君子君子라고 읊어댔다. 그래서 나는 대를 그리는 데 기교나 멋보다 家訓的인 뜻그림으로써 대가 지닌 특성들 剛直性 虛心性 精潔性 圓意性 등을 구현해 왔다.〉

성북동으로 이사 오다

전시 작품을 설명하며 안내하던 이종갑 관장이 잠시 멈춰서서 전시실 정면을 가리키며 말했다.

"저기 정면의 '중봉정사' 현판 보이시죠? 성북동집에 사실 때 거실에 걸어 두었던 것입니다." 그가 가리키는 현판에는 검은 바탕에 한자로 '中峰精舍'라고 쓴 흰 글씨가 선명했다.

"이 글은 중국의 장서범 서예협회 회장의 서법으로 선친께서 직접 쓰신 글씨입니다."

"그럼, 선친께서 어떤 뜻으로 저 현판을 쓰셨나요?"

"정사라면 대개 학문을 가르치는 곳, 또는 수양하는 곳 등으로 해석할 수 있는 데, 선친께서 성북동에 계실 때 제자들에게 문인화, 그러니까 서예와 한문 등을 가르치셨어요. 그래서 아마도 '학문을 가르치는 곳'이란 의미로 쓰신 것 같습니다."

"선친께선 언제부터 성북동에 사셨나요?"

"그전에는 혜화동 쪽에서 계시다가 89년도인가 90년인가 그때 이사를 하셨죠. 아, 90년일 겁니다. 그렇게 성북동에서 2004년 8월까지 사시다가 다시 이사를 하셨어요."

"양주시 이곳 장흥으로요?"

"아뇨. 의정부 쪽으로 가셨어요. 의정부에 미술관을 지으면 그 옆에서 사시겠다며 이사를 가신 거예요. 그런데 제가 미술관 공사를 하면서 자금이 부족했어요. 그러자 아버님께서 의정부 집을 처분하고 여기 장흥에 미술관을 짓도록 도움을 주셨는데 말씀드린 대로 공사하면서 애도 많이 먹었습니다."

"그러니까 선친께서는 성북동에 대략 15년쯤 사셨네요."

"네, 그렇죠. 당시 살던 집 주소는 '성북동 334-2번지'였습니다. 아버님께서는 원래 그곳에 미술관을 건립하고 싶어 하셨어요. 그리고 성북구 명예구청장도 하셨어요. 아마 진영호 구청장님 때일 거예요. 또 성북동 집에 대해 생각나는 것은 마당에 맑고 차가운 석간수가 나와서 연못과 폭포를 만들고 송어를 키웠어요. 언젠가 항공사진을 보았는데 그 연못이 지금도 있는 것 같았어요."

'익청로' 비석을 세우다

전시실을 둘러본 후 다시 테이블에 앉아 제일 궁금했던 익청로 얘기를 꺼냈다.

▷ 관장님의 설명을 들으니 선친께서 추구하셨던 작품세계를 어느 정도 이해할 수 있게 되었습니다. 그런데 오늘 관장님을 뵈러 온 목적 중 하나는 성북동 '익청로 비석'에 관한 얘기를 듣고 싶어서였습니다. 아시는 대로 말씀해 주시면 고맙겠습니다.

▶ 95년도인가 그때 성북동 쪽에 아주 큰비가 내렸어요. 여름이었어요. 지금의 익청로 옆 하천이 범람하고 산사태까지 겹쳐서 상류에서 돌과 모래가 쏟아져 내려와 하천과 도로가 거의 구분이 없을 정도로 메워졌어요. 그래서 선친께서 포크레인을 불러 준설 작업을 하다 보니까 한 아름이 넘는 굉장히 오래된 아카시나무 고목이 묻혀 있어서 그걸로 찻상을 만들었어요. 그 후로도 준설 작업을 계속하여 지금과 같은 계곡이 되었어요.

그러면서 그는 네이버 '거리뷰'를 검색하여 예전의 비석이 없던 시절의 대문 앞 풍경과 옹벽, 그리고 옛 집터에 들어선 현대식 건물의 풍경을 대형 스크린을 보며 설명해 주었다. 이어서 아카시나무 찻상도 보여주었다.

▷ 그 고목으로 찻상을 만드셨다고요?

▶ 우리가 삼 형제예요. 그래서 찻상을 3개 만들어서 형제간들 하나씩 나누어 줬죠.

▷ 그때 비가 엄청 많이 왔군요. 삼 형제 중 관장님은 몇째세요?

▶ 제가 장남입니다. 아직 그때 만든 찻상을 잘 보관하고 있어요.

▷ 그럼, 익청로 표지석은 어떻게 되었나요?

▶ 아, 그때는 익청로 표지석은 원래 없었어요. 큰비가 오면서 저기 한양도성 성벽 위에 있는 데서부터 무너져 내렸어요. 그러면서 아주 큰 바윗돌도 굴러내려 왔어요. 그래서 선친께서 그걸 꺼내서 우리 집 대문 옆에 비석을 세우기로 하셨어요. 처음엔 바위에다 직접 '익청로' 글씨를 새기려고 했으나 작품성이 떨어질 듯하여 오석 판석에 새겨 넣기로 했어요. 그래서 오석으로 유명한 전북 정읍에 가서 그 판석을 구해와서 각을 했어요. 저 앞쪽 주차장에서 불 피워가면서 아버님이 직접 글을 쓰고 조각을 하셨어요.

▷ 익청로 비석에는 그런 사연이 있었군요. 이제야 익청로 비석의 비밀이 풀려서 참 기쁩니다. 끝으로 남기고 싶은 얘기가 있으면 한 말씀 해주십시오.

▶ 아버님께서 2021년 4월 19일 영면하셨습니다. 여든을 넘기시며 대동맥확장으로 스탠트 시술을 하셨어요. 병원에 입원 중이시던 2021년 3월경에는 상태가 호전되어 퇴원하시기도 했으나 다시 4월 중순에 고려대학교 병원에 입원하신 후 영면하셨어요. 그런데 아버님께서는 당신이 떠나실 날을 알고 계셨던 것 같아요. 어느 날 산소호흡기를 떼라고 하셨어요. 그리고 아버님을 치료하신 주치의에게 드리고 싶다며 저에게 자신의 작품 한

점을 갖고 오라고 하셨어요. 그런 다음 아래와 같은 글을 써 주셨어요.

"중봉 이가범, 4.19정신이 깃든 고려대 안암병원에서 4월 19일 영면하다."

그런데 생전에 아버님께서는 송강, 중봉 두 가지 호를 쓰셨어요. '송강'은 1940년대 후반부터 1986년까지 사용하셨고, 1987년부터는 '중봉'이란 호를 쓰셨어요. 중국 작가들이 저희 아버님을 시, 서, 화를 모두 하는 작가로서 이 정도면 중국에서도 최고라고 극찬하며 '으뜸이다'라는 뜻으로 '中峯'이라 지어드렸어요.

한 가지 더 말씀드리면, 아버님께서 미술관 건립을 계획하시면서 이름을 어떻게 지으면 좋을지 '일월수', '오상', '중봉' 세 가지를 두고 고민을 많이 하셨어요. 그러다가 돌아가시기 전에 최종 '오상'으로 결정하셨어요.

▷ 미술관 이름도 쉽게 지어진 게 아니군요. 오랜 시간 인터뷰에 응해주셔서 고맙습니다. 앞으로 많은 사람이 오상미술관을 찾아와 선친께서 추구하셨던 오상의 철학을 널리 익히고 후세에도 전해졌으면 하는 바람입니다.

▶ 네, 먼 곳까지 방문해 주셔서 대단히 감사합니다.

그와 헤어져 돌아오는 길, 선친의 예술세계를 이해하고 그 뜻을 받들어 아름다운 미술관을 지은 이종갑 관장에 대해 깊은 경외심이 들었다.

더불어 '오상미술관' 이름이 의미하듯 세상의 사람들이 인간의 도리를 잊지 않고 인간다운 삶을 살아가는 데 힘과 도움을 주는 미술관이 되었으면 좋겠다는 바람을 가졌다.

성북동 자택에서의 중봉 이가범
회갑을 맞은 중봉이 '吾道尙儒' 글을 쓰고 낙관하는 모습
(출처 : 오상미술관 홈페이지)

손편지의 그리움

마흔에 시작한 고물상 인생
고물상 이야기(1)

고물상의 역할과 종류

고물상은 자원의 낭비를 줄이고 환경에 미치는 영향을 최소화하는 자연순환 경제에서 핵심적인 역할을 한다. 즉 자원을 효율적으로 사용하고, 폐기물을 최소화하며, 자원을 지속적으로 순환시켜 경제적 가치를 창출하는 중요한 기능을 한다. 또한 기후 변화, 자원 고갈, 환경 오염 등의 글로벌 이슈가 심화됨에 따라 이러한 기능이 더욱 필요하게 되었다. 일반적으로 고물상(古物商, 故物商)이라고 하면 고물을 사고파는 가게나 그를 운영하는 사람이나 직업을 말한다.

각 고물상들은 개인이 수집해 온 고물뿐 아니라 철거 현장 또는 이사 장소에 나가서 고물을 수집하거나 매입하기도 한다. 또 전자제품을 전문으로 하는 개인 고물상들은 트럭에서 방송을 하면서 지역 여기저기를 순회하며 사들이기도 한다.

개인 고물상은 수집한 고물을 도매상에 판매한다. 고물 도매상은 구

입한 고물을 폐지, 고철, 구리, 스텐레스 등으로 분류하여 제지공장, 철강회사, 재활용 공장 등에 판매한다. 업계에서는 '고물'의 어감이 좋지 않다며 OO자원, OO금속, OO환경, OO철재 등의 상호를 달고 있는 경우가 많다.[1]

한편 고물상은 단순히 크기로 분류하지는 않는다. 종류별로 간략히 살펴보면 수집한 폐지들을 압축하여 블록 형태로 매매하는 파지 상(파지 압축장), 구리, 알루미늄, 납, 주석 등 특수금속 등을 전문으로 취급하는 비철 상, 철 캔과 알루미늄 캔만을 전문으로 다루는 깡통 압축장, 프라스틱을 다루는 수지 상, 소주, 맥주 등 공병을 취급하는 공병 상 등 여러 종류가 있으며, 헌 옷 상도 고물상으로 분류된다.

---

1   출처: 나무위키 인터넷 백과사전

그럼, 이러한 고물상이 성북구 관내에는 몇 개나 있을까. 성북구청 주무 부서를 방문하여 확인한 고물상은, 더모아자원(삼선동), 진주자원(보문동), 현대자원(정릉동), 대광자원(정릉동), 한일자원(종암동), 오복고물상(월곡동), 월곡고물상(장위동), 지산자원(장위동), 대광자원(장위동), 조일자원(동소문동), 정신자원(보문동), 강남자원(정릉동), 유영상사(정릉동), 종암고물상(종암동), 한덕자원(하월곡동), 성진자원(원곡동), 승진고물상(석관동) 등 모두 17개였다.[2]

'더모아자원' 사장을 만나다

성북구청에서 대로를 건너 성북세무서 방향으로 200여 미터 가다 보면 도로변에 고물상 '더모아자원'이 있다. 회사 간판이래야 신문지 한 장 크기 정도의 낡은 화이트보드에 검은색 네임펜으로 상호와 전화번호를 적어놓은 게 전부다. 그것도 칠이 벗겨진 허름한 양철판 담장에 간신히 붙어 있다.

영업장은 규모가 큰 편은 아니지만 겉으로 볼 때와 달리 한시도 쉴 틈이 없이 바쁘다. 얼른 보아 직원 셋이 폐지, 각종 캔 종류와 고철, 냉장고나 선풍기 등 폐가전제품 등을 나누어 담당하는 것 같았다. 사장은 한 평 남짓한 움막 같은 사무실 안에서 일했다. 그는 고물을 팔고 가는 사람들에게 무게나 개수에 따라 대금을 계산해서 지불하는 일을 하고 있었다. 또한 침침한 움막 사무실에 웅크리고 앉아 CCTV 화면을 보며 영

---

[2] 자료제공: 성북구청 청소행정과 자원순환팀 주무관,

한 평 남짓한 움막 같은 사장의 사무실

업장 관리를 하고 있었는데 그와 몇 마디 나눌 짬도 나지 않을 정도로 바빴다. 고객이 한꺼번에 몰릴 때는 그도 직접 현장에 나가 직원들이 하는 일을 도왔다. 나는 움막 같은 사장의 사무실 입구에 선 채, 사장은 컴퓨터 모니터를 바라본 채 질문과 대답을 주고받았다.

▷   고물상 사업을 하게 된 특별한 사연이라도 있으세요?
▶   40대 초반이었어요. 뭘 하며 먹고살까 궁리하던 중, 친구가 돈 많이 벌 수 있다며 고물상을 해보라고 해서, 그게 계기가 되어 시작하게 되었어요. 그런데 어느새 이 사업을 한 지 이십여 년이 지났어요. 그러다 환갑을 바라보는 나이가 되니 그동안 뭐 하나 제대로 이룬 것 없이 바쁘게만 산 것 같아요.

그는 헛헛한 웃음을 웃으며 괜스레 마음 한구석이 허전하기도 하다고 했다. 그와 얘기를 나누는 중에 크레인이 달린 대형 화물트럭이 마당으로 들어왔다. 그러고는 한쪽 구석에 산처럼 쌓인 폐지를 대형 집게로 적재함에 실었다. 폐지 싣는 작업이 끝나자 뒤이어 소형 화물트럭이 들어와 캔 자루와 비철금속류 등을 가득 싣고 어디론가 떠났다.

▷ 저 트럭들은 어디로 가는 거죠?
▶ 폐품 종류에 따라 달라요. 요즘 폐지 줍는 사람이 눈에 띄게 늘어나서 폐지의 재활용 과정을 묻는 분들이 종종 있어요. 노인분들이 주 고객입니다만, 개인이 수집한 폐지를 저희와 같은

고물상에 팔면 수거업체가 와서 폐지를 싣고 압축장으로 갑니다. 대부분 도시 외곽에 있는 압축장에서는 이 폐지를 1톤짜리 덩어리로 뭉쳐 제지회사에 팔아요. 그 후, 여러 화학적인 처리 과정을 거쳐 신문지, 박스류, 일반 인쇄용지, 종이팩, 종이컵 등 각종 종이류 제품으로 재탄생하게 됩니다.

폐지 외에 금속, 플라스틱 등과 같은 폐기물은 우선 저희가 대충 압축하거나 잘라서 재활용 공정에 적합한 형태로 만들어 수거업체에 넘깁니다. 그런 다음, 수거업체는 폐기물의 압축, 세척, 분쇄 등의 과정을 거쳐 재가공할 수 있도록 준비해서 제조업체나 건설업체 등에 공급하여 새로운 제품의 원료로 사용할 수 있게 합니다.

▷ 고물 가격은 어떻게 계산해서 주시나요? 혹시 정부에서 정한 공공가격 같은 건 있나요?

▶ 고물은 대개 킬로 당 가격으로 계산해서 즉시 고객에게 현금으로 지급을 해요. 폐지류 거래가 제일 많은 편입니다. 저희가 고객에게 사는 가격은 수시로 변해요. 왜냐하면 폐지 수집상이 사가는 가격에 따라 그때그때 바뀝니다. 매일 변동하는 환율과 비슷한 개념이라고 생각하면 됩니다. 예를 들면, 오늘 폐지 가격은 킬로에 60원, 캔류는 900원인데 내일은 또 얼마로 변할지 저희는 알 수 없다는 것입니다. 그러니까 지난주에 폐지는 50원, 캔류는 700원이었으니 이번 주는 전반적으로 조금 오른 편이라고 할 수 있습니다. 그리고 고물 종류에 따라 킬로 당 1원

부터 몇만 원까지 가격대가 여러 층이고 다릅니다.

그의 설명을 듣고 폐지 가격이 변하는 메카니즘이 있을 것 같아서 알아보았다.[3] 2016년 1월 말 기준, 폐지 가격이 1kg에 70원이었으나, 2017년 말에는 중국의 대형 쇼핑몰에서 박스 소비량이 늘어 종이 수출이 늘어난 덕에 1kg당 150원까지 올랐던 적도 있었다.

지금은 폐지를 줍는 사람들이 많아져서 폐지 자체를 구하기 힘들어졌

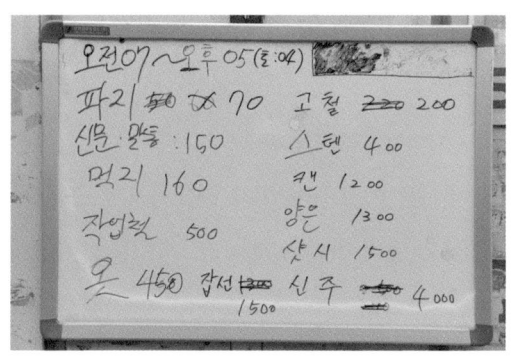

다. 심지어 경제적으로 어렵지 않은 이들도 폐지를 줍기 시작한데다, 대형 마트 등의 건물주들까지 차량을 동원해 폐지를 직접 수거, 판매하고 있다. 손수레를 끌며 폐지를 수집하는 사람들은 이들과의 경쟁에서 밀릴 수밖에 없다. 게다가 지금의 경제 상황으로 볼 때 가격이 오를 가능성은 거의 없어 보인다.

한편 폐지뿐 아니라 고물 종류별로도 가격이 수시로 변동한다. 그래서 더모아자원 사장은 매일 가격을 고객들에게 알리지 않고 그날그날의

---

3   출처: 나무위키 인터넷 백과사전

가격에 따라 셈을 해주고 있다고 했다. 성북구청에서 도보로 10여 분 이내의 거리에 진주자원, 조일자원 등 고물상이 두 곳 더 있다. 이들 중 유일하게 조일자원에서는 매일 고물 종류별 매입 가격표를 대문에 걸어 놓는다. 흰 플라스틱판에 여러 번 썼다 지운 흔적으로 보아 수시로 가격이 변한다는 것을 알 수 있었다.

참고로 게시판에 공지한 고물 종류별 매입 가격은 킬로 당 파지 70원, 신문 150원, 먹지 160원, 작업철 500원, 고철 200원, 스텐 400원, 캔 1200원, 양은 1,300원, 샷시 1,500원, 신주 4,000원, 잡선 1,500원, 옷 450원 따위였다.[4]

▷　　고물상 사업을 해오시며 혹시 힘들지 않으셨어요?
▶　　세상에 쉬운 일이 어디 있겠어요. 어려운 때도, 힘들 때도 있었지만 저는 이 일이 재미가 있습니다. 앞으로도 계속할 겁니다.

그와 인터뷰 중에도 마당 한 편에서는 한 직원이 폐냉장고나 선풍기 등을 망치로 두드리며 분해하고 있었다. 또 어떤 직원은 사장에게 후라이팬 여러 개를 들고 와서 이만하면 쓸모나 매입할 가치가 있는지를 물었다. 인터뷰 중에도 사장은 일일이 직원에게 대답해 주었다. 그가 고물상 사업을 하며 성공한 비밀을 알 수 있는 모습이었다.

▷　　사업을 하시는 동안 기억나는 에피소드 같은 건 없으세요?

---

[4]　출처: 조일자원 고물상(동소문로 2길 95) 게시판(2024.7.15.현재, kg당 가격

▶ 어머니 같은 허리 굽은 어르신이 폐지를 잔뜩 실은 손수레를 힘들게 끌고 오실 때는 너무 안쓰럽고 미안하기도 해요. 또 한 푼이라도 더 잘 계산해 드리고 싶어도 그러지 못할 때 마음이 많이 아픕니다.

그렇다면 남들은 고물상 사업을 3D업종, 즉 힘들고(difficult), 위험하고(dangerous), 더러운(dirty) 일을 하는 '고물쟁이'라고 낮추어 부르며 기피하기도 하는데, 그가 이 일을 앞으로도 계속할 것인지, 또 사업 전망 등에 대한 그의 생각이 어떤지 들어보았다.

▶ 한동안 중국의 폐지 수입 물량이 줄어든 데다 엎친 데 덮친 격으로 2020년 코로나 팬데믹이 닥치며 시장이 위축된 건 사실이에요. 그런데 오히려 요즘은 고물상이 늘어나는 추세입니다. 아마도 사람들이 폐품을 버리기보다는 하나라도 모아두었다 팔면 돈이 된다는 걸 알게 되었다고 봅니다. 그렇게 폐품 수집 시장의 저변이 점차 확대되면 앞으로 고물상 사업도 괜찮을 겁니다.

그가 일하는 사무실이 비좁고 낮에도 빛이 거의 들지 않아 어둑했지만 사업 전망을 말하는 그의 얼굴은 밝고 환히 빛났다.

폐지 줍는 사람
고물상 이야기(2)

넝마주이에서부터 폐지 줍는 사람까지

길을 가다 보면 손수레에 폐지를 싣고 가는 노인들을 종종 보게 된다. 서울에서 폐지 수집 활동을 하는 사람은 3천여 명으로 80대 이상이 47%, 70대가 41%로 거의가 고령자들이다. 그중 남성이 약 40%, 여성이 약 60%로 여성이 더 많다.[1] 폐지 줍는 사람의 역사는 100여 년 전으로 거슬러 올라간다.

일제강점기인 1920년대부터 헌 옷이나 헌 종이, 박스, 폐품 등을 주워 모으다가 고물상에 파는 사람들이 생겨났다고 한다. 넝마주이 또는 넝마꾼으로 불린 이들은 당시 서울에 약 40~50곳에 모여 살았다. 생계가 어려웠던 이들은 동냥(구걸)과 넝마주이를 겸해서 했다.

1950년대에는 큰 광주리나 망태기에 폐품을 모아 담고 다녔기 때문에 '망태기 할아버지'라고 불리기도 했고, 6.25 전쟁 전후로는 넝마주이 일

---

[1] 뉴시스(2024.7.10.)

을 하던 소년 고아들을 양아치라고도 했다.[2] 어릴 적에 아이가 울면 어른들이 "망태 할아버지가 잡아간다."라며 달래던 기억이 떠오른다. 박경리 소설 《시장과 전장》의 한 구절에는 '다리 밑 움막에서 큰 광주리를 짊어지고 나온 넝마주이는 갈고리를 뱅뱅 돌리며 다리 위로 올라간다.'라는 대목도 나온다.

한동안 '근로재건대'나 '넝마공동체' 같은 넝마주이 단체가 조직되어 활발히 활동하기도 했다. 그러나 2000년대 들어서며 '넝마주이'라는 말은 사라지고 지금은 폐지나 폐품, 고철 등을 주워 파는 사람을 뭉뚱그려 '폐지 줍는 사람'이라고 한다.

길거리 짧은 인터뷰

성북구청 건너편의 '더모아자원' 등 서너 곳의 고물상 주변에서 폐지나 고철 등 폐품을 팔러오는 사람을 만나 얘기를 들어보았다. 위의 통계자료에서 보았듯, 그들 역시 대부분 60대 이상의 노인이었다. 그들은 생활력이 강하고 활동적이었으나, 반면에 폐지 줍기가 생계에는 별로 도움이 되지 않는다는 반응이었다. 한 할머니는 "그저 해오던 일이라 계속하는 거지. 그만두면 그나마 누가 한 푼이라도 주겠어요."라며 끌고 가던 손수레를 잠시 세워 두고 한숨을 내쉬었다.

---

2   출처: 나무위키 인터넷 백과사전('넝마주이' 요약, 발췌)

#1. 삼선동 한성대 입구 골목

해 저문 어느 오후, 삼선골목시장 건너편의 한성대로 올라가는 경사진 길목에서였다. 할머니가 폐지를 가득 실은 손수레를 끌고 경사진 길을 오른다. 머리가 땅에 닿을 듯 허리가 굽었다. 괜스레 안쓰럽고 마음이 무거워진다. 할머니가 끄는 손수레가 자꾸만 뒤로 끌려갈 것만 같아 불안해 보였다.

"힘드시죠?"

다가가 물었다. 대답이 없다. 힘드시냐고 다시 물었다. 그래도 들리지 않는지 아무런 대꾸가 없다. 더 묻기가 송구하여 할머니의 손수레를 뒤에서 살짝 밀었다.

"괜찮아!"

할머니의 목소리가 쩌렁하고 골목에 울렸다. 옆을 지나던 학생들이 할머니와 나를 번갈아 쳐다보았다. 얼른 수레에서 손을 뗀 나는 한참을 제자리에 서서 할머니가 무사히 언덕길을 올라가기만을 바랐다.

#2. 삼선동 '더모아자원' 고물상 앞

고물상 사장과 인터뷰를 마치고 마당을 나서는데, 폐지를 실은 쇼핑카트를 끌고 한 할머니가 들어왔다. 흰 바탕에 연두색 무늬의 밝은 블라우스가 곱다.

"그거 팔면 얼마쯤 받으세요?"
"글쎄, 천 원이나 천삼백 원쯤 되려나."

할머니는 잠시 허리를 펴고 서서, 활짝 웃으며 말했다. 그녀의 얼굴에 깊게 팬 주름과 백발은 얼마나 힘들고 애틋한 삶을 살았는지 짐작하게 했다.

#3. 삼선동 CU편의점 앞

폐지를 한가득 실은 리어카를 끌고 고물상 안으로 들어오려던 한 할머니가 되돌아갔다. 고물상 마당에서 폐품을 정리하는 직원과 얘기를 나누고 있을 때였다. 혹시 값을 더 잘 쳐주는 다른 고물상으로 가려는 건 아닐까, 라는 생각이 들어서 물어보았다.

"할머니, 폐지 팔러 오시지 않았어요? 왜 그냥 가세요?"
"이 일을 하려면 눈이 밝아야 해."

그러면서 그녀는 급히 건너편 CU편의점으로 갔다. 그녀는 편의점 출입문 앞에 쌓아둔 빈 포장박스 여러 개를 싣고 다시 길을 건너왔다. 너무 뜻밖이었다. 무거운 리어카를 끌고 도로를 건너갔다가 다시 돌아오는 그 할머니의 폐지를 주우려는 강인한 의욕과 생활력이 놀라웠다. 할머니에게 물었다.

"오늘 폐지 많이 모아오셨네요. 이 정도면 얼마쯤 받으실 것 같아요?"
"글쎄. 이천오백 원, 아니면 이천칠백 원쯤 되겠네."

할머니는 총총히 폐지 다는 저울이 있는 곳으로 리어카를 끌고 갔다.

#4. 동소문동 골목 만둣집 앞

지난 금요일 오전, 동소문로 골목에서 60대 중반으로 보이는 남자와 마주쳤다. 폐지 줍는 남자를 보기는 처음이다. 그는 한가득 폐지를 실은 운반 캐리어를 밀고 갔다. 걸음걸이가 빠르고 활기에 넘쳤다. 말을 붙여 보려고 그에게 다가갔다. 하지만 그가 먼저 "바빠요!" 라며 더 빨리 캐리어를 밀며 한걸음에 출근길 사람들 사이로 사라졌다.

#5. 동선동 '진주자원' 고물상 앞

두 할머니가 도로변 낡은 소파에서 무언가를 먹고 있었다. 이들은 바로 옆 '진주자원' 고물상에 폐지를 팔고서 점심을 먹는 중이라고 했다. 한 사람은 천원, 또 한 사람은 천오백 원을 벌었다고 했다. 이곳에서는 킬로에 얼마를 주느냐고 물으니 그런 건 모른다고 했다. 가격을 물으면 싫어해서 그냥 주는 대로 받는다고 했다. 그러다 보니 그냥 단골이 되었단다. 그러면서 여기보다 가격을 좀 더 쳐주는 곳도 있다고 들었지만 관심이 없다고 했다. 고물상도 서로 대표가 다른 사업체이니 운영하는 방식이나 가격도 그때그때 다르다는 것이다.

그런데 두 사람의 점심은 손바닥만 한 시루떡이었다. 그것도 서로 반씩 나누어 냉수를 마시며 먹는 게 다였다. 그걸로 점심이 되겠냐니까 매일 이렇게 시루떡 한 쪽으로 끼니를 때우는 게 습관이 되어 괜찮다고 했다. 폐지 줍기 경력은 의자에 앉은 노인이 30년, 그 앞에 서 있는 몇 살 더 적어 보이는 노인은 이제 1년 지났다고 했다. 그들은 뭔가 할 일이 없으니 그냥 이 일을 하고 있을 뿐이라고 했다. 두 사람이 어떤 관계인지, 식구들이 있는지, 나이가 얼마인지 등에 대한 질문에는 얼굴이 굳어지며 아무런 대답도 하지 않았다. 몸이 피곤하니 마음까지 닫혀서 그럴지도 몰랐다. 다음 점심에는 가까운 우동집에서 잔치국수라도 사다 대접해야겠다고 생각했다.

#6. 동소문로 주택가 골목

동소문로 주택가 한적한 골목에서 만난 한 할머니는 20년 동안 폐지 줍기를 해오고 있다고 했다. 손수레가 비어서 물었더니 방금 옷과 폐지를 팔고 3천 원을 벌었다고 했다. 썬캡 모자를 쓰고 연두색 물방울무늬 블라우스에 검은 바지를 말끔하게 차려입은 멋쟁이 할머니였다. 그래서인지 82살 나이보다 훨씬 젊어 보였다. 한여름 땡볕을 피해 옆의 빌라 그늘에 서서 폐지 줍기에 대한 그녀의 생각을 들어보았다.

"예전의 넝마주이들은 자기들이 하는 일을 천한 것으로 생각하고 부끄러워했어요. 사람들이 편견을 갖고 범죄자 취급을 하며 혐오스럽게 여겨서 그랬지요. 어린 아이들은 망태기를 등에 멘 넝마주이를 보면 무서워서 도망가거나 그 자리에 주저앉아 막 울었어요. 그러나 지금은 세상이 많이 달라졌어요. 생활에 여유가 있는 사람도 폐지나 고물을 버리지 않고 모았다가 자가용차에 싣고 직접 고물상으로 팔러 와요. 하나라도 모아두었다가 팔면 돈이 된다는 걸 깨달은 거예요. 이제 폐지 줍기를 부끄러워하거나 천한 일이라고 생각하는 사람은 없는 것 같아요. 나도 폐품을 모았다가 이렇게 나들이 삼아 고물상에 다녀오는 길이에요."

밤 9시가 넘은 시각에도 폐지를 줍는 사람이 있었다.

그러면서 그녀는 고물상에서는 플라스틱만 빼고 폐지, 캔, 빈 병, 헌 옷 등 무엇이든 다 산다며 나도 그런 걸 버리지 말고 모았다가 아이들 용돈이라도 벌어보라고 했다.

#7. 밤 9시, 삼선동 파스타 가게 앞

밤 9시가 넘은 시각에도 폐지를 줍는 사람이 있었다. 70을 넘지 않은 아주머니 같았다. 때마침 나는 성북천 산책을 마치고 집으로 가던 중이었다.

"밤에도 매일 이 일을 하세요?"
"네. 이 시간에 오면 늘 문 앞에 박스가 쌓였어요. 조금 늦게 오면 다른 사람이 가져가고 없어요."

그녀는 파스타 가게에서 내놓은 빈 박스 더미를 챙기며 오늘도 횡재했다고 기뻐했다. 25년간 폐지 줍기를 해오고 있다는 그녀는 언제, 어디에 가면 폐지를 주울 수 있는지 훤히 내다보고 있는 것 같았다.

박스 줍기를 마친 그녀는 도로 좌우를 살피며 잠시 서 있었다. 어느 순간, 차량의 통행이 뜸 하자 잽싸게 도로를 무단횡단한 그녀는 캐리어를 끌고 쏜살같이 건너편 골목 안으로 사라졌다. 그녀를 말릴 수도 없는 순식간에 일어난 일이었다. 신호등도 없는 어두운 길인데 아찔한 찰나였다.

폐지 줍기 경쟁하는 노인들

어느 할머니의 말대로 이제 '폐지 줍기'가 부끄럽지 않은 세상이 되어 소일 삼아 고물상을 드나든다 하더라도, 여전히 폐지를 줍는 게 매일의 생계를 위한 유일한 활동인 노인도 많다. 어떤 노인은 "오늘이라도 당장 그만두고 싶지만 어쩔 수 없는 상황"이라고 했다. 먹고사는 문제가 해결된다면 폐지 수집을 안 하겠다는 뜻으로 들렸다.

노인인구가 늘어나는 만큼 폐지를 주워 생계를 이어가는 노인의 비율도 늘어간다고 한다. 그러다 보니 폐지 줍기 경쟁도 심해졌다. 어느 노인은 새벽 일찍 가게 앞에서 문 열기를 기다린다. 조금 늦으면 다른 사람이 다 챙겨가기 때문이다. 늦은 밤에도 손수레를 끌며 폐지를 찾아 거리를 둘러보는 노인도 있다. 이렇게 새벽이나 밤에 활동하는 노인이 늘면서 그들의 안전에도 문제가 있다.

밤낮으로 위험한 도로에서 일해야 하는 특성을 고려하여 지자체에서 무료로 보험 가입을 시켜주거나, 학교 앞 어린이 보호구역처럼 고물상 주변에 교통안전 시설물을 설치하는 것 등도 생각해 볼 수 있다. 폐지 손수레를 끄는 노인들은 교통사고로 다치거나 비탈길이나 빗길에 미끄러져 낙상하기도 쉽다.

수년 전에 폐지 줍는 노인의 리어카에 형광 광고를 달아주자는 좋은 제도가 있었던 것으로 기억한다. 교통사고 예방도 되고 노인들에게 광고비의 일부도 돌아가게 한다는 것이었다. 하지만 여태 폐지 줍는 노인들의 리어카나 손수레에 그런 광고가 부착된 걸 본 적은 없다.

그들이 자주 이용하는 고물상 환경도 너무 열악하여 물 한 모금 마시며 잠시 몸을 쉴 자리도 마땅치 않다. 그래서 어느 할머니는 자동차가 다니는 도로변 낡은 소파에 앉아 떡 한 조각으로 끼니를 때운다. 고물상 공간에 의자, 냉온수 음수대 등을 갖춘 간이 휴게 장소라도 설치하면 어떨까. 지자체나 고물상 업자들의 작은 배려와 관심이 아쉽다.

고물상 풍경 3

청년은 마당에 널브러진 폐지들을 주워 폐지 더미 위로 휙, 휙 바람 소리가 나도록 내던진다. 그리고 소주병과 맥주병들은 각기 커다란 마대 자루에 빼곡히 채워 차곡차곡 창고에 세워 둔다. 한차례 부지런히 힘을 쓴 청년은 흰 목장갑을 낀 손등으로 이마에 흐르는 땀을 닦는다. 햇볕에 적당히 그을린 구릿빛 피부와 새까만 머리카락의 그는, 고물상에서 잡일을 하기엔 너무 아까운 젊은이다. 그때 리어카를 끌고 들어오는 할머니에게 말을 던진다.

"어머니, 오늘은 얼마나 갖고 오셨어요."

어머니라고 불리는 할머니가 끌고 온 리어카에는 차곡차곡 접힌 박스

---

3 자작 에피소드(짧은 소설)

가 가득 실려 있다.

"이보게 젊은이, 시세 좀 잘 쳐줘. 오늘은 얼마여?"

"킬로에 육십 원!."

청년이 전자저울 위에 빈 박스와 폐지 뭉치를 올려놓자 빨간 숫자 '30kg'이 계기판에 찍힌다.

"에게, 이천 원도 안 되네. 다른 데는 킬로에 칠십 원 쳐준다는 데… 쯧쯧"

할머니는 성에 차지 않은 듯 혀를 찬다.

청년은 계측이 끝난 폐지를 산처럼 쌓인 폐지 더미 위로 휙, 휙 바람 소리를 내며 던지고선 그녀에게 말대꾸를 한다.

"싫으면 빌려 간 리어카 반납하고 그리로 가세요."

그러고 나서 청년은 그녀에게 장난기 섞인 표정을 지으며 씨익 웃는다.

"아따, 그냥 해본 소리여. 리어카 빌려줘서 얼마나 고마운디."

그때 사무실에서 돈통을 정리하고 있던 사장이 청년을 큰 소리로 부른다.

"야, 야! 할매하고 그만 노닥거리고 계산이나 빨리 해라. 입금하러 나 은행가야 한다."

마흔 살에 고물상 업계에 뛰어든 박 사장은 지난 20여 년간 성실히 일하며 꽤 돈도 많이 벌었다. 청년은 업계에서 성공한 사람으로 알려진 그를 멘토로 삼아 자기도 은근히 고물상을 운영해보고 싶었다.

"여기, 삼십 킬로, 천팔백 원!"

"알았어. 퇴근 준비 해라. 은행 다녀와서 삼겹살에 소주 한잔하자."

사장은 할머니에게 현금 천팔백 원을 건네주고 빠른 걸음으로 사무실을 나간다. 그때 빈 리어카를 끌고 마당을 나가는 할머니에게 청년이 소리쳤다.

"어머니, 내일 또 오세요. 잘 쳐 드릴게요."

그러고는 청년은 냉장고에서 박카스 한 병을 꺼내 들고 할머니에게 달려가 손에 쥐어 준다.

성북에서 읽은 사람책

알록달록 바느질하는 이주여성들
'다문화 고부 열전' 속 이주여성의 특징

 TV 채널을 돌리다 우연히 '다문화 고부 열전' 프로를 보게 되었다. 내용은 매 편 엇비슷하다. 한국으로 시집온 외국인 며느리와 시어머니 사이의 갈등 얘기가 주요 스토리인데, 고부(姑婦)가 함께 며느리의 친정 나라로 여행을 가서 서로 터놓고 얘기하며 화해하거나 갈등을 해소해 나가는 과정을 그린 다큐멘터리 시리즈다.
 방송을 보며 자연스럽게 이주여성들의 국적, 나이, 한국어 정도, 남편의 직업, 등 생활 모습이 눈에 들어왔다. 이주여성은 베트남, 필리핀, 캄보디아 등 동남아 출신이 절대적으로 많았다. 평균 20대 후반의 여자가 평균 30대 후반에서 50대 초반의 한국인 남자와 결혼하는 경우가 많고, 간혹 부부가 20살 이상 차이가 나는 짝도 있다. 한국어 수준은 결혼 5년 차 이상은 비교적 의사 표현을 잘하는 편이나, 아주 서툰 이주자도 더러 있었다. 생활환경은 대부분 농사 일을 하는 시골이나 산골 과수원 마을, 아니면 바닷가 어촌이었으며, 시부모와 함께 사는 경우가 절반이 넘었다. 이런 현상은 고부간 갈등을 일으키는 원인이 되기도 했다.
 '다문화 고부 열전'에서 이주여성들의 애환과 말 못 할 서러움을 보았고, 힘들고 가난하게 사는 삶의 모습도 보았다. 또한 가족 간 불신과 편견과 가부장 제도의 잔재 등으로 먼 나라에서 시집온 며느리가 속상해하고 상처를 받는 것도 보았다.

그렇다면 엄연히 우리나라 국민의 한 사람인 이들이 어떻게 하면 우리 사회의 주체로서 스스로 자립하여 희망을 갖고 살아갈 수 있을까?

안타까운 마음에 자료를 찾아보니 그들에게 힘이 되고 희망이 되어주는 곳이 있었다. 성북구 보문동의 '알록달록협동조합'이다. 자세히 알아보기 위해 이사장에게 인터뷰를 요청했다. 약 1시간 정도 대화를 나누는 동안 그녀의 얼굴에는 밝은 미소가 가득했다.

알록달록협동조합 이사장 인터뷰

▷ 먼저 이사장님의 자기소개부터 간단히 부탁드립니다.

▶ 전라도 영광에서 태어났으며 50대 중반이에요. 원래 제 전공은 '보건위생'이었는데 지인이 하던 재봉공장을 인수하여 일하다 보니 전공이 바뀌었어요. 그 공장은 20년쯤 운영하다가 지난 2010년에 정리를 했어요. 여기 보문동 '알록달록조합' 말고도 혜화동에 제가 꾸려나가는 '이주여성센터'가 있어요. 그래서 주중에는 보문동 공방과 혜화동 센터를 교대로 오가며 근무하고 있어요.

▷ 보건위생을 전공하셨는데, 어쩌다 이주여성 문제에 관심을 갖게 되셨는지 그 사연이나 계기가 있었다면 말씀 해주세요.

▶ 그러니까, 2010년 초였어요. 운영하던 재봉공장 문을 닫은 후 중남미 과테말라 아동보호시설에서 봉사활동을 할 기회가 있었어요. 아동은 대부분 길거리 노숙하는 아이들이었어요. 그런데 그곳에서 약 2년간 생활하면서 언어도 서툴고 문화도 달라서 어려움이 많았어요. 그러던 어느 날, 문득 '아, 내가 이 나라의 이주민이구나.' 라는 생각이 퍼뜩 들더라고요. 그리고 이왕 내친김에 귀국 전에 멕시코로 가서 스페인어 공부를 좀 하고 왔어요. 그런데 귀국 후, 길을 가다가도 외국인을 보면 '먼 나라 한국에 와서 얼마나 힘들고 고생이 많을까'. 라는 생각이 문득문득 드는 거예요. 그러면서 점점 이주노동자나 이주여성 문제에 대해 관심을 갖게 되었지요. 특히 이주여성을 위한 일을 하고 싶었어요. 그래서 한국 폴리텍대학에 입학해서 '패션디자인'을 전공하고 2014년에 졸업한 다음, 곧바로 2015년에 직업훈련강사자격도 취득을 했어요.

▷ 알겠습니다. 그런데 조합 명칭이 '알록달록'으로 좀 특별나고 재미있게 느껴지는 데 어떤 의미가 있는지요.

▶ 네. 알록달록은 원래 여러 가지 빛깔의 얼룩이나 줄 따위가 어떤 무늬를 이룬 모양을 나타내는 말이잖아요. 예를 들면 '알록달록 색동무늬'처럼 말이죠. 그래서 '다양하게 모여 아름다운 무늬를 이룬다'는 의미로 저희 조합이 추구하는 가치와 염원을 담아서 지은 이름이에요. 캄보디아, 베트남, 중국, 멕시코 등 다양한 국적의 이주여성들이 재봉 기술을 배워 제품을 만들고

판매하면서 서로의 문화차이를 넘어서 다양성을 추구하고 교류하며 미래를 설계해 가는 조합이라고 할 수 있지요.
　　　잠깐 저희 조합의 미래 비전을 말씀드리면, 이주여성들의 적성을 고려한 지속 가능한 경제적 자립모델 만들기, 이주여성들의 경제적 자립을 통한 자존감 향상과 행복한 사회통합 지원, 문화의 다양성을 존중하고 교류하는 상호 문화 기틀 마련, 환경과 디자인을 고려한 지속 가능한 친환경제품 개발 등입니다.

▷　조합의 개요와 조합원의 자격에 대해 설명을 듣고 싶습니다.
▶　알록달록협동조합은 이사장을 포함한 5명의 임원진과 감사 1명으로 구성되어 있어요. 그리고 말씀드린 대로 이주여성의 사회적, 경제적 자립을 도와줄 목적으로 설립되었습니다. 이주여성들이 저희 바느질 공방에서 교육을 받고 일을 하자면 우선

출자금을 내고 조합 회원이 되어야 해요.

▷ 조합원은 이주여성만 가입할 자격이 있나요?

▶ 가입자격 제한은 없습니다. 이주여성 외에도 누구나 가입할 수 있으며 후원자가 조합원으로 가입한 분들도 많습니다.

▷ 그럼, 조합 이사장 직은 언제부터 맡으셨나요?

▶ 2017년 설립 초창기부터 맡아서 일하고 있습니다. 처음엔 서울시 주민참여사업의 일환인 이주여성 재봉교실로 시작을 했어요. 그동안 이주여성을 돕기 위해 느리지만 알차게 성장해 오고 있습니다. 그리고 지난 2022년에 서울시 예비 마을기업으로 선정되었습니다. 앞으로 사회적 경제를 이끄는 이주민들을 위한 단체로 성장, 발전하도록 열심히 노력하고 있습니다.

▷ 조합을 마을기업 단위에서 사회적기업으로 키우실 계획이신가요?

▶ 맞아요. 그런데 그게 사실은 지난 2021년에 사회적기업을 지향하여 관계기관에 인가 신청을 냈는데 허가를 받지 못했어요. 심사관님 말씀이 매출과 수익이 너무 적어 인가 기준에 미흡하다는 것이었어요. (웃음)

▷ 그렇다면 초기부터 현재까지 운영 실적은 어떤가요?

▶ 사회적기업은 영리기업과 비영리기업의 중간 형태로 사회적 목적을 우선적으로 추구하면서 재화나 서비스를 생산, 판매 등 영업활동을 수행하는 기업을 말하지요. 영리기업은 주주나 소유자를 위해 이윤을 추구하지만 사회적기업은 사회적 목적을

추구하는 점에서 차이가 있어요.

아무튼 저희 조합은 초기에는 조합원이 20여 명이 넘었으나 지금은 절반 이하로 줄었어요. 물론 그동안 코로나 펜데믹 영향도 컸지요. 그러다 보니 조합원이 만든 제품 판매가 주 수입원인데 매출도 많이 떨어지고 배당 실적도 없어요.

▷ 조합에서 판매하는 제품은 어떤 것이 있는지 말씀해주세요.

▶ 알록달록 제품은 모두 하나하나 정성스레 직접 손으로 만드는 핸드메이드 제품으로 좋은 품질의 원단과 재료만 엄선하여 만듭니다. 에코백, 앞치마, 도시락 파우치, 와인 파우치, 백팩, 미니가방, 손수건, 미사가방, 테이블 웨어, 삼베 수세미 등 그 외에도 많아요. 제작자의 개성을 살린 다양한 패브릭 제품은 실용성, 디자인, 품질에서 만족도가 높은 평을 받고 있습니다.

▷ 일반인들이 쉽게 제품을 살 수 있는 방법을 소개해 주세요.

▶ 인터넷 판매로 네이버 11번가 혹은 G마켓에서 제품을 구입할 수 있어요. '알록달록협동조합' 검색해서 들어가시면 됩니다. 단체 주문도 가능하며 대량 주문은 할인도 해드립니다. 또 가끔 플리마켓을 열어 오프라인 판매도 합니다. 그리고 보문동 노동사목회관 1층에 상설 매장이 있으니 언제라도 방문해서 제품을 구입할 수 있습니다.

▷ 제품 판매를 늘리려면 홍보활동이 중요한데 어떤 방법으로 하고 계신가요?

▶ 맞아요. 그래서 저희가 천주교 이주사목위원회의 도움을 많이 받고 있어요. 서울대교구의 230여 개 본당에 저희 제품 카탈로그와 간단한 선물을 동봉해서 발송해주시기도 하고, 소식지

<좋은이웃>에 저희 공방과 이주여성들의 활동을 소개도 해주세요. 또 동대문 DDP플라자 뒤편의 광희문 성지(2층)에 저희 조합에서 만든 제품과 성지 기념품 판매장도 설치 해서 납품을 하고 있습니다. 이것은 <좋은이웃> 금년 1월호에 실린 조합을 소개하는 제 홍보글이에요. 한번 읽어보세요.

"이주여성들의 알록달록한 바느질 이야기.
결혼 이주여성들이 서로 모여 경제적, 사회적 자립을 위해 패브릭 제품을 만드는 알록달록 협동조합. 저는 이사장 신선화 막달레나입니다. 천주교 노동사목회관 1층에는 다양한 국적만큼 다양한 사람들이 모여 만든 제품들이 있습니다. 알록달록한 그녀들의 이야기에 앞으로 많은 응원과 관심 가져주시기 바랍니다."

▷ 수고하셨네요. 그럼 조합을 운영하며 특별히 기억나는 일이 있으면 말씀해주세요.

▶ 이주여성들이 제일 어렵게 생각하는 것이 언어예요. 한국말이 서투니까 수줍어하고 사람 만나는 것을 두려워해요. 오프라인 매장에서 제품 판매를 시켜보면 쭈뼛쭈뼛 내 눈치만 보며 자꾸 제 뒤로 숨더라고요. 그래서 플리마켓이 열릴 때면 데리고 가서 무조건 팔게 했어요. 그렇게 여러 번 경험을 시켰더니 이제 사람들이 물건값을 묻거나 말을 시켜도 내 얼굴을 쳐다보지 않고 응대를 잘해요. 그럴 때면 흐뭇하고 보람을 느껴요.

▷   끝으로 하실 말씀이 계시면 해주세요.
▶   저희 조합의 목적이 이주여성의 경제적 자립을 지원해 주는 것인데 그러지 못할 때 마음이 아프고 많이 아쉬웠어요. 공방에 나와 열심히 제품을 만들던 한 조합원이 어느 날 갑자기 나오지 않는 거예요. 나중에 알고 보니 자기가 만든 제품이 팔리지 않고 수입이 없으니 집에서 부업을 한다고 하더라고요. 공방 작업자에게 작업 시간이나 제품 제작 개수 또는 아이템별로 보수를 주었는데 매출이 없어 돈을 벌지 못한 것이죠. 그때 정말 속이 많이 상했어요.
▷   네. 오늘 폭염의 날씨에도 불구하고 오랜 시간 말씀을 나누어주셔서 감사합니다.
▶   네. 저도 방문해주셔서 감사드립니다.

알록달록 공방과 매장에서 만난 이주여성

#1 베트남 출신 꾸엔

이사장과 인터뷰를 마치고 나오려는데 공방 한쪽에서 열심히 재봉틀을 돌리며 뭔가를 만들고 있는 여성이 있어 다가가 물어보았다.

▷   지금 뭘 만들고 계세요?
▶   신상품으로 개발한 책가방을 만들고 있어요.

▷ 작업 중에 미안하지만 잠깐 자기소개 해주실래요?

▶ 네. 저는 베트남 출신으로 한국에 온 지 12년 되었습니다. 32살이며 두 딸의 엄마예요.

▷ 조합은 어떻게 알았고 공방에서 재봉일 한지는 얼마나 되었나요?

▶ 5년 되었어요. 서울가톨릭상호문화센터에서 사회통합프로그램을 공부하다가 알록달록협동조합을 알게 되었어요. 지금은 여러 나라 친구들을 만나 같이 물건을 만들고 거리로 판매하러 나가는데 너무 좋아요.

▷ 한국에 와서 어려운 일이 있었다면 무엇이었나요?

▶ 한국말이 어려웠어요. 재봉 바느질은 베트남에서도 하던 일이라 쉬웠어요.

▷ 앞으로의 계획이 있다면 무엇인가요?

▶ 지금은 재미가 있어 취미로 만들고 있지만 열심히 배워서 나중에는 내 가게를 꼭 만들어 직접 운영하고 싶어요. 앞으로 알록달록협동조합에 일이 더 많아지고 같이 일하는 친구들도 더 많이 생기면 좋겠어요. 나에게 알록달록협동조합은 '편한 곳'이에요.

#2 중국 출신 이주여성

1층 매장에서 중국 출신 이주여성을 만났다. 한국 온 지 10년 되었으며 2021년에 조합에서 교육을 받고 재봉 일을 했다. 그리고 작년에 매장에서 도우미로 잠시 일했다고 한다. 훤칠한 키에 쾌활, 소탈한 성격인 것 같아 나이를 물었더니 손사래를 치며 펄쩍 뛰었다. 여자 나이는 묻는 게 아니라며 장난기 가득한 표정을 지으며 활짝 웃었다. 40대 초반쯤 되는 것 같다고 했더니 그렇다고 했다.

오늘 만난 두 사람 모두 자기 일을 열심히 하며 즐겁게 사는 이주여성들이었다.

결혼 이주여성들이 겪는 어려움을 생각하며

국가인권위원회의 자료를 보면 결혼 이주여성 중 70%가 한국 생활에서 어려움을 겪고 있다. 한국말이 서투르니 부부간 원만한 의사소통이 어렵고, 문화적 고립에 의한 갈등과 외로움, 소외감 등으로 정서적 단절을 느끼게 된다. 중개업소를 통해 결혼한 부부가 대부분이어서 그런지 정서적, 언어적, 신체적, 성적 학대와 같은 '가정폭력'을 경험한 이주자도 절반 가까이나 된다.

우리나라보다 경제적 수준이 낮은 나라에서 온 사람이라는 사회적 편견과 차별은 그들이 한국 사회에 적응하는 데 큰 걸림돌로 작용한다. 게다가 한국 사회의 언어와 문화에 제대로 적응하지 못한 상태에서 자녀를 키우는 일도 큰 부담이 된다. 결혼 이주여성은 노동시장에서도 차별을 받아 원하는 일자리를 구하기도 어렵다. 단순노무직이나 일용직으로 열악한 근무 환경에서 저임금을 받기 일쑤다. 그래서 빈곤을 자녀에게

알록달록 공방에서 바느질하는 32살의 베트남 출신 이주여성.
"한국말이 어려웠어요. 열심히 배워서 내 가게를 만들어 직접 운영하고 싶어요."

대물림할 가능성도 커진다.[1]

일전에 《어딘가에는 싸우는 이주여성이 있다》[2] 라는 책을 보았다. 충북 옥천의 결혼 이주여성들이 받는 부당한 유, 무형의 차별과 폭력, 그리고 그들의 상황에 대한 생생하고 절박한 증언이 담겨 있다. 옥천에는 약 423명의 결혼 이주여성이 거주하고 있다고 한다. 이들도 우리나라 국민이므로 이들의 문제는 대한민국 여성의 문제일 뿐 아니라 보편적인

---

1 국가인권위원회가 결혼 이주여성 920명을 상대로 진행한 외부 인구용역 보고서 (2018) 중에서
2 한인정(2022), 포도출판사

인권의 문제이기도 하다는 것이다. 책 중의 인터뷰 한 구절이 기억에 남는다.

이주여성을 독립된 인격체로 보지 않고 '누군가에 소속된 존재'로 본다. 이주여성들에 대한 '하대' 표현은 일상적이다.
"한국 사람으로 보다가도 베트남에서 왔다고 하면 바로 반말해요. 너 누구 며느리야. 너 누구야. 처음 만난 건데 너무 무시하고 안 좋게 봐요."

이주여성들이 언제까지 자신들의 인권을 지키기 위해 싸워야 할까. 이제 우리 모두 우리가 이주민들의 서로 다른 문화를 이해하며, 그들에게 관심을 갖고 따뜻한 마음으로 배려하고 보듬어야 하겠다. 국어사전을 보면, '보듬다'는 말은 '사람이 다른 사람을 가슴에 닿도록 꼭 안거나 포근히 얼싸안다'라는 뜻이라고 나와 있다. 이주노동자와 결혼 이주여성, 그들도 우리가 보듬어 주어야 할 대한민국 국민이다.

성북에서 읽은 사람책

재개발의 고통과 상처
정릉골의 시련(1)

정릉골 재개발 사업

　서울 성북구 정릉3동 757번지 일대의 마을을 '정릉골'이라고 부른다. 성북구의 마지막 달동네 중 하나인[1] 이곳은 북한산 남동쪽 기슭에 자리 잡고 있다. 북한산과 북악산 두 개의 산이 인접해 있는 특성으로 일부 구역은 급경사 지형을 이루고 있다. 따라서 도로와 마을 길도 구불구불하고 좁아 원활한 교통에 어려움이 있으며 주민 간 왕래도 쉽지 않고 주거 환경도 열악하다.

　정릉골은 1960년대 청계천 판자촌과 북아현동 일대 무허가 주택 철거로 밀려난 주민들이 정착하며 자연스럽게 조성된 마을이다. 그래서 이 지역에는 무허가 주택이 많았다. 이후 서울 88올림픽을 앞두고 정부의 무허가 주택 양성화 정책에 따라 등기비만 내면 무허가 주택에 대해 소유 허가를 해주는 조치로 정릉골 주민들은 법적으로 인정받는 자기

1　서울시 성북구 달동네: 정릉동(정릉골), 성북동(북정마을), 삼선동(장수마을), 장위동(출처; 나무위키)

집을 갖게 되었다.2

그 후, 2003년 개발제한구역에서 해제되고, 이어서 제1종 지구단위계획이 확정되면서 재개발에 대한 기대감이 일기 시작했다. 앞에는 맑은 정릉천이 흐르고 뒤로는 북한산이 있어 경치 좋은 곳이니 세간의 관심을 끌었다. 정릉골 재개발 소문은 계속 나돌았으나 실제로 결정된 사실은 아무것도 없이 시간만 흘러갔다.

그러다 2012년 정릉골 일대 총면적 203,857㎡의 땅에 자연 친화형 재건축 단지를 조성하는 주택재개발사업 정비구역 지정과 2017년 정릉골구역 주택재개발정비사업조합 설립 인가를 받았다. 하지만 그동안 소문만 무성한 상황에서 재개발 사업이 지연되면서 상당수의 주민들이 떠나고 빈집이 늘어나 동네는 슬럼화 현상이 벌어졌다. 그런 가운데 2024년 관리처분계획인가에 이어 주민들 이주가 개시되면서 재개발 사업이 본궤도에 오르게 되었다. 2025년부터는 옛 건물 철거와 주택 신축 공사가 본격적으로 진행될 것으로 보인다.

국립공원 북한산 인근에 위치한 정릉골은 자연경관지구에 속해있어 용적률 제한을 받기 때문에 고층 아파트를 지을 수 없다. 따라서 마을을 둘러싸고 있는 북한산 경관을 보존하기 위해 지하 2층, 지상 4층 규모의 고급 타운하우스 단지(르테라스 757)를 조성할 계획이다. 3

---

2 참고: 주택재개발 관련 4가지 사업법 중 '주거환경개선사업법'-1985.6.30 이전에 건축된 무허가 건축물 등으로서 노후·불량건축물의 수가 50% 이상인 지역
3 자료 및 사진 제공: 현대공인중개사 사무소(정릉4동주민센터 앞)

지하 2층, 지상 4층 규모의 타운하우스 단지(르테라스 757) 모형
*사진 출처: 현대공인중개사 사무소(정릉4동주민센터 앞)

정릉골의 마지막 모습

#1. 정릉골 찾아가기

정릉골은 사통팔달 트인 곳이라 여러 방향에서 접근할 수 있다. 가장 쉬운 방법은 성북 06번 마을버스를 타고 가는 것이다. 아니면 정릉 청수장행 버스를 타고 '대우아파트' 정류장에서 하차, '정릉771교'를 건너서 '박경리 가옥' 안내 팻말을 따라가면 된다.

혹은 우이신설경전철 '북한산보국문역' 2번 출구로 나와서 정릉천 산책길을 따라 상류 쪽으로 걷다 '정릉골' 안내 팻말을 보고 올라가면 된다. 정릉골 가는 길은 다양하다. 어디로 가든 골목길을 이리저리 올라가다 보면 언덕 꼭대기에서 다 만난다.

#2. 버려진 집들

이미 70퍼센트 이상의 주민들이 떠난 마을은 고요하고 쓸쓸하다. 동네에 들어서자 이따금 푸드득 날아오르는 새의 날갯짓 소리나 어디선가 들려오는 까마귀 울음소리만 유독 크게 들린다. 마을 어귀의 넓은 텃밭을 지나자 '쌍둥이 슈퍼' 간판이 달린 허름한 집이 나온다. 오두막 같은 작고 초라한 집은 금세라도 무너질듯하다. 가게는 오래전에 문을 닫은 것 같다.

인기척이 있는 집 몇 채를 지나 마을 깊숙이 들어가자 폐허가 된 집들이 가까스로 제 자리를 지키고 있다. 담장은 여기저기 갈라지거나 힘없이 무너져 내린 채 남아있고, 대문에는 외부인의 출입을 금지한다는 '경고문'이 붙었다. 버려진 집의 마당과 골목에는 낡은 가구나 전자제품과 주방용품 따위 쓰레기가 어수선하게 쌓여있다.

녹슨 우편함엔 전기료, 수도료 따위 고지서들이 꾸깃꾸깃 끼워져 있다. 사람이 없어도 세금고지서는 꼬박꼬박 날짜 어기지 않고 배달되었나 보다. 한입 가득 고지서를 물고 있는 우편함을 바라보고 있자니 마음이 아렸다. 세금 폭탄이 날아온 줄 모르고 집을 떠난 주인의 얼굴이 떠올랐다. 빚을 지고 갔으니 언젠가는 갚아야겠지. 공공요금조차 못 내고 어렵게 살다 이사를 간 집주인은 얼마나 속이 탈까.

어느 부동산 업자의 말로는, 떠난 사람은 거의가 정릉골 원주민이거나 투자 목적으로 집을 사서 세를 놓은 소유주들이며, 남아있는 사람은

대부분 세입자라고 한다. 재개발 얘기는 오래전부터 나왔는데, 특히 동네 아래로 경전철이 들어온다는 소문이 돌기 시작하면서 외지인들이 사둔 집이 많다는 것이다. 빈집이 늘면서 동네 분위기도 우중충하고 을씨년스럽게 변했다. 그러다 보니 집세도 서울의 다른 지역에 비해 비교적 싼 편이어서 셋집을 구하러 오는 사람들이 많았다고 한다.[4]

#3. 교회의 행복한 아이들

정릉골에는 여러 종교단체가 있다. 성북제일교회, 정릉안디옥교회, 대명교회, 새하늘교회, 평안교회, 벧엘교회 등 기독교 교회와 경국사, 성불사, 경불사, 도광사 등 사찰과 천주교 '영원한 도움의 성모수도회' 등 많다. 그 외에도 규모가 작은 암자나 점집 등도 여러 개 눈에 띄었는데, 아마 산기슭에 자리한 마을 특성 때문인 것 같기도 하다. 한편 규모가 상당히 큰 '순복음 반석기도원'은 오래전에 폐쇄된 듯 대문은 굳게 잠겨 있고 건물도 많이 헐었다.

마침 일요일이어서 마을 초입의 제일교회에서는 신도들의 우렁찬 찬송가 소리가 들렸다. 사람 보기 힘든 마을에서 교회의 예배 소리를 들으니 반가웠다. 예배가 끝나고 무리 지어 나온 사람들은 대부분 마을버스를 기다렸다 타고 나가거나 서너 사람씩 짝을 지어 걸어서 마을을 빠져나갔다. 다른 지역의 신도들이 많이 온 모양이었다.

---

4 정보제공: 현대공인중개사 사무소

쉬엄쉬엄 언덕길을 올라 거의 꼭대기에 다다랐을 즈음, 대명교회 안에서 피아노 반주에 맞춰 부르는 아이들의 노랫소리가 들렸다. 박수 치는 소리와 웃음 소리도 들렸다. 아이들의 노래와 춤 재롱을 보며 즐거워하는 사람들의 모습이 떠올랐다. 비록 교회의 시멘트 담장은 금이 가서 곧 무너질 듯 위태로워 보였으나 교회 안의 분위기는 평화롭고 행복하게 느껴졌다.

웃음소리와 아이들의 노래를 듣다가 문득 얼마 전 유니세프(유엔 산하 아동구호기관, Unisef)에서 지구촌 어린이들의 권리 현황에 대해 발표한 기사가 떠올랐다."2024년은 제2차 세계대전 이후 전쟁 등 무력으로 인해 전 세계 어린이가 사상 최악의 피해를 본 해"라고 했다. 또 어린이 권리 침해 사례로는 사망 또는 부상, 학교 결석, 백신 접종 누락, 심각한 영양실조, 잔혹한 폭력 등이었다고 했다. 구김 없이 행복하게 살아야 할 아이들이 왜 이런 고통을 받아야만 할까. 가슴 아픈 현실이다.

세상에 어떤 일도 아이들을 행복하게 기르는 것보다 보람되고 가치 있는 일은 없다고 생각한다. 아이들은 우리의 미래고 희망이기 때문이다. 아이가 행복하려면 행복한 부모와 행복한 양육자가 있고 행복한 사회가 있어야 한다. 전쟁과 분쟁 지역 아이들은 생명을 유지할 수 있는 생필품 뿐만 아니라 놀고, 배우고, 아이로서 지낼 권리조차 박탈당하고 있다.[5] 공포와 폭력의 세상에서는 아이들이 행복하게 자랄 수 없다. 아이들은 어른들이 좋아하는 색깔로 채울 수 있는 스케치북이 아니다.[6]

---

5   유니세프의 캐서린 러셀 사무국장의 말
6   할레드 호세이니(1965~), 아프가니스탄 카불 출생, 장편소설《연을 쫓는 아이》,

아이들에게는 그들이 원하는 꿈을 꾸게 하고 마음껏 자유롭게 살아가게 도와주어야 한다. 해맑은 아이들 얼굴을 떠올리며 골목길을 걸었다.

#4. 위험한 놀이터

한참을 걸어도 인적이 없던 골목에서 사람 목소리가 들렸다. 10여 미터 앞에 흰 티의 남자가 보였다. 가까이 가보니 고등학생인 듯한 앳된 얼굴의 학생이 휴대폰을 든 채 안절부절 어쩔 줄 몰라 하며 사방을 두리번거리고 있었다.

그는 구멍이 숭숭 뚫린 낡은 주택의 지붕에 위태롭게 서 있었고 옆에는 검정 티와 검정 바지를 입은 학생이 누워있었다. 검정 바지 학생이 누워있는 지붕도 곧 무너져 내릴 듯 구멍이 뚫려 있었다. 서 있는 학생에게 자초지종을 물었더니 지붕 위에 휴대폰을 떨어뜨린 친구가 주우러 내려가다 무너져서 발목을 다쳤다는 것이다. 발목이 부러졌는지 삐었는지 알 수는 없지만, 통증이 심해 움직일 수 없다고 했다. 구급차를 부르려는 데 어떻게 알려야 할지 몰라서 당황하고 있었다고 했다. 나는 앞집 대문에 붙은 '솔샘로 17길 80호' 주소를 불러주며 119에 빨리 전화를 하라고 했다.

앰뷸런스가 도착하기를 기다리며 폐허의 동네를 내려다보았다. 바로 앞집만 해도 붕괴 직전의 폐가다. 까치발을 하고 담장 너머로 내려다보았더니, 지붕이 반쯤 허물어져 내렸고 마당의 웃자란 잡초는 쑥대머리

열린원(2008) 중에서

처럼 난잡하다. 완전히 허물어져 지붕이 내려앉은 집도 있다. 학생들은 안전한 놀이터를 두고 하필 왜 이런 곳에 와서 놀고 싶었을까. 얼마 지나지 않아 골목 아래 멀리서 구급차 사이렌 소리가 들렸다.

#5. 잿빛 동네를 밝혀주는 벽화

어느 집은 너무 낡아 붕괴 위험도 있고, 어느 집 대문 앞에는 생활 쓰레기와 폐가구 등을 아무렇게나 쌓아두었다. 그런 집이 한두 곳이 아니다. 그러다가 골목 모퉁이를 돌면 봄날처럼 화사한 꽃 그림 벽화가 그려져 있어 살짝 미소가 나온다. 산동네에 살면서 바다가 그리웠던지 파란 바다 위에 둥실 돛단배가 떠 있고 고래가 물 위로 솟아오르는 벽화도 있고, 연탄을 많이 때는 동네라서 그런지 팔 벌린 남자아이의 한쪽 팔을 연통으로 처리한 익살스런 벽화도 있다. 어느 집에는 색색의 글자로 '골목길 사랑으로 지켜주소서'라고 쓴 팻말을 담장에 걸어놓은 곳도 있다.

그런데 지친 등산길에 발견한 옹달샘 같은 상큼한 분위기의 집도 있다. 하얗게 칠을 한 담벼락 축대에 오리인 듯 백조인 듯 두 마리 새가 마주 보는 밝고 고운 그림 옆에 'GALLERY'라는 글씨가 쓰여있다. 어느 화가의 집인 모양이다. 대문은 잠겨 있다. 아무도 찾아올 것 같지 않은 외지고 낙후된 달동네에 갤러리라니 너무 어울리지 않았다. 하지만 두 마리 새가 노니는 하얀 집은 칙칙한 회색빛 동네를 환하게 밝혀주고 있었다. 마치 밤바다를 지키는 등대처럼!

10여 미터 앞에 흰 티의 남자가 보였다.
가까이 가보니 고등학생인 듯한 앳된 얼굴의 학생이
휴대폰을 든 채 안절부절 어쩔 줄 몰라 하며
사방을 두리번거리고 있었다.

#6. 정릉골에 따뜻한 겨울을 선물하는 자원봉사자들

지금도 정릉골은 60년대로 돌아간 듯한 모습이다. 언덕에서 내려다보다가 '이렇게 가파르고 높은 산등성이에 살며 주민들은 어떻게 생필품을 구해올까.' 라는 생각이 들었다. 정릉골에는 여태 연탄을 사용하는 세대도 많고 거주자들 대부분이 독거노인 등 취약계층의 주민이 많다고 한다. 북한산과 가까운 산골 마을이라 경사가 가파르고 길이 좁아 연탄배달에 어려움이 많았을 것이다. 그때, 지난겨울 정릉골에 연탄배달을 한 지인이 생각났다. 모 성당 성빈센트회에서 활동하고 있는 그의 '사랑의 연탄배달' 얘기를 정리했다.

정릉골 연탄배달은 서울 성빈센트 청소년회 주관으로 성북구 관내 몇몇 성당의 청소년, 청년교사, 학부모 등 수백 명이 참여하는 대규모 행사다. 매년 실시하는 이 행사에 자발적으로 참여하는 봉사자들은 여름에 바자회를 개최하여 얻은 수익금으로 공장에서 직접 연탄을 구매하여 각 세대에 배달한다.

그는 연탄배달 활동을 담은 비디오 영상도 보여주었다. 골목 입구부터 연탄을 배달할 세대의 보관 창고까지 전달되는 전 과정이다. 봉사자들이 일렬로 서서 연탄을 한 장씩 언덕 정상의 어르신 집 마당까지 전달한다. 그런 다음 언덕 위 평지에서는 청년교사들이 양철통에 연탄을 담아 마지막 저장 창고까지 운반한다. 정릉골이 재개발되어 멋진 타운하우스가 들어서면 다시 볼 수 없는 '사랑의 연탄배달' 봉사활동 모습이다.

쾌적한 환경, 행복한 생활의 정릉골을 기대하며

성북구는 지금 전국 지자체 중 가장 많은 120~125개 구역의 재개발과 재건축 정비사업을 추진하고 있다. 2025년 하반기 착공 계획인 정릉골 재개발도 그중의 하나다.

그동안 낙후되었던 정릉골 재개발은 단순히 노후 주거지를 신축하여 현대화하는 것을 넘어, 지역사회에 많은 긍정적인 영향을 미칠 것으로 기대된다. 지역주민들은 새로운 주거 환경에서 보다 쾌적하고 안전한 생활을 하게 될 것이다. 또한 재개발로 인해 지역의 부동산 가치가 상승할 것으로 예상되며, 이는 지역 경제 활성화에도 기여할 것으로 예상된다.

재개발 사업은 또한 지역 내 인프라 개선을 동반한다. 도로, 공원, 학교 등 다양한 공공시설이 새롭게 조성되거나 개선될 예정이며, 이는 주민들의 생활 편의성과 만족도를 크게 높일 것이다. 주민 대다수가 떠난 정릉골은 그야말로 황량한 폐허의 마을이었다. 이제 머지않아 멋진 '르테라스 757' 타운하우스 주택단지로 변신할 정릉골은 어떤 모습일까. 기대 된다.

손편지의 그리움

'박경리 가옥'이 사라진다
정릉골의 시련(2)

박경리와 정릉골의 인연

　서울 성북구 정릉골의 박경리 가옥7은 대문호 박경리 소설가의 삶과 문학의 흔적이 남아있는 대표적인 공간이다. 그녀가 1965년부터 1980년까지 15년간 살았던 곳이며, 이곳에서 대하소설《토지》의 집필을 시작한 곳이라는 점에서 매우 중요한 의미가 있는 곳이다.
　경남 통영 출신인 그녀가 1950년대 후반 서울의 돈암동에서 셋방살이를 하며 식료품 가게로 생계를 이어가다 정릉골로 거처를 옮긴다. 북한산 자락의 골짜기 동네인 이곳은 불편한 교통과 열악한 생활 환경, 그리고 노후 된 마을시설 등으로 재개발 문제가 지난 30여 년간 쭉 이어져 왔다. 그러면서 숱한 논란 끝에 2024년 관리처분계획인가를 받으면서 재개발 사업이 본궤도에 오르게 되었다.
　그런데 문제는 정릉골 재개발로 박경리 소설가가 기거하던 옛 집터가 사라질 위기에 처했다는 점이다. 시울시에서는 2013년 박경리 가옥을 서울시 미래유산으로 선정했다. 그러면서 보존의 필요성을 다음과 같이

7　성북구 보국문로29가길 11(정릉3동)

썼다.8

　　'한국 문학사에 있어 중요한 작품인 대하소설 '토지(土地)'를 쓴 소설가 박경리가 생전에 거주했던 곳으로 보존할 가치가 있음'

　　하지만 이제 곧 재개발 공사가 시작되면 집과 나무와 옛 구조물은 모두 사라질 것이다. 그런데도 어느 기관이나 단체도 박경리 가옥의 보존을 위해 관심을 갖는 곳은 없는 것 같다. 나중에 집터조차 찾을 수 없게 될지도 모른다. 2024년 마지막 날, 정릉골 재개발조합을 찾아가 담당자의 얘기를 들었다.

8　　인증번호 2013-104(출처: 서울시미래유산 홈페이지)

▷   현재 박경리 가옥의 주인은 누구죠? 발도르프 대안학교 현판이 걸렸던데, 그 학교 것인가요?

▶   아뇨. 발도르프는 세 들어 사용하다가 나가고 지금은 비었어요. 박경리와는 무관한 개인 겁니다.

▷   그럼, 재개발되더라도 박경리 가옥은 그대로 보존이 되나요?

▶   확실한 계획은 없습니다. 그 집터에 도서관을 지을 거라는 말은 있는데 아직 설계가 나오지 않아서 말씀드릴 수 없습니다.

▷   도서관이라면, 혹시 그 터를 공원으로 조성할 건가요? 공원 속 도서관, 그런 계획 말예요.

▶   공원은 아닙니다. 공원 부지는 이미 다른 곳에 확정이 되어 있

어요.

▷ 박경리 가옥을 서울시가 지난 2013년 미래유산으로 지정한 건 아시죠? 그런데 여태 미래유산 표시판도 없고 재개발에 따른 보존 계획도 없는 것 같은데 이유가 뭐죠?

▶ 그 가옥이 서울미래유산으로 선정된 건 사실이지만, 예산 부족으로 서울시에서 매입하지 못한 것으로 알고 있어요. 가옥 소유주가 건물 매입가를 감정가 이상으로 요구해서 어려웠던 거죠. 미래유산 표지판도 그래서 달지 못하고 있는 상황이었죠.

▷ 그럼, 이번 재개발 구역에서 그 집은 제외되나요?

▶ 아뇨. 그런 문제는 있었지만 이제 소유주와 조합과는 합의를 한 상황이어서 재개발 추진에는 문제가 없습니다. 소유주도 조합원이 되었으니까요.

▷ 그렇다면 조합에서 박경리 가옥 보존을 위한 방안이 있어야 하지 않겠습니까?

▶ 그렇긴 하지만 도서관 건립도 확실하지 않은 상황에서 당장 박경리 가옥의 존속 여부에 대해 말씀드리기는 어렵습니다.

한편, 서울미래유산 홈페이지에는 박경리 가옥을 미래유산으로 선정한 배경 설명 외에도 발도르프 학교에서 아이들을 가르쳤던 어느 담임 교사의 인터뷰 자료가 있었다. 2013년 개교하여 박경리 가옥에 월세로 들어와 터전을 잡았다든가, 박경리 가옥의 자세한 구조 등에 관한 여러 얘기 중 '미래유산으로 박경리 가옥이 서울시민들에게 어떻게 기억되었

으면 좋은지'라는 질문에 대한 답변이 관심이 있어 아래에 옮겼다. 9

"여기가 재개발 지역이어서 내년에는 아마 나가야 되는 것으로 알고 있어요. 박경리 선생님이 이곳에서 사시면서 또 다른 문화예술인들과 교류를 하셨잖아요? 여기가 정릉천이 있고, 산이 있어서 물 맑고 공기 좋고 그러한 곳이어서 예술적인 감수성을 키울 수 있으면서도 또 검소한 공간이었잖아요. 그래서 그림 그리시는 분들, 음악 하시는 분들, 신경림 선생님과 같은 문인들과 박경리 선생님이 교류하시면서 예술적인 것도 펼치시고 또 정도 쌓으시고 그러셨다고 들었어요. 이곳이 없어지더라도 박경리 가옥을 사람들이 예술가들이 교류하던 곳, 그리고 이곳에서 또 다른 문화예술이 싹텄던 장소로 기억해 주면 좋을 것 같습니다."

그렇다면 박경리 작가가 정릉골에 기거했던 삶의 흔적을 어떻게 보존하고 기억하면 좋을까.

'박경리 가옥'을 찾아가다

박경리 가옥은 경국사 뒤 정릉천에서 가까운 정릉골 초입에 있다. 경전철이나 버스 등 대중교통을 이용하여 쉽게 찾아갈 수 있다. 우이신설 경전철을 타면 '북한산보국문역' 2번 출구로 나와 정릉천 상류 방향으로

---

9   출처: 서울미래유산 홈페이지(인터뷰 자료)

10여 분 걸어가면 된다. 정릉천을 가로지르는 '청수1교'나 '정릉771교' 다리를 건너면 삼거리 골목길 어귀의 전봇대에 '박경리 가옥' 안내판이 보인다. 표지판이 가리키는 골목 입구 양쪽에는 불에 탄 단독주택과 빌라가 있다. 오른쪽 빌라 담벼락에는 퇴색한 '박경리, 토지'라는 글과 박경리 소설가인 듯한 초상이 그려져 있다. 빛바랜 얼굴 그림은 페인트 칠이 군데군데 벗겨져 제대로 알아볼 수 없다. 그런 데다 벽화 양쪽에는 재개발조합장 보궐선거 포스터가 붙어 있고 아래에는 쓰레기가 담긴 비닐봉지가 여러 개 쌓여 어수선하다.

안내판에 적힌 대로 40여 미터 골목 안으로 들어가면 박경리 가옥을 표시하는 도로명 주소판이 붙은 집이 나온다. 그러나 엉뚱하게도 대문 옆에는 '서울 정릉 발도르프'[10]라는 낯선 대안학교 현판이 걸려 있다. 이곳이 60여 년 전에 박경리 작가가 기거하던 집이라니 도저히 믿어지지 않는다. 전봇대에 걸린 작은 안내판과 허름한 벽화 외에 집주변 어디에도 박경리 작가의 흔적은 찾아볼 수가 없다. 안내 팻말이나 표지석 정도는 있어야 하지 않을까. 더군다나 서울미래유산으로 선정된 가옥인데

---

10 1919년 전인교육을 목표로 독일 슈투트가르트에서 생겨났다. 발도르프 아스토리아 담배공장 사장 에밀 몰트는 당시 혼란스런 사회상과 사회정치 개혁을 교육을 통해 이룰 수 있다고 생각했다. 슈타이너는 몰트의 요청으로 교사 양성과 교육이념을 만들고 최초의 발도르프 학교를 세웠다. 1994년 유네스코에서 21세기 교육 모델로 선정되었다. 발도르프 교육 특징은 교육과정의 예술적 구성, 8년 담임제, 주기 집중수업과 외국어교육, 리듬 구성 생활, 머리, 가슴, 손을 고루 발달시키는 수업, 감각 교육, 자연 친화적 가치관, 평등한 학교 공동체 등이다.(출처: '서울정릉 발도르프' 홈페이지)

표시판도 없고 집도 너무 낡았다.

박경리 가옥을 방문할 때마다 참 부끄러웠다. 한국어와 영어, 한자, 일어 등 외국어를 같이 표기한 작고 초라한 '박경리 가옥' 안내판은 보기에도 민망했다. 또한 한옥에 플라스틱 모조 기와를 얹은 낡은 집은 어설프기만 하다. 대문 앞에 설 때면, 그녀의 생애와 가옥의 내력을 설명하는 표지판 하나라도 있었으면 하는 아쉬움이 늘 컸다.

초행의 방문객은 골목길을 오르락내리락하며 한참을 두리번거리다 바로 옆 화재로 그을린 폐가를 '박경리 가옥'으로 잘못 알고 가는 사람이 많다고 한다. 아마 담쟁이가 무성하게 휘감고 올라간 2층짜리 빨간 벽돌 양옥집이 소설가의 집으로 걸맞다고 생각했을지도 모른다. 지금은 비어 있는 상태의 박경리 가옥 대문은 굳게 잠겨 있다. 옆의 경로당 뒤꼍에서 내려다보니 마당에는 웃자란 잡초만 무성하고 건물도 낡았다. 우리나라 현대문학을 대표하는 작품인 《토지》의 산실이 너무나 허술하게 방치되고 있어 안타깝다.

박경리 소설가의 간략한 연보와 생애 [11]

1926년 경남 통영에서 태어난 박경리는 1945년 경남 진주여고를 졸업했다. 1946년 21세에 결혼하여 장녀 김영주를 출산하고, 인천 금곡동에서 헌책방을 운영하며 아들 철수를 낳는다. 1950년 25세에 황해도 연안

---

11 참고 자료: 서울시미래유산 홈페이지 & 트레블바이크 뉴스(2020.8.21. 서울문학기행)

여중 교사로 근무 중 한국전쟁이 발발해 서울로 돌아왔으나 서대문 형무소로 끌려간 남편은 행방불명이 되었고, 세 살짜리 아들마저 의료사고로 잃게 된다. 조금씩 꾸준히 글을 써오던 그녀는 소설가 김동리 선생을 만날 기회가 왔다. 김동리는 그녀에게 시보다 소설 쓰기를 권유하며 본명 박금이 대신 박경리란 필명도 지어주었다.

1955년 30세에 '현대문학'에 단편 '계산'과 '흑흑백백'으로 등단하며 본격적인 문단 활동을 시작한다. 1957년에는 한국전쟁의 상처를 다룬 단편 '불신시대(不信時代)'로 현대문학 신인문학상을, 1959년에는 장편 〈표류도〉로 제3회 '내성문학상'을 수상한다. 이어서 1962년 《김약국의 딸들》, 1963년 《노을진 들녘》, 1964년 《내 마음은 호수》 등을 발표한다.

1965년 정릉골에 집을 지어 15년간 살며 《토지》1, 2, 3부를 집필한다. 박경리의 대표작인 《토지》는 5부로 구성된 대하소설로, 한국 근현대사를 배경으로 다양한 인물과 삶의 이야기를 다룬다. 정릉골에 거주하던 시기 동안 이외에도 여러 단편 및 중편 소설을 발표했다. 1965년 《파시(波市)》, 1966년 수필집 《기다리는 불안》, 문학론 《Q씨에게》, 1977년 《호수》, 수필집 《거리의 악사》, 1978년 《나비와 엉겅퀴》, 1979년 《영원의 반려》 등을 발간했다.

한편 정릉골은 1973년 외동딸 김영주와 '오적'을 발표한 시인 김지하가 결혼한 행복한 장소였지만, 반공법 위반으로 피신해 있던 사위가 체포된 고통이 담긴 곳이기도 하다. 유신정권 시절 내란선동죄로 수감 된 김지하의 옥바라지를 하는 딸을 위해 박경리는 손자를 업고 이곳 정릉집 창틀에 원고지를 놓고 글을 썼다고 한다.

1979년 《토지》 3부를 탈고한 후, 다음 해 1980년 정릉을 떠나 딸과 손자가 사는 원주로 이사한다. 1984년에는 '한국 전후 문학 30년의 최대 문제작'으로 선우휘 《불꽃》, 황석영 《장길산》과 함께 《토지》가 선정된다. 1994년 8월 15일 69세에 《토지》 집필 26년 만에 탈고, 전 5부 16권으로 솔출판사에서 완간한다.

1999년 74세에 강원도 원주시 흥업면 매지리에 '토지문화관'을 개관하고 이사장으로 취임한다. 그 후, 2002년 77세에 나남출판사에서 《토지》를 총 21권으로 재출간한다. 2006년 81세에 원주시 단구동 옛집에 '토지 집필실'을 개관한다. 연세대학교 국어국문학과 석좌교수 등을 역임하다 2008년 5월 5일 83세에 뇌졸중으로 서울 아산병원에서 타계해 고향인 통영시에 안장된다.

버려진 공간에서 기억의 공간으로

서울시에서는 박경리 가옥을 '보존할 가치와 필요성'이 있어 미래유산으로 선정했다. 이곳이 역사적, 문학사적으로 큰 가치를 갖는 이유는, 비단 우리나라 현대문학의 대가가 기거했던 공간이라는 점뿐만 아니라 우리나라 현대 소설사에서 가장 위대한 작품으로 꼽히는 《토지》가 잉태한 공간이기 때문이다. 혹시 《토지》 1부에서 5부까지 전편을 읽어본 독자는 알 것이다. 이 작품을 읽으면 읽을수록 놀라운 것은 우리나라 어떤 소설 작품에서도 느껴보지 못한 압도적인 규모다.

공간적으로는 경남 하동 평사리를 시작으로 지리산, 서울, 진주, 그리고 해외로는 간도, 러시아, 일본에 이르기까지 매우 방대한 공간을 다루고 있다. 시간적으로는 우리나라 역사에서 가장 혼란스러웠던 격동기라 할 수 있는 구한말 동학혁명이 실패한 1897년부터 1945년 8.15광복까지를 다루고 있다. 등장인물도 직접 세어보지는 않았지만, 무려 700여 명에 이른다고 하니 어떻게 이런 스케일의 소설을 이루어냈는지 참으로 놀랍기만 하다.

그러나 박경리 가옥은 서울미래유산으로 선정된 후에도 제대로 관리되지 않고 방치되어 왔으며, 게다가 이제 아무런 보존 대책도 없이 재개발계획에 밀려 사라질 위기에 있다.

《토지》4부와 5부를 집필한 강원도 원주의 박경리 작가가 살던 집터는 소설《토지》를 주제로 꾸민 '박경리 문학공원'으로 조성되었다. 그녀가 기거한 '옛집'과 '박경리 문학의 집'과 주인공 '서희'의 이름을 딴 카페도 들어섰다. 1995년 당시, 옛집이 택지 개발지에 포함되어 헐릴 위기에 처하자 한국토지개발공사에서 공원 부지로 결정하여 2년간 공사 끝에 1999년 5월 문학공원으로 개원하게 되었다.[12]

서울 정릉골의 '박경리 가옥'은 이제 재개발 공사가 본격적으로 진행되면 그나마 흔적조차 찾기 어렵게 될 것이다. 여태 박경리 가옥의 구체적인 보존 계획이 없는 상황이라 안타까운 마음 그지없다. 그러나 아직

---

12 출처: 네이버 지식백과

박경리 가옥을 임차 사용하고 있는 발도르프 학교

늦지 않았다. '원주'의 사례에서 보듯 박경리의 위업을 기리려는 관심과 의지만 있으면 된다. 서울시나 국가유산청(과거의 문화재청)과 같은 관련 기관이나 문화단체, 또는 주민들이나 문학계 인사들이 함께 뜻을 모아 시급히 구체적 방안을 마련했으면 좋겠다. 박경리 작가의 기억과 흔적은 원주시 단구동 옛 집터의 박경리 문학공원 외에도 작가가 말년을 보낸 원주시 흥업면 매지리의 토지문화관, 경남 하동 최참판댁의 박경리 문학관, 고향인 경남 통영의 박경리기념관 등으로 재탄생되었다. 정작 대작 《토지》 1부~3부를 집필한 정릉골의 '박경리 가옥'이 흔적도 없이 사라진다면 참으로 애석한 일이 아닐 수 없다.

눈을 감고 그려본다.

정릉골 우거진 숲속에 깔끔한 3층 건물 한 채가 보인다. 건물 입구에는 '박경리 토지도서관'이란 현판이 걸렸고, 오색 꽃들이 흐드러진 화단 중앙에는 책상에 앉아 글을 쓰는 박경리 작가의 조각상이 있다. 하얀 타운하우스 아파트 단지 가운데로 펼쳐진 '박경리 길'을 아이들이 손을 잡고 걸어 온다. 정릉천 계곡을 흐르는 청아한 물소리가 평화롭다.

손편지의 그리움

떠나야 할 사람들
정릉골의 시련(3)

시간이 멈춘 마을

장마가 소강상태로 들어간 7월의 어느 일요일 오전, 오랜만에 정릉골 산책에 나섰다. 8월부터는 다른 곳으로 떠나야 할 주민들을 만나보고 싶었다. 정릉천 산책길을 따라 상류 쪽으로 걸었다. '청수1교'를 지나 '박경리 가옥' 안내표지판이 걸린 전봇대 앞 골목 삼거리에 섰다. 정릉골이 시작되는 지점이다.

성북구에서 50여 년 살며 가끔 산책을 가던 정릉골은 낯이 익은 곳이다. 우연히 마주치는 소박한 차림의 주민들, 오래된 참나무, 무성한 푸성귀 텃밭, 그리고 지붕 낮은 집과 허름한 대문까지 고향마을처럼 정이 들었다. 이 모든 것들과 뜻하지 않게 헤어져야 한다니 허망하고 아쉽다. 하물며 손때 묻은 볼펜 한 자루를 잃어버려도 마음이 아리고 아쉽기 마련인데 말이다.

골목 안쪽으로 낡은 집들이 옹기종기 모여 있다. 인기척이 없는 동네는 골목에 쓰레기가 쌓인 채 방치되어 있다. 얼핏 보면 금이 간 담장에 허름한 빈집만 즐비하여 사람이 살지 않는 폐촌 같다. 하지만 좁은 골목길 여기저기에 사람 사는 흔적이 보인다.

한 할머니가 쇼핑 캐리어에 뭔가 잔뜩 싣고 언덕길을 내려온다. 그녀에게 다가가 이곳에 산 지 얼마나 되었냐고 물었다.

#1 빨래하러 가는 할머니

할머니는 정릉골 언덕 위에서 40년간 살고 있다고 했다. 수돗물이 잘 나오지 않아 개천 건너편 아파트 상가의 빨래방에 간다고 했다. 75세라는 할머니는 다리가 불편해서 언덕을 내려오는 데도 시간이 꽤 걸린다고 했다. 묻지도 않았는데 할머니가 박경리 집을 찾아왔냐며 물었다. 그래서 모르는 척 시치미를 떼고 가르쳐달라고 했다. 그러자 그녀는 발도르프 학교 현판이 달린 집을 손으로 가리켰다. 그러고는 사람들이 그 옆의 불탄 벽돌집을 박경리 집으로 알고 간다며 안타까워했다. "예전에 정보부장을

박경리 가옥 앞을 지나는 빨래하러 가는 할머니

했다는 김재규 집이야. 빈집에 애들이 들어가서 놀다 불을 낸 거야. 시커 멓게 타서 아주 흉하게 됐어."라고 친절하게 설명까지 해주었다. 할머니는 재개발 그런 게 뭔지 모른다며 이사 나가라고 해도 이곳에서 절대 떠나지 않을 거라고 했다. 그러면서 누가 박경리 집 안내판이라도 세워주면 좋겠 다고 했다. 할머니의 진심이 담긴 말에 가슴이 뭉클해졌다.

할머니와 헤어져서 구불구불한 언덕길을 오르다 보니 어느새 언덕 꼭 대기다. 그때, 빨랫줄에 가지런히 옷가지가 널린 집이 보였다. 뜻밖이어 서 잘못 본 게 아닌가 싶었다. 빨랫줄에 널린 하얀 천과 몇 가지 옷들이 산들산들 불어오는 바람에 이리저리 흔들리는 모습은 오랜만에 보는 정 겨운 풍경이었다. 세탁기에 빨래를 해서 실내에서 말리는 아파트 생활 에 익숙해지면서 거의 볼 수 없게 된 옛 모습이다. 오지와 다름없는 산 골짜기 마을에서 사람 사는 온기를 느끼니 반가운 마음 그지없었다. 가 까이 가보니 60대 초반쯤으로 보이는 아주머니가 졸졸졸 감질나게 나오 는 수돗물을 받아 설거지를 하고 있었다. 언제부터 이 집에 살았냐고 물 었다.

#2 빨래 널린 집 아주머니

그녀는 30여 년 전부터 이 집에 세 들어 살고 있다고 했다. 곧 재개발 공사가 시작될 텐데 이사 갈 집은 알아보았냐고 묻자 아직 엄두가 나지 않는다고 했다.

"여기를 떠나고 싶지 않지만 그래도 떠나야 하잖아요. 그래서 혹시나 하는 마음에 가까운 곳에 셋방을 구하려고 다녀 봤지만 너무 비싸서 포기했어요. 노모를 모시고 둘이서 살고 있는데 앞으로 어찌해야 할지 그저 막막하기만 해요."

그러면서 그녀는 먼 하늘만 바라보았다. 오랜 삶의 터전을 잃을지도 모를 아주머니에게 위로의 말 한마디 제대로 하지 못하고 언덕을 내려오는 발걸음이 무거웠다.

정릉골은 국립공원 북한산이 둘러싸고 있는 자연경관지구여서 오랫동안 개발제한구역으로 묶여 있었다. 그래서 열악한 주거환경에 대한

주민들의 개선 요구가 끊임없이 이어지다가 2003년 개발제한구역에서 해제됐고, 2008년 특별경관관리지역 시범사업구역으로 지정돼 공동주택 개발을 추진할 수 있게 되었다. 그러자 투자가들의 관심이 몰리면서 당시 주택 소유주의 80%가량이 외지인으로 바뀌었다고 한다.[1] 그리고 개발제한구역에서 해제된 지 약 18년 만인 지난 2021년에 사업시행인가를 받았다. 다만, 북한산 자연경관지구에 속한 곳이어서 최대 층수 제한으로 고층 아파트 대신 4층 높이의 타운하우스를 지을 예정이다.

재개발조합에서는 2025년 1월까지 모든 주민들이 이주를 하도록 공고했다. 지분이 있는 조합원은 타운하우스 완공 뒤 돌아올 수 있지만, 세입자들은 임대주택을 지을 수 없는 5층 이하 개발사업이라 정릉골을 떠나 새로 살 곳을 마련해야 한다.[2]

정릉골에는 남은 사람보다 떠난 사람이 훨씬 많다. 30여 년 전, 재개발 얘기가 나오면서부터 일찌감치 타지로 이주한 사람이 있는가 하면, 재개발 사업이 차일피일 지연되자 기다리기에 지친 사람들이 나갔다. 그러는 동안 약 70퍼센트의 주민이 떠난 상태다. 사는 사람이 많지 않으니 쓰레기 처리나 시설관리 등이 제대로 되지 않아 마을이 기능을 잃고 말았다. 떠난 사람들의 자리는 마치 60년 대의 어느 시간에 멈춰있는 듯하다.

그래도 떠나야 하는데…

---

[1] 출처: 매경이코노미(2023. 11. 23.)
[2] 조합원 635명, 세입자 407가구 (참고: 네이버블로그 크리스ENTJ, 공인중개사)

무궁화 할머니 집 앞에서

　박경리 가옥이 있는 동네를 한 바퀴 돈 다음 계속 정릉천 최상류 쪽으로 걸었다. 개천에는 소풍 나온 오리 가족이 물살을 가르며 헤엄쳐갔다. 엄마 뒤를 따라 줄을 이어서 가는 새끼 오리들 모습이 정겹다. '정릉771교' 다리 바로 앞에 '바람난 오리궁뎅이' 식당이 있다. 유머가 있는 익살맞은 가게 이름이다. 간판에 오리 그림이 그려진 걸 보니 오리 전문 음식점인 모양이다. '오리궁뎅이' 간판도 곧 사라질 것이다. 그런데 식당 안은 점심 손님들로 왁자한 분위기다. 내년 1월까지 주민들 이주가 끝나면 곧바로 철거공사가 시작될 터인데도 전혀 긴박함이 느껴지지 않는다. 아직 이주를 안 한 집 앞에는 주차된 승용차도 보인다.

　오리궁뎅이를 지나 개천 상류 쪽으로 조금 더 걸으니 '정릉골' 안내판이 나왔다. 경사진 데크 계단을 올라 마을로 들어섰다. 북한산과 가까운 위치의 정릉골 마을이다. 온갖 채소가 자라는 풍요로운 초록색 텃밭이 눈앞에 펼쳐졌다. 갑자기 어느 농촌의 시골 마을로 시간여행을 온 기분이다. 채소밭 울타리를 따라 걸었다. 사람은 보이지 않았으나 주민들이 차분하게 일상의 생활을 이어가는 곳이라는 분위기가 느껴졌다.

#3 무궁화 할머니

넓은 채소밭 앞에 '무공해 상추 팝니다'란 미니 현수막이 꽂혀있다. 밭에는 상추, 고추, 부추, 줄기가 무성한 고구마, 호박, 옥수수 등 여러 가지 작물이 자라고 있다. 채소밭 옆에 오래된 양철지붕 집이 한 채 있다. 대문은 페인트 칠이 벗겨지고 낡았다. 사람이 보이지 않아 두리번거리다 대문을 두드려 보았다. 잠시 후, 백발의 할머니가 문을 열고 나왔다.
"상추 사러 왔어요?"
"아…, 예. 상추 좀 주세요."
예기치 않은 할머니의 질문에 계획에도 없던 상추를 사게 되었다. 그렇게 상추 얘기로 말문을 트고 몇 마디 주고받다가 할머니는 두런두런 자신의 얘기를 들려주었다. 대문 앞에 큰 무궁화 나무가 있어서 동네에서는 자기를 '무궁화 할머니'라고 부른다며 밝게 웃었다.

1975년에 이곳으로 이사를 와서 혼자 살고 있는 할머니(82세)는 딸만 넷인데, 각각 잠실, 하남, 대전, 뉴질랜드에 거주하고 있으며 7명의 손주가 있다고 했다. 오늘이 주일이라 오전에 교회에 다녀왔는데 아직 이사

갈 곳을 정하지 못해 마음이 심란하다고 했다. 그러면서 그녀는 안방 외벽에 걸린 시계를 바라보았다. 커다란 원형 시계는 지친 듯 5시 35분에 멈춰선 채 오는 세월을 기다리고 있었다.

얘기를 마치고 집 안으로 들어간 그녀는 큰 플라스틱 그릇을 들고 나와 상추밭으로 갔다. 밭에서 직접 따주는 것이라 싱싱했다. 할머니는 가게에서 흔히 보는 꽃상추에 로메인상추를 덤으로 주면서 풋고추와 가지고추(가지색을 닮았다)도 따주었다. 또 아주 귀하고 맛이 다르다는 간월도 마늘이라며 두 통을 주었다. 부엌에 두고 자기만 먹는다며 소중한 보물인 듯 내 손에 쥐어주며 말했다.
"상추를 사가니 기분이 좋아요. 전에는 집 앞으로 지나다니는 사람들이 많아서 텃밭 작물을 꽤 많이 팔았는데…"
할머니가 담아준 비닐봉지를 펼쳐보니 유기농 상추 5천 원어치에 덤으로 받은 고추며 방울토마토며 마늘까지 푸짐했다.

채소밭 단지를 지나자 아스팔트 길이 나왔다. 마을버스가 다니는 도로인 것 같다. 그때 맨발로 걸어오는 사람이 있었다. 중년의 여자다.

#4 맨발로 아스팔트를 걷는 아주머니

"흙길도 아닌 포장도로를 맨발로 걸으면 아프고 위험할 텐데 괜찮으세요?"

"4년을 걸었는데도 아무 일 없었어요."

그녀는 내 질문에 활짝 웃으며 답했다.

"맨발로 걷게 된 이유라도 있으세요?"

"저 투석 환자였어요. 맨발 걷기를 하면 좋다고 해서 시작했는데 지금은 건강도 많이 좋아졌어요."

이름을 물었더니 자기가 누구인지 동네 사람들은 다 안다며 67세라고 나이만 말해주었다. 그녀는 맨발로 동네를 걸으며 건강이 좋아져서 정릉골이 너무 좋다고 했다. 그러면서 절대 이곳을 떠나지 않을 거라고 했다. 사진을 찍어도 괜찮겠냐고 하자 가던 길을 멈추고 자연스럽게 포즈를 취해주었다. 얼굴에는 행복이 넘치는 웃음이 가득했다.

맨발 아주머니가 간 길을 따라 걸었다. 도로변에 슬레이트 지붕의 허름한 집 한 채가 있다. 판잣집이나 다름없는 지붕 낮은 처마 아래 '쌍둥이 슈퍼'라는 작고 낡은 간판이 걸렸다. 가게는 오래전에 문을 닫은 것 같았다. 집 앞에 젊은 남, 여 두 사람이 서 있었다.

#5 정릉골 셋방살이 4개월 부부

그들이 먼저 아는 척을 하며 인사를 하길래 이 집에 사느냐고 물었다. 그러자 자기들은 슈퍼 주인 할머니 집에 세 들어 사는 부부라고 했다. 이사 온 지 4개월 되었다는 40대 중반의 그들은 "방안이 답답해서 바람 쐬러 나왔어요."라며 쾌활하게 웃었다. 남편은 오래전에 정릉골에 살다 타지로 떠났었는데 다시 들어왔다고 했다. 재개발 지역이라는 걸 알고

왔지만 들어오자마자 이렇게 빨리 나가야 하는 줄은 몰랐다고 했다. 40여 년 전부터 재개발될 것이라는 말이 있던 터라 아직도 그냥 그러려니 생각하고 돌아왔다는 것이다. 마땅히 갈 곳도 없는 처지에 다른 곳은 월세도 비싸서 이주할 생각은 아예 하지 않고 있다고 했다.

그렇더라도 곧 공사가 시작되면 어차피 떠나야 할 텐데 무슨 대책이라도 있어야 하지 않겠냐고 했더니 그들은 "그때는 그때고 지금은 지금인데 걱정 안 해요."라며 밝은 얼굴로 말했다.

미리 내일의 일을 걱정하지 않는 순박하고 태평스러운 그들 부부는 티 한 점 없이 맑은 아이들처럼 느껴졌다. 그들은 대화 응대도 친절하게 해주고 사진 촬영도 기꺼이 응해주었다. 비록 어려운 환경에서 셋방살이

를 하고 있지만 마음이 순수하고 행복한 부부였다. 명랑하고 친절한 그들 부부에게 행운이 있기를 빌었다.

젊은 부부와 헤어져서 조금 더 걸으니 넓은 공터가 나왔다. 잡초가 무성한 공터 한쪽에 성화사라는 꽤 큰 절이 있다. 특이하게도 철근 콘크리로 지은 3층짜리 건물이다. 학교 같기도 하고 사무실 빌딩 같기도 해서 일반적인 절의 이미지와는 다소 다른 느낌이 들었다.

#6 '넓은마당'에서 내린 아주머니

성화사 앞의 공터에 06번 마을버스가 섰다. 양손에 물건을 잔뜩 든 아주머니가 버스에서 내렸다. 아마 장을 보러 갔다 오는 것 같았다. 무거워 보이는 장바구니 에코백 하나를 들어주며 함께 걸었다.
"정릉골 재개발 구역을 둘러보고 있어요. 옛 모습을 기억해 두고 싶어서요. 이곳에서는 얼마나 사셨어요?"
"쉰 살에 왔으니 14년 되었네요."
"정릉골은 어떤 인연으로 오시게 되었나요?"
"집값이 싸서 왔어요. 아이들 키우느라 생활비도 많이 들고…, 그래서 왔어요."
"이제 다시 이사 갈 준비를 하셔야겠네요. 어디 정하신 곳은 있나요?"
"마음이 뒤숭숭해요. 이주를 하긴 해야 하는데 아직 갈 곳을 정하지 못하고 있어요. 조합에서 주는 보조비로는 턱없이 부족해서 셋방을 구할 수가 없어요.."

한숨을 내쉬는 그녀에게 괜스레 미안한 마음이 들었다.

화제를 바꿀 겸 여기서 버스를 타고 더 들어가면 어디냐고 물었다. 그러자 이곳이 '넓은마당' 정류장인데 종점이나 마찬가지예요. 다음이 종점이지만 거기 가봐야 빈집뿐이고 사는 사람도 거의 없어요. 라고 했다. 그리고 나서 장바구니를 들고 총총히 골목 안으로 걸어 들어가는 그녀의 뒷모습에서 고단한 삶을 살아가는 애잔함이 느껴졌다.

붉은 노을을 남기고 산을 넘어가는 여름 햇살이 따가운 오후, 정릉골 산책을 마치고 내려오는데 정릉천 옆 푸른아파트에 걸린 현수막이 '재개발 결사반대!'라며 외치고 있다. 또 개천을 가로지르는 다리 난간에는 '세입자 주거권 보장 없는 정릉골 재개발 반대한다!'라는 구호가 발걸음을 멈추게 한다. 오늘 만난 정릉골 사람들은 모두 '떠나야 할 사람들'인데도 하나같이 정릉골을 떠나면 갈 곳이 없단다. 부동산 업자들이 담벼락에 덕지덕지 붙여놓은 '축, 정릉골 재개발사업시행인가'란 홍보 전단지가 그들에게 무슨 의미가 있을까. 떠나야 하는데 떠날 수 없는 사람들! 오랫동안 살아온 삶의 터전을 잃어버릴 위기에 처한 그들을 생각하니 발길이 무거워 자꾸만 뒤돌아보았다.

손편지의 그리움

명랑 할머니 이발사

할머니 이발사가 운영하는 '새 이용원'은 성북동 인증 가게 중 하나다.[1] 성북동 경신중고등학교 버스 정류장에 내려서 홈베이스(Home Base) 수퍼마켓을 20여 미터 지난 대로변에 있다. 이용원 출입문 정면에는 '성북구 인증 제12호, 성북동 가게'란 작은 사각 팻말이 붙어있다. 성북동에는 수많은 가게가 있을 텐데 만약 영업을 시작한 순서대로 인증 번호를 부여한 것이라면 정말 오래되었다는 실감이 난다. 그런데 건물 외부가 너무 낡고 헐어서 '새 이용원' 이라는 간판이 무색하다. 그와 함께 이용원 바깥 벽면의 안내판이 눈을 끈다. 이발사의 웃는 얼굴 사진과 함께 '60년 전통 이발관, 명랑 할머니 이발사' 라고 크게 써 붙여놓았다. 사진은 5, 60대 시절의 모습인 듯 젊어 보인다.

이용원 안으로 들어서자 네댓 평 됨직한 이발관 내부가 답답하게 느

---

1 '성북동 역사문화지구 단위구역' 내에서 지역 특색을 살리고 성북동의 브랜드 가치 창출 및 지역경제 활성화를 위해 운영하는 제도이다. 선정 기준은 문화·예술 공간 및 전시, 공연 등을 접목한 가게, 30년 이상 영업을 하고 있는 가게, 명장 및 장인이 운영하는 가게, 각 지역 또는 각국의 전통 음식을 판매하는 가게 등이다.(출처: 《성북동 가게》, 성북구청 발간 홍보용 소책자

껴졌다. 허름한 이발 의자가 딱 두 개 놓였고, 삼 면의 벽 주위로는 내용물을 알 수 없는 짐들이 빼곡하게 쌓여있다. 한 남자의 얼굴 면도를 하고 있던 이발사가 잠시 기다리라며 폭 좁은 작은 소파 같은 의자를 눈으로 가리킨다.

잠시 후, 일을 끝낸 할머니가 덥석 손을 잡으며 바깥이 춥지 않느냐고 묻는다. 손의 온기가 전해진 순간, 무언가 가슴 뭉클한 감동이 일었다. 참 정이 많은 사람이란 걸 느꼈다. "나, 아직 이렇게 건강해." 그러면서 할머니는 한 번 더 내 손을 꽉 잡는다. 아플 정도로 그녀의 아귀힘이 보통이 아니다. 연세가 얼마나 되셨냐고 물었더니 올해 86세라고 한다. 그녀에게 이발사가 된 이야기를 듣고 싶어 왔다고 말하자 자신은 이덕훈이며, 성북동에 54년간 살고 있다고 했다. 그러면서 종이박스 보관함에 넣어둔 옛날 사진을 하나씩 꺼내 보여주며 자신의 지나온 얘기를 해주었다.

"이건 내가 이발 기술을 배우기 시작한 19살 처녀 때 사진이야."
비록 누렇게 색이 변했지만 머리를 양쪽으로 땋아서 가슴 앞으로 길게 늘어뜨린 그녀의 처녀 시절 모습은 단정하고 차분해 보였다. 그 후, 21살 때부터 본격적으로 이발사 일을 했다고 한다. 처음에는 친정어머니와 함께 을지로 입구 보건사회부 구내 이발관에서 시작했다. 그때는 하루 20시간씩 일을 해도 지칠 줄 몰랐다. 그렇게 을지로와 서울 시내 다른 곳에서 20여 년 이발 일을 하다 성북동으로 들어온 지 47년이 되었다고 한다. 지금 건물에서 일한 지는 2003년부터니까 17년이 되었다

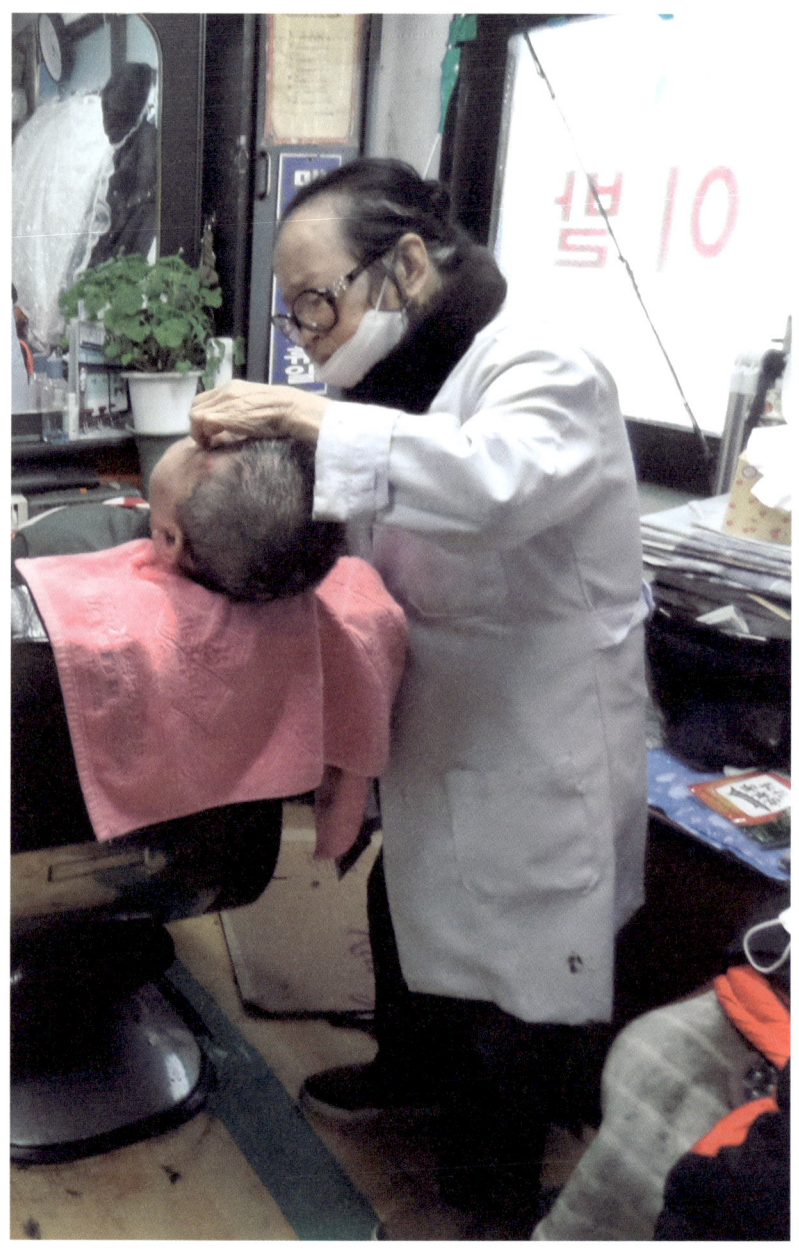

고 했다. 그전에는 건너편 골목에서 다른 이발사와 동업으로 '명랑이발관'을 운영하다가 독립해서 이곳으로 나왔다고 한다.

아버지도 일제강점기 때 소련과 만주 국경 지역에서 이발사로 일하다 8.15해방과 더불어 귀국했으며 한국전쟁에도 참가했다고 한다. 그러면서 그녀는 선친의 '6.25 참전용사증'을 보여준다. 그리고 예전에 선친이 사용했다는 '바리깡'이라며 선반에 놓인 낡은 이발기를 가리켰다.

한편, 사업을 하던 남편이 50세 때부터 지병으로 20여 년간 시달리다 결국 세상을 떠났다고 한다. 또한 자식은 아들만 모두 넷이었는데, 첫째는 58세 때 죽고, 60년생인 둘째는 40대 중반에 죽고, 셋째는 모 수산업 회사에 다녔는데 지난번 코로나 사태로 장사가 안되자 홧김에 매일 과음을 하며 지내다 58세로 세상을 떠났다고 한다. 하나 남은 막내는 대학을 나와서 대그룹 계열사인 모 건설회사에 근무하며 현재 사당동에 살고 있다고 한다.

남편과 세 아들을 잃고 홀로 80대 중반이 넘도록 어렵게 이용원 일을 꾸려왔을 터인 그녀였다. 웬만하면 그녀의 눈가에 이슬이 맺힐 만도 한데 오히려 간간이 웃기도 하며 담담하게 얘기를 이어갔다. 그녀가 자기를 '명랑 할머니 이발사'라고 출입문에 써 붙였듯 그동안 굳세고 당당하게 세상을 살아온 모습을 보는 듯했다.

"할머니 얘기를 듣고 있으려니 제 마음이 아픕니다. 그동안 고생 많이 하셨으니 이제 좀 쉬엄쉬엄 쉬면서 하세요. 이용원은 일주일에 몇 번이나 쉬세요?"

"놀면 뭐 해. 일주일에 딱 한 번, 화요일에 쉬어. 정기 휴일."

"쉬는 날에는 뭘 하세요?"

"목욕도 하고, 아픈데 침 맞으러 가기도 하고, 그러면서 보내."

"평일엔 몇 시까지 일하세요?"

"9시 문 열고, 오후 7시에 닫아. 그런데 끝나는 시간은 대중없어. 손님이 있으면 8시, 9시까지도 일하지."

"퇴근 시간이 늦으면 너무 힘드시잖아요. 일찍 가서 쉬셔야죠. 댁은 어디세요?"

"뭐, 집이래야 이 뒤에 있긴 한데 귀찮아서 잘 안 가. 여기가 내 집이나 마찬가진걸."

그러면서 그녀는 내가 앉아 있는 작은 소파 의자를 가리키며 거기서 잔다고 했다.

그제야 사방을 찬찬히 둘러보았다. 곳곳에 널려있는 짐 뭉치는 그녀의 살림살이였다. 이부자리와 옷가지 자락이 삐죽이 나온 보따리도 보이고, 선반 한쪽에는 전기밥솥과 냄비가 있고, 신발도 몇 켤레 있다. 이용원은 그녀의 생활공간이었으며 평생 땀 흘려온 일터였고 먹고 자는 안식처였다.

인터뷰를 마치고 나오려는데 할머니가 또 내 손을 잡으며 말했다.

"5천 원이야. 10년 전 가격 그대로니까 다음에는 와서 얘기만 하지 말고 이발도 하고 가. 요즘은 코로나로 손님이 줄어서 임대료 내기도 힘들어."

그 말을 듣자 나도 모르게 울컥 울대가 막히며 콧날이 시큰거렸다. 문을 나서는데 뒤따라 나온 할머니가 쌍화탕 한 병을 주며 먹으라고 한다.
"이거 지금 따끈할 때 먹으면 추위에 좋아."
성북천 산책길을 걸어 집으로 오는 동안 할머니의 마지막 말이 떠올라 이용원 쪽을 바라보며 자꾸 제자리걸음만 했다. 손에 쥔 쌍화탕 병의 온기가 할머니의 따스한 손처럼 느껴졌다.

튀밥 할아버지

　예나 지금이나 변함없는 간식거리 중 하나는 튀밥일 것이다. 요즈음은 과자나 간식거리가 많아서 그런지 예전처럼 거리에서 튀밥 장수를 볼 수 없게 되어 아쉽다.

　20여 전이다. 매주 일요일과 수요일이면 보문사 옆 아파트 어귀의 인도에는 튀밥 할아버지 가게가 섰다. 허리가 굽은 할아버지는 폐차 시기도 훨씬 지났을 낡은 세 발 오토바이에 튀밥 기계와 재료를 싣고 다녔다. 은행나무 가로수 가지에 나일론 노끈으로 묶어 세운 파라솔이 할아버지 가게다. 좌판에는 터질 듯 팽팽하게 담긴 쌀 튀밥, 검은콩 튀밥, 현미 튀밥, 보리쌀 튀밥, 강냉이 튀밥, 뻥튀기 등 비닐봉지가 수북이 쌓여 있다.

　어느 날, 누룽지 모아놓은 게 있어서 튀기러 갔다. 할아버지는 튀밥 기계 앞에서 꾸벅꾸벅 졸고 있었다. 그가 앉아 있는 작은 접이식 의자가 불편해 보였다.

　"할아버지, 이 누룽지 좀 튀겨주세요."

　누룽지 봉지를 들어 보이며 말했다. 졸음에 겨운 눈으로 올려다보던 할아버지는 겸연쩍은 표정을 지으며 씨익 웃었다. 듬성듬성 들어나 보이

는 앞니가 보리쌀 튀밥 같았다.

"그만 깜빡 졸았구먼…, 얼마나 튀기려고?"

그러면서 할아버지는 새까맣게 기름때가 묻은 손으로 담배를 꺼내 불을 붙였다.

"이거 한 번에 다 튀길 수 있나요? "

"으음…, 양이 많은데. 나누어서 세 판은 튀겨야겠는걸."

"한 판 튀기는 데 얼마예요? "

"응, 4천 원."

"그럼 두 판만 튀겨주세요."

할아버지는 누룽지 한 판을 뻥튀기 기계통에 쏟아부었다. 전동모터에 벨트로 연결된 튀밥 기계가 불판 위에서 자동으로 빙글빙글 돌아가는 동안, 할아버지는 슬렁슬렁 부채질을 하며 길 건너 플라타너스만 바라보았다. 30도를 웃도는 폭염으로 아스팔트는 용광로처럼 달아오르고 가로수 나뭇잎들은 맥없이 늘어진 채 매미 소리만 요란했다. 바람 한 점 없는 뙤약볕 도로에는 차량의 행렬도 뜸했다. 누룽지 한 판을 넣은 지 10여 분이 지났다. 등줄기를 타고 땀이 흘러내렸다.

"할아버지, 거기 달린 게 온도계인가요?"

할아버지는 질문의 의도를 금세 알아챘다.

"지루하지? 이건 기압계야. 10이면 돼. 지금 7이니까 조금만 더 기다려."

참을성 없이 속내를 보인 것 같아 약간 부끄럽기도 했다. 지루함을 달랠 요량으로 할아버지에게 말을 건넸다. 의외로 그는 소탈하고 솔직했다. 그의 나이 팔십 일곱이며, 초등학교도 다니지 못한 그는 24살 때부터 전국의 시장과 골목길을 돌며 튀밥 장사를 했다. 할머니는 15년 전 뇌졸중으로 세상을 떠났다. 하나뿐인 혈육인 아들은 군에 입대하여 돈 벌어 오겠다며 월남전에 자원했다가 전사했다. 그러나 할아버지는 지금 어디에서 누구하고 살고 있는지에 대해서는 끝까지 말을 하지 않았다.

할아버지의 얘기가 끝날 즈음, 기압계가 최고 압을 가리켰다. 그가 가스버너의 불을 끄자 자동으로 돌던 기계통도 회전을 멈추었다. 의자에서 일어선 그는 긴 쇠꼬챙이 두 개를 튀밥이 나오는 뚜껑에 X자로 꽂았다.

"으라야야야, 으찻!"

할아버지는 기합 소리와 동시에 쇠꼬챙이를 두 손으로 힘껏 잡아 돌렸다. 뼈만 앙상한 가냘픈 몸 어디에서 그토록 우렁찬 소리가 나오는지 깜짝 놀랐다. 뚜껑을 연 순간 펑! 폭발음을 내며 뻥튀기 기계가 위로 한 번 들썩 올랐다 내려앉았다. 튀밥이 그물망에 담기고 구수한 튀밥 냄새와 함께 흰 연기가 오색 파라솔 안에 가득 피어올랐다.

누룽지 두 판을 다 튀기고 나니 어느새 40여 분이 흘렀다. 할아버지는 누룽지 튀긴 것을 정성스레 비닐봉지에 담아 건네주며 씨익 웃었다. 누르스름하게 빛이 바랜 듬성듬성한 앞니가 누룽지 튀긴 것 같았다. 손바닥만한 접이식 의자에 다시 불편하게 걸터앉은 할아버지는 피우다 만 담배꽁초에 불을 붙였다.

그런데 할아버지의 건강이 좋지 않아 보였다. 다리가 성치 않은 듯 발을 떼어놓을 때마다 절룩거리고 콜록콜록 잔기침도 자주 했다. 누룽지 튀긴 것과 쌀 튀밥 한 아름 안고 오며 할아버지를 오래 볼 수 있기를 바랐다.

 그 후, 계절이 바뀌어 추위가 기승을 부리던 1월 어느 날부터 할아버지의 모습이 보이지 않았다. 그때까지 한 번도 튀밥 가게의 문이 닫힌 걸 본 적이 없었다. 마음 한구석이 휑하고 괜스레 불안감이 일었다. 거리엔 바람이 심하게 불어 낙엽이 아스팔트 위를 이리저리 쓸고 다녔다. 희끗희끗 눈발까지 날렸다. 그가 매서운 추위로 나오지 못한 것일 거라고 자위하며 나는 그에게 별일이 없기를 바랐다. 그는 튀밥 한 봉지를 살 때도 성심껏 챙겨주었다. 비닐봉지가 얇아 찢어질 수 있으니 조심해서 갖고 가라며 친절하게 말해주었다. 언제부턴가 그의 가게를 그냥 지나칠 수 없었다. 쌀 튀밥이든 뻥튀기든 무엇이라도 사야 마음이 편했다. 왠지 그렇게 하는 것이 내가 해야 할 도리며 의무처럼 느껴졌다.

 그런데 할아버지가 보이지 않은 지 거의 두 달이 지난 어느 날 퇴근길, 눈에 익은 낡은 오토바이가 아파트 어귀에 서 있는 것이 아닌가! 반가운 마음에 달려갔다. 그러나 50대 중반의 낯선 남자가 가게를 지키고 있었다. 그는 할아버지의 먼 친척뻘 되는 동생이라고 했다. 할아버지는 독감을 심하게 앓은 후 몸이 쇠잔해져서 요양원에 들어갔다고 했다. 그러나 할아버지는 '튀밥 가게'의 문을 닫아서는 안 된다며 간곡히 부탁하는 바람에 자기가 대신 오토바이를 끌고 나왔다고 했다.

 이럴 줄 알았으면 할아버지와 더 많은 얘기를 나누고, 쌀 튀밥뿐만 아니라 다른 것도 많이 살걸 그랬다. 어린아이처럼 순박하게 웃으며 튀밥 봉지를 건네주던 할아버지의 얼굴이 떠오른다. 불현듯, 어릴 적에 동네에서 보았던 튀밥 장수가 혹시 지금의 할아버지가 아니었을까? 하는 생각이 머리를 스쳤다.

할아버지가 평생을 걸어온 '튀밥 길'은 그의 건강과 생명을 지켜주는 길이었다. 그리고 그 길은 그의 고단했던 삶의 흔적이 짙게 배어 있는 특별한 길이기도 했다. 얼었던 땅의 틈새를 비집고 힘차게 소생하는 새싹들처럼 그가 건강을 되찾아 다시 꿋꿋하게 튀밥 길을 뚜벅뚜벅 걸어가는 모습을 보고 싶다.

튀밥 할아버지의 애마이며 재산목록 1호인 세발 오토바이

4부

블라디보스토크에서 바이칼까지

하바로프스크역에 정차한 시베리아 횡단 열차

지금, 이 자리

 블라디보스토크 공항의 활주로가 멀리 내려다보였다. 비행기는 서서히 고도를 낮추며 착륙 자세에 들어갔다. 랜딩기어 내려가는 소리가 들리고, 동체가 좌우로 기우뚱거렸다. 그럴 때마다 나는 초조했다. 비행기는 이륙할 때보다 착륙 시에 중력과 가속도가 더 붙는다고 한다. 언젠가 인터넷에서 본 적이 있는데, 항공기의 랜딩기어가 버틸 수 있는 한계 항복하중(降伏荷重)은 800톤이라고 한다. 만약 비행기 바퀴가 그 엄청난 무게와 속도를 버티지 못한다면 큰 사고로 이어질 건 뻔한 일이다. 만일의 사고에 대비하여 운동화 끈을 다시 묶고 안경도 벗어서 안경집에 넣었다. 그리고 눈을 감았다.

 어릴 적부터 나는 조금 높은 곳에 오르거나, 강물이 내려다보이는 철교 위를 걷거나, 동네의 작은 계곡 사이에 걸쳐놓은 구름다리를 건널 때면 다리가 후들거리고 오금이 저려 발이 떨어지지 않았다. 친구들과 놀러 가서도 놀이기구를 타지 못하고 한쪽에 쭈그리고 앉아 있어야 했다. 그래서 내 별명도 '쭈구리'가 되고 말았다.
 내 기억으로는 초등학교 시절 아카시나무에서 떨어진 후 고소공포증이 더 심해진 것 같았다. 어느 봄날, 친구들과 산마을 뒷산에 올라 아카시 꽃을 따먹으며 놀았다. 친구들에게 더 많은 꽃을 따주고 싶었던 나는, 키보다 몇 배나 더 큰 아카시나무에 올라갔다. 허리를 잔뜩 움츠린 채 풍성한 꽃송이가 달린 가지 끝을 향해 조금씩 나아갔다. 탐스런 아카시 꽃송이를 꺾으려고 손을 쭉 뻗은 순간, 나뭇가지가 우지직 찢어지며 내 몸은 땅바닥으로 곤두박질 쳤다. 네 다리를 쫙 벌린 거북이처럼 바닥에 엎어진 채 꼼짝할 수 없었다. "야, 쭈구리 정신차려!" 놀란 친구들이 소리치며 내 몸을 마구 흔들어댔다. 나는 어떻게든 일어나려고 애를 써보았지만 땅에 붙어버린 듯 몸이 꼼짝하지 않았다. 친구들의 목소리가 점차 희미해지더니 어느 순간 나는 그만 정신을 잃고 말았다.

착륙 직전의 고요는 내가 어릴 적에 아카시나무에서 떨어져 땅바닥에 엎어져 있을 때 느꼈던 긴장과 두려움처럼 깊고 무거웠다. 기내에는 기침 소리 하나 들리지 않았다. 나는 태연한 척 신문을 펼쳐 들었다. 신문 읽기에 집중하려 했지만 글씨가 영 눈에 들어오지 않았다.
　비행기가 차츰 한 단계씩 고도를 낮추는 것 같았다. 갑자기 동체가 심하게 떨리며 엔진소리가 소란스러웠다. 언뜻 창밖을 내다보니 비행기의 날개를 덮고 있는 작은 조각들이 바삐 움직이고 있었다. 비행기가 좌우로 기우뚱거릴 때마다 나도 모르게 손을 쥐었다 폈다 했다.
　고도가 낮아지며 귀가 먹먹해졌다. 내 좌석은 38B. 세 명이 나란히 앉는 자리의 가운데다. 오른쪽과 왼쪽은 모두 여자 승객이다. 조금 전까지 기내면세품 카탈로그를 뒤적이던 오른쪽 여자는 언제부턴가 잠이 들었

블라디보스토크 공항

다. 그녀는 진한 갈색 선글라스를 끼고 있어서 잠을 자는지 눈을 감고 있는지 확실하게 알 수는 없었다. 하지만 맥없이 고개를 앞으로 떨구고 있는 걸 보니 자고 있는 게 분명했다. 나와 기내식에 관한 얘기를 몇 마디 주고받던 창가의 여자도 어느새 고개를 떨어뜨렸다. 나만 불안해하는 것일까. 그들은 전혀 불안해 보이지 않았다.

 창 쪽으로 윗몸을 약간 기울여 밖을 내다보았다. 활주로를 이리저리 갈라놓은 노란 선들이 혼란스럽기만 했다. 그때, 여승무원의 멘트가 나왔다. "이제 곧 우리 비행기는 블라디보스토크 공항에 착륙하겠습니다. 다시 한 번 안전벨트를 확인해주시기 바랍니다." 착륙 안내 방송이 끝난 순간, 앞좌석에 부착된 모니터의 지도와 글자가 순식간에 사라지며 화면이 새까매졌다. 어느 순간 나도 저처럼 흔적도 없이 사라질지 모를 일이었다. 온몸에 소름이 돋고 심장이 오그라들었다. 얼른 두 손으로 귀를 막고 눈을 질끈 감았다. '마지막 1초의 순간까지도 마음을 놓을 수 없어'라며 머리를 아래로 처박고 중얼거렸다. '괜찮아, 괜찮을 거야.' 나는 이 말을 무슨 주술처럼 여러 번 속으로 외었다.

얼마 후, 비행기가 살짝 몸을 낮추는가 싶더니 이내 땅바닥을 구르는 바퀴의 부드러운 진동이 느껴졌다. 착륙은 정말로 거짓말처럼 아주 부드럽게 이루어졌다. 그제야 긴장의 끈을 놓고 안도의 숨을 내쉬었다. 비행기가 서서히 여객터미널 계류장으로 다가갈 즈음, 물속과 같은 적막이 감돌던 기내 여기저기서 가볍고 유쾌한 웃음소리가 들렸다. 나는 목을 길게 뽑고 여유를 부리며 주변을 휘둘러보았다. 성급한 몇몇 승객들은 앉은 자리에서 내릴 채비를 하느라 부산스러웠다.

20여 분간의 입국 수속을 마치고 드디어 러시아 땅으로 들어섰다. 하늘은 맑고 푸르다. 공항 광장의 전광판이 섭씨 23도를 가리키고 있다. 습도가 낮아서일까, 서울을 떠나올 때와 비슷한 기온인데 팔을 스치는 바람이 서늘하고 신선하다. 버스 주차장으로 가던 나는 우뚝 멈추어 섰다. 갈라진 아스팔트의 틈새를 비집고 고개를 내민 한 떨기 노란색 야생화가 화사하게 웃으며 내 발목을 잡았기 때문이었다. 감전이라도 된 듯 나는 한동안 그 꽃을 응시했다. 이 꽃은 하필 왜 여기, 이 자리에 있을까. 그리고 나는 어쩌다 지금 먼 이곳에 있을까.

잠시 '내 자리'를 생각해 보았다. 세상의 모든 것에는 다 제 몫의 자리가 있다. 이것은 모두가 우주 자연의 섭리에 따른 것이다. 나는 우주 속 작은 하나의 씨앗이나 바람에 날리는 홀씨에 불과하다. 급한 물에 떠내려가다가 닿은 그곳, 혹은 바람에 날려가다가 앉은 그 자리가 바로 내가 있을 곳이다. 그렇기에 내가 서 있는 지금, 이 자리가 세상에서 가장 소중하고 아름다운 자리라는 것을 알았다.

  왜 그토록 염려하고 걱정하며 늘 가시방석에 앉은 것처럼 불안해했을까. 주어진 내 자리에서 최선을 다해 씨앗을 틔우고 나만의 아름다운 꽃을 피우면 되는 것을. '내 자리'의 의미를 깨닫게 해준 이름 모를 노란 꽃에게 서투른 러시아말로 스빠씨버! 감사의 인사를 보냈다. 안녕하세요! 꽃도 환하게 웃으며 인사를 했다. 그 순간, 커다란 여객기 한 대가 동체를 반짝이며 블라디보스토크 하늘로 날아올랐다. 이제 비행기를 타더라도 결코 두려워하거나 불안해하지 않을 것이다. 언제, 어느 곳이든, 내가 있는 그 자리가 가장 고맙고 행복한 자리이기에.

블라디보스토크에서 바이칼까지

시베리아 횡단 열차는 기다리지 않는다

　극동의 항구 도시 블라디보스토크는 모스크바까지 이어지는 유라시아대륙 횡단철도의 출발역이자 종착역이다. 기차를 기다리고 있는데, 동행하는 여행팀의 누군가가 갑자기 플랫폼 한가운데 우뚝 선 표지 탑을 손으로 가리키며 큰 소리로 외쳤다.
　"92세까지 팔팔하게 살자!"
　가까이 다가가 보니 그것은 시베리아 횡단열차(TSR)의 종점인 모스크바까지의 9,288킬로미터를 새겨놓은 상징탑이었다. 누군가의 느닷없는 외침은 기차를 기다리다 지루해진 여행객들을 한바탕 유쾌한 웃음바다로 만들었다. 혹여 출발시간에 늦을세라 시내의 독수리전망대 관광을 대충 마무리하고 부랴부랴 서둘러 달려왔다. 그러나 예정된 출발 시각이 지나도록 열차는 들어오지 않았다.
　"늦으면 왜 늦는지 늘 안내 방송도 없습니다. 되는 것도 없고 안 되는 것도 없는 곳이 러시아입니다. 그저 그러려니 생각하고 기다릴 수밖에요."
　가이드는 마치 자기가 잘못이라도 한 듯 울상을 지으며 말했다. 그 뒤, 한참을 더 기다리자 2번 플랫폼으로 열차가 모습을 드러냈다. 예정보다

시베리아 횡단 열차의 종점인 모스크바까지의
9,288킬로미터를 새겨놓은 블라디보스토크역의 상징탑

40여 분 늦은 시각이었다.

    기차표를 다시 확인했다. '꾸페' 객차인 10호차 33번~36번이다. 2등실인 '꾸페'는 4명이 공동으로 사용하는 침대칸으로, 지정된 자리는 없다. 나는 함께 여행하는 동료들과 의논하여 오른쪽 침대 아래위층을 P부부가 쓰게 하고, 왼쪽 침대 위쪽은 팀장인 G가, 그리고 그 아래 칸을 내가 쓰기로 했다.

    침대 매트리스 판 밑의 공간에 짐을 정리한 후, 침대에 걸터앉아 잠시 숨을 돌렸다. 양쪽 침대 사이 좁은 통로에 원형 탁자 하나가 놓여있다. 일주일 가까운 여행 동안 객실에서 생활하며 식사를 하거나 음료수 등을 마실 때 요긴하게 쓰일 것이다. 여닫이식 출입문 안쪽에는 큰 거울이 달려있고 그 위에 빛바랜 풍경화 한 장이 붙어 있다. 18시 10분, 열차는 서서히 블라디보스토크역을 벗어났다.

    창밖에는 어느새 어둠이 짙게 깔렸고, 유리창에 비친 객실이 마치 창 너머에 또 다른 방이 있는 것처럼 보였다. 피로감이 몰려온 나는 배낭을 끌어당겨 베고 비스듬히 누웠다. 출입문 안쪽에 걸린 커다란 거울 속에 발바닥만 여러 개 보였다. 내 위쪽 침대에서 쉬고 있던 G가 실내등을 끄고 커튼을 반쯤 올렸다. 창문 사이로 들어오는 살가운 바람결에 내 몸이 구름처럼 가볍게 느껴졌다. 잠시 후, 나는 깊은 잠 속으로 빠져 들었다.

    밤새 열차는 덜컹거리며 달렸다. 열차가 흔들릴 때마다 2층으로 올라갈 때 사용하는 사다리가 시계추처럼 털컥, 털컥 벽에 부딪쳤다. 소란스러운 밤이었다. 그래도 잤다 깼다 하며 열심히 잠을 잤다. 어느 순간, 덜

블라디보스토크역 플랫폼에 전시된 증기기관차에 오른 여행객
(실제 사진을 AI가 어반스케치로 그린 그림)

컹거리던 열차의 소음이 사라지고 사람들의 웅성거리는 소리가 들렸다. 잠결에도 열차가 멈추었다는 것을 알 수 있었다.

오전 7시 20분. 블라디보스토크에서 출발하여 쉬지 않고 11시간 10분을 달려왔다. 창밖으로 보이는 유럽풍의 역 건물은 아침 햇살에 세수를 한 듯 말끔했다. 건물 정면에 커다란 러시아어 알파벳을 한 글자씩 이어 붙인 역 이름이 달려있다. 침대 위 칸 G가 러시아어 회화 책을 펼치더니 하.바.로.프.스.크, 라고 떠듬거리며 읽어주었다. 검정색 페인트칠을 한 돔형의 지붕이 연한 주황색 벽과 어울리지 않는다는 느낌이 들었다.

승객들이 우르르 플랫폼으로 쏟아져 내려가 산책을 하거나 가볍게 운동을 하며 몸을 풀었다. 어떤 사람들은 역 주변에 주민들이 펼쳐놓은 좌판에서 삶은 계란이나 감자, 빵, 훈제 생선, 과일과 채소 같은 것들을 흥정하고 있었다. 그때, 갑자기 플랫폼이 술렁였다. 승강구 앞에 서 있던 열차 차장이 붉은색 깃발을 흔들고 있었다. 열차에는 칸마다 두 사람의 차장이 있었다. 한 사람이 깃발을 흔들고 한 사람은 손짓을 하며 소리쳤다. 말은 알아듣지 못해도 빨리 열차에 타라는 것은 눈치로 금세 알 수 있었다. 한가롭던 승객들이 기차를 놓칠세라 허겁지겁 객차를 향해 달렸다. 승강구 발판은 단번에 오르기에는 너무 높았다. 손잡이를 잡고 매달리듯 가까스로 한쪽 발을 발판에 얹으면, 위에 있던 사람이 손을 내밀어 잡아주어야만 겨우 오를 수 있었다. 휘리릭, 휘리릭 두세 번 호르라기 소리가 들리는가 싶더니 기차가 뚜우뚜우 뿔나팔 소리로 맞장구를 치며 서서히 움직이기 시작했다.

정차 역에는 30분 '정도' 머문다는 게 가이드의 설명이었다. 그러나 이

시베리아 횡단 열차 안에서 바라본 하바로프스크역

번 역에서 정차한 시간은 불과 15분 남짓이었다.

"확실하지는 않지만, 아마 블라디보스토크에서 출발이 늦어서 그 시간을 메꾸려고 빨리 출발한 것 같습니다. 러시아 열차는 기관사 마음대로, 차장 마음대로입니다. 그저 그러려니 생각하고 넘어가야 합니다."

가이드가 설명할 때, 구태여 '정도'라는 단어를 강조하며 붙인 이유를 알 것 같았다. 그의 말대로 그러려니 생각하니 속 편했다.

열차는 그 후에도 계속 달리다 한 번씩 섰다. 그런 중에도 열차는 시간을 지키지 않고 늦게 도착하거나 정차 시간을 줄여서 출발했다. 열차 복도에는 정차역과 출발 시각을 적어놓은 시간표가 붙어 있다. 러시아어 문맹인 나는 알파벳을 한 자씩 짚어가며 암호 풀듯 어렵사리 해독해

보았으나 아무런 소용이 없었다. 시간표는 시간표일 뿐, 그저 그러려니 생각하는 게 해결책이었다. 열차가 서면, 바람을 쐬러 플랫폼에 내려서도 언제 떠날지 몰라 승강구 근처에서 얼쩡거리다 검은 제복을 입은 차장이 붉은색 깃발을 흔들기 무섭게 잽싸게 달려가 열차에 매달렸다. 안내 방송도 없는 열차는 기다려주지 않았다.

기차여행 넷째 날인 오전 11시 30분. 울란우데(Ulan Ude) 역을 지난 열차는 '시베리아의 파리'라는 별명을 가진 이르쿠츠크를 향해 달리기 시작했다. 창밖으로 끝없이 펼쳐지는 자작나무숲을 보며, 문득 우리의 삶도 시베리아 열차와 같다는 생각이 들었다. 살아가는 데도 각자 나름의 시간표는 있다. 단지 벽에다 선명하게 써 붙여놓지 않았을 뿐이다. 그러나 인생의 시간표를 짜놓았다 하더라도 꼭 그대로 되기는 어렵다. 기다려달라고 붙잡아도 예고 없이 흘러가는 게 시간이고 인생이다. 플랫폼에서 한눈을 팔다 보면 아차, 하는 순간에 훌쩍 떠나는 시베리아 열차와 다를 게 없다. 그래서 인생이란 어떨 땐 한곳에 잠시 머물러 쉬는 것 같지만 항상 계속 달려가는 것이다. 단지, 사람마다 각자의 종착점이 있지만 언제 그곳에 도착할지는 아무도 모른다는 사실이다. 마치 시간표는 있지만 정차역에 도착할 시각을 그때그때 제대로 알 수 없는 시베리아 횡단 열차처럼.

나는 밤낮없이 시베리아 벌판을 달리는 여행의 즐거움에 흠뻑 빠져버렸다. 드넓은 초원과 울창한 침엽수림을 달리며 대자연의 기운을 호흡하는 것은 정말 가슴 뛰는 일이었다. 반복되는 일상의 소소한 것들에 내

시베리아 횡단 열차의 어느 한적한 정차 역 풍경(위)
역 주변의 동네 좌판 아줌마(아래)

가 왜 그토록 집착하며 살았는지 알 수 없었다. 시베리아의 장대함이 차창 밖으로 펼쳐진다. 자작나무, 전나무, 소나무, 낙엽송 등 울창하게 우거진 수림과 대초원이 번갈아 이어지는 광활한 시베리아평원은 하늘과 닿는 곳까지 끝이 없다.

시베리아의 생소하고 이국적인 풍광을 보고 있노라면 느슨하고, 그러면서 어딘가 텅 빈 것 같은 허전함이 밀려왔다. 그러던 어느 순간, 가슴을 흔드는 감동과 황홀한 기분이 가슴 벅차게 밀고 들어와 다시 그 자리를 메웠다. 그것은 여행이 주는 묘미고 짜릿한 즐거움이었다.

마음속에 공간이 생기자 자연스럽게 언젠가 읽었던 신경림의 시 한 편이 떠올랐다.

> 이르지 못한들 어떠랴 이르고자 한 곳에
> 풀씨들 날아가다 떨어져 몸을 묻은
> 산은 파랗고 강물은 저리 반짝이는데
> —신경림, 〈특급열차를 타고 가다가〉 중에서

시인은 '특급열차를 타고 가다가' 문득 '이렇게 서둘러 달려갈 일이 무언가' 라며 의문을 갖는다. 성급하고 졸렬했던 내가 갑자기 부끄러워진다. 블라디보스토크역에서 기차가 늦게 들어온다고 안달을 하고, 정차역에선 예고도 없이 떠난다고 투정을 했으니 말이다. 조금 더 빨리 간다고 달라지는 것도 없으며 어차피 기차는 목적지까지 가는 것이다. 내가 살아온 방식도 그랬다. 그저 바쁘게 빨리만 살면 다 되는 줄 알았다. 이

여명이 밝아오는 환 바이칼 구간을 달리는 시베리아 횡단 열차

 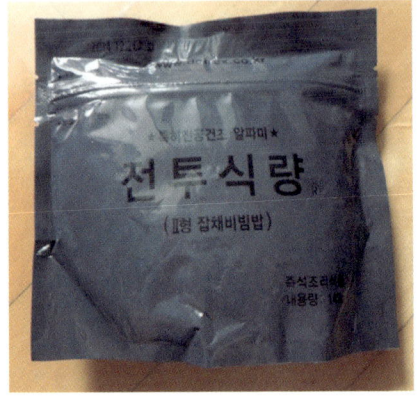

열차 안에서 무료로 제공되는 티(좌), 국내에서 준비해 간 인스턴트 식량(우)

제 더 이상 '특급열차'를 타지 않아도, 더 이상 무엇을 빨리하지 않더라도, 나는 있는 그대로 충분히 가치 있고 또한 뜻하는 목표를 이룰 수 있는 존재라는 걸 깨달았다. 시인과 한마음이 된 나는 느긋한 기분으로 시베리아 횡단 열차 여행을 계속한다.

오후 11시를 넘겨야 해가 떨어지는 백야의 시베리아 하늘에도 노을이 지기 시작했다. 서쪽을 향해 쉬지 않고 달리던 열차가 남쪽으로 방향을 틀었다. 커다란 타원형으로 방향을 바꾼 열차의 앞머리가 창밖으로 보였다. 그때였다. 열차의 오른쪽 창 너머로 짙푸른 바이칼이 모습을 드러낸 것은! 거대한 호수가 조금씩 자태를 드러내자 아, 바이칼! 하고 주변에서 탄성이 터져 나오며 모두 창밖을 내다보았다.

바이칼 호수의 관문인 이르쿠츠크(Irkutsk)가 가까워진 것이다. 블라디보스토크에서 무려 4,115km, 열차를 타고 꼬박 5일 만에 다다른 긴 여행이었다. 우리에게 익숙한 일상의 시간 개념을 훨씬 뛰어넘는 여행길이다. 러시아 국토 동쪽 끝에서 서쪽 끝까지 11시간의 지역 간 시차가 있는 나라, 지구를 8개로 나눈다면 그중의 한 조각이 러시아다. 중국, 미국, 유럽 등을 합해야 러시아만한 하나의 조각이 된다는 사실을 생각하면 정말 큰 나라. 그 넓은 땅을 달리는 열차의 최고 시속은 150㎞라고 하지만 평균 80~90㎞로 쉼 없이 달려 시베리아를 횡단한다. 열차에 몸을 맡긴 5일은 어쩔 수 없이 가야 하는 시간이고, 그렇기 때문에 나는 그 시간을 부담 없이 즐길 수 있었는지도 몰랐다.

바이칼 위로 서서히 내려앉는 일몰의 그림자는 마음을 차분하게 해주었다. 그런데 울창한 숲과 푸른 초원을 바라보며 여행의 즐거움에 빠졌던 내 머릿속에 갑자기 눈과 얼음이 덮인 동토의 땅, 죄수들의 유형지, 불모지, 그런 단어들이 떠올랐다. 아마도 빼째르부르그 광장에서 혁명

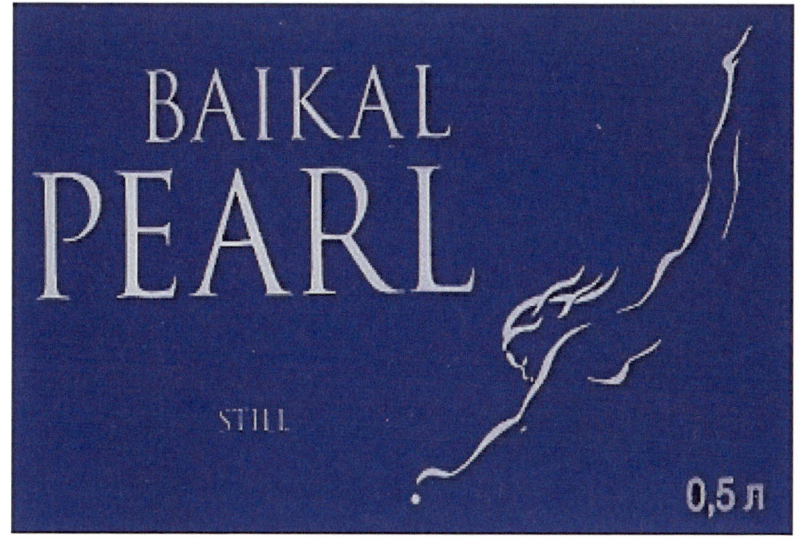

'바이칼 진주' 생수 상표

야생화 천국의 환 바이칼 구간

을 부르짖던 '12월의 사람들' 데카브리스트들의 유배지 이르쿠츠크에 가까이 오면서 그런 생각들이 머리를 스친 것 같았다.

그러다가 한동안 나는 영화 '닥터 지바고'의 장면들을 떠올리며 '라라의 테마' 노래를 입속으로 흥얼거렸다. 무릎까지 쌓인 눈을 헤치며 힘차게 달리는 열차의 모습과 광활한 설원을 걸어가는 라라의 모습이 눈앞에 선했다. 그녀는 지바고의 문학과 예술에 대한 열정을 불러일으켜 준 아름다운 연인이었다. 아, 그러고 보니 춘원 이광수의 소설 '유정(有情)'의 사랑 이야기도 여기 시베리아 벌판의 이르쿠츠크가 아니던가.

그러는 사이 열차는 실류디안카(Slyudyanka) 역을 지나 '환 바이칼' 구간을 굽이치며 달렸다. 갖가지 모습으로 변신하는 바이칼에 넋이 빠져있던 나는, 불현듯 여행길에 마셨던 생수가 생각났다. 정확하게 말하면 생수병에 붙은 상표 그림이었다. 날렵하게 물속으로 다이빙해 들어가는 알몸의 여자다. 얼핏 그녀는 사랑하는 예니세이를 찾아가는 전설의 '앙가라 처녀'일 것이라는 생각이 들었다.

바이칼로 흘러드는 336개의 강줄기가 빠져나가는 길은 유일하게 앙가라(Angara) 강 하나뿐이다. 앙가라는 바다에 닿기 전에 다시 예니세이 강과 만나 북극해로 들어간다. 그래서 아득한 세월부터 이르쿠츠크를 휘돌아 유유히 흐르는 앙가라 강은 많은 전설을 품고 있다.

열차를 타고 오며 읽은 안내 책자의 '앙가라 전설'을 요약하면 이랬다.

먼 옛날, 바이칼 여신에게 336명의 아들과 특별히 아끼는 '앙가라'라는 아름다운 딸이 있었다. 바이칼은 딸을 호수 깊숙한 곳에 숨겨놓았다. 어느 날, 앙가라는 여신의 반대에도 불구하고 서쪽 평원에 사는 예니세이라는 청년과 사랑에 빠진다. 예니세이는 '우주'라는 뜻의 이름이다. 여신이 그와 만나지 못하게 하자 앙가라는 예니세이를 우주 끝까지라도 찾아갈 결심을 하고 집을 떠난다. 화가 난 바이칼 여신은 달아나는 딸에게 바위를 던져 쓰러뜨렸고, 앙가라가 쓰러지며 흘린 눈물이 앙가라 강이 되어 예니세이를 향해 흐르고, 예니세이 강은 북극해가 있는 북해로 흐른다고 한다. 그때 바이칼이 던진 바위는 이르쿠츠크의 리스트비얀카와 알혼섬 사이 한 가운데 있는 샤먼 바위인데 이 바위를 경계로 앙가라 강이 시작된다고 한다.

잔잔한 물결이 이는 바이칼을 바라보던 나는, 호수 속으로 다이빙해 들어간 앙가라가 마치 나를 쫓아오고 있는 것처럼 느껴졌다. 무언가를 자꾸 물으며 열차의 오른쪽에 바짝 붙어서 따라왔다. 그녀에게 말했다.

"나도 모든 걸 내려놓고 어딘가로 가고 있어. 종착역은 모르지만 아무튼 가고 있어. 내 여행은, 정차 역에서 잠시 내리기도 하지만, 그건 그냥 계속 앞으로 가는 하나의 과정일 뿐이야. 넌 내 여행이 언제쯤 끝날 것 같으냐고 묻고 있어. 하지만 난 잘 몰라. 그런데 확실히 말해줄 수 있는 건, 여행의 종착점은 내가 생을 마치는 날이야. 지금 바라는 것은 즐겁게 여행을 하고 싶은 것 뿐이야."

앙가라와 얘기를 나누는 사이 어느새 열차는 이르쿠츠크역에 멈추어 섰다. 여행 수첩에 '7월 16일 18시 45분 이르쿠츠크 도착'이라고 적었다. 블라디보스토크를 출발한 시각은 7월 13일 18시 10분이다. 현지 시간과 모스크바 기준시간을 뒤섞어 적어놓은 바람에 실제로 걸린 시간은 한참 계산을 해봐야 알 것 같아서 그만두었다.

그때 누군가가 기차에서 내리며 "예정보다 늦게 도착한 것 같네요."라고 했다. 나는 '그래도 시베리아 횡단 열차는 기다리지 않고 열심히 달려왔어.' 라고 속으로 생각하며 그저 그러려니 했다.

정차역에서는 틈틈이 기공 운동으로 피로를 풀었다.

블라디보스토크에서 바이칼까지

알혼섬의 들풀

바이칼호수 알혼(Alhon)섬 선착장에서 후지르마을로 가는 길은 메마르고 황폐한 들판뿐이었다. 숲다운 숲도, 산다운 산도 없었다. 오로지 삭막한 대초원만이 하늘과 들판이 닿는 데까지 끝없이 펼쳐졌다. 초원의 구릉지를 '우아직'이 거칠게 밟으며 달렸다. 우아직은 구 소련시대의 군용차를 개조한 10인승 4륜구동 자동차다.

길 없는 들판을 탱크처럼 무례하게 달리는 우아직의 바퀴에 들풀들이 무수히 깔려 죽었다. 타이어 자국은 태고의 들판에 깊고 긴 상처를 남겼다. 문명의 힘에 짓밟힌 원시의 초원은 처절함을 지나 차라리 숙연했다. 들판의 적막함이 마음을 더 아프게 했다. 바람결에 손짓하는 가녀린 들꽃마저 없었다면 나는 절망과 외로움에 왈칵 눈물을 쏟았을 것이다. 노란 마타리와 연한 홍자색 이반차이 꽃이 미소 지으며 위로해 주었다. 롤러코스터처럼 요동치는 우아직을 타고 가며 여행 수첩에 메모해 둔 꽃 이름이 마치 생소한 러시아어 알파벳 같기도 하고 우아직이 밟고 지나간 타이어 자국 같기도 했다.

알혼섬은 바이칼호 안의 스물여섯 개 섬 중에서 가장 크며, 유일하게

길 없는 들판을 탱크처럼 무례하게 달리는
우아직의 바퀴에 힘없는 들풀들이 무수히 깔려 죽었다.

사람이 살고 있는 섬이다. 거제도의 두 배만하다고도 하고 제주도의 반쯤 된다고도 한다. '알혼'은 '나무가 드문' 혹은 '황량한' 이란 뜻이라고 한다. 지반이 약해 나무가 잘 자라지 못해 붙여진 이름이다. 그렇다고 숲이 전혀 없는 것은 아니다. 나무는 주로 물기가 있는 호수 주변에 몰려있다. 호숫가의 자작나무와 소나무가 어우러진 넓은 숲은 시베리아를 횡단하며 보았던 침엽수림대인 타이가지대(Taiga Forest)를 연상케 한다. 그래서 천오백여 명의 알혼섬 주민 대부분은 호숫가의 숲이 있는 후지르 마을에 옹기종기 모여서 산다. 마을 뒤로 바이칼의 푸른 물이 가득한 후지르는 사막의 오아시스와 같은 곳이다. 바이칼이 시베리아의 심장이라면 알혼섬은 바이칼의 심장이며, 후지르마을은 알혼섬의 심장부다.

알혼섬에서는 시간이 느리게 갔다. 저녁을 먹고, 모닥불을 피울 때 쓸 나무를 패고, 숙소 창가에서 바이칼의 조약돌 구르는 소리를 오랫동안 들었는데도 창밖은 여전히 환한 대낮이다. 백야(白夜)는 머릿속으로만 상상했던 '밝은 밤'이 아니라 '느리게 가는 시간'이란 걸 처음 알았다. 차르르 차르르 조약돌 구르는 소리에 이끌린 나는, 자작나무 통나무집 숙소를 나와 호수를 향해 계속 걸었다.

백야의 시베리아에도 서서히 어둠이 깃들기 시작했다. 알혼섬의 달은 어느새 하늘 가운데로 와있었다. 나는 제 몸 반쪽을 잃어버린 달이 한낮부터 저 하늘을 외롭게 떠돌고 있는 것을 보았다. 물기에 젖은 흐릿한 달빛을 밟으며 호수로 가는 들판 길을 갔다. 낮은 구릉에는 들풀과 야생화가 지천이다. 발길에 채는 들풀 가운데서 얼핏 낯익은 것이 눈에 들어왔다. 새끼손가락만한 앙증맞은 녀석이 작은 바위틈새에서 생명을 이어가고 있었다. 미니추어 소나무처럼 생긴 작고 예쁜 녀석이다. 한 송이를 따서 손바닥에 올려놓고 살펴보았다. 나와 같은 숙소를 쓰는 G가 '바위솔'이라며 준 것과 똑같았다. '기왓장 위에서 자라는 소나무' 처럼 생겼다고 하여 '와송(瓦松)'이라 부르기도 한다고 했다. 그는 알혼섬으로 가는 바지선을 타기 전에 선착장 언덕에서 그것을 따왔다고 했다. 나는 채집한 바위솔을 손에 쥐고 다시 걸었다.

한여름인데도 바이칼의 밤바람은 차가웠다. 소나무 숲 사이로 달빛에 젖은 바이칼이 보이는 곳에서 발길을 멈추었다. 희부연한 물안개 속의 호수는 이승의 세계가 아닌 듯 신비로웠다. 그때, 한 무리의 철새 떼가 끼룩거리며 머리 위를 날아갔다. 새 떼를 따라 뒤돌아본 순간, 멀리 후지르마을을 밝히는 작은 불빛들이 마치 들풀처럼 흔들렸다. 그 불빛들을 보며 불현 듯 들풀처럼 살다간 우리의 조상 조선인들을 생각했다.

바이칼 알혼섬 선착장 언덕에서 채집한 바위솔
- 기와 위에서 자라는 소나무 같다 하여 '와송'이라 부르기도 한다.

조선시대 가난과 학정에 시달린 백성들은 새로운 삶을 찾아 북쪽 우리의 옛 부여 땅으로 떠났다. 하지만 연해주로 이주한 조선인들은 자신들이 개척한 삶터에서 어느 날 이유도 모른 채 허허벌판 중앙아시아로 쫓겨 갔다. 스탈린의 이주 정책에 따라 강제로 내몰린 것이다. 20여만 명의 조선인이 어디로 가는지도 모른 채 시베리아 횡단 열차에 실려 끌려갔다. 그리고 이르쿠츠크와 노보시비르스크를 거쳐 우즈베키스탄과 카자흐스탄 일대의 황무지에 내팽개쳐졌다. 그들은 무려 6,000킬로미터를 42일 동안 소나 돼지처럼 화물칸에 실려 갔다. 수많은 조선인이 이동 중에 기차 칸에서 굶어 죽고, 병들어 죽고, 얼어 죽었다. 그들이 바로 '고려인' 혹은 '카레이스키'라 불리는 조선인들이다. 그렇게 새로운 삶을 찾아 고국을 떠난 조선인들은 우아직에 깔려 죽은 이름 없는 들풀처럼 짓밟

혀 죽었다. 스스로를 들풀이라고 한 그들의 이름은 '민초(民草)'였다.

 들풀은 말없이 제자리에서 꽃을 피우고 씨앗을 맺으며 대를 이어간다. 시베리아로 쫓겨 간 고려인 민초들은 자식 낳아 키우며 세상에 살아남게 해 주는 일로 한평생을 바쳤다. 제각기 이름이 있을 들풀을 인간들은 그저 풀, 야생화라고 부르듯, 민초들에게 이름은 아무 의미가 없었다. 늙고 병들고 지친 '들풀'들의 얼굴이 내 앞으로 다가온 순간, '초록 풀물' 시 한 편이 떠올랐다.

> 풀밭에서/무심코/풀을 깔고 앉았다.
> 바지에/배인/초록 풀물
> 초록 풀물은/풀들의/피다.
> 빨아도 지지 않는/풀들의/아픔
> 오늘은/온종일/가슴이 아프다.
>
> — 공재동, 〈초록 풀물〉 전문

 시인은 초록 풀물을 '풀들의 피'라고 했다. 힘없고 약한 것들을 무심코 짓밟은 미안함과 아픔이 얼마나 컸으면 시인은 피 흘린 풀들의 아픔에 온종일 가슴 아파했을까. 그가 느낀 아픔은 세상의 모든 하찮은 생명까지 가슴에 품는 사랑의 마음일 것이란 생각이 들었다.

 솔숲을 빠져나오자 후지르마을과 호수의 경계 즈음에서 고운 모래밭이 이어졌다. 맨발로 모래를 밟으며 걸었다. 모래밭을 지나자 야트막한

흙모래 언덕이 호수를 에워싸듯 길게 뻗어있다. 언덕 위에는 별이 총총한 하늘을 배경으로 십여 개의 말뚝에 매단 푸른 천 '하닥'이 바람결에 펄럭이고 있었다. 알혼섬에 남아있는 몽골리안 샤머니즘의 흔적으로 우리의 성황당에서 본 듯한 분위기다. 옛날 몽골족(브리야트족)은 저마다의 소망을 담은 하닥을 나뭇가지나 바위나 대문 등에 칭칭 동여맸다. 그 당시 구하기 힘들었던 '푸른 비단' 하닥은 몽골인 들에게 귀함과 숭배의 상징이었다. 몽골리안 샤머니즘의 발원지이기도한 알혼섬은 지금도 세계의 샤먼들이 영성을 충전하는 성소로 알려져 있다. 이 섬을 '샤먼의 고향' 혹은 '영혼의 집'이라고 부르는 까닭도 거기에 있다.

저녁때 마을 입구의 매점에서 구입한 푸른 하닥 한 자락을 자작나무 가지에 정성껏 동여맸다. 바람을 찍는 사진작가 강운구는 말했다. '바람보다도 더 빨리 눕는' 풀은 없다고. 하지만 나는 하닥을 매며 들풀처럼 살다 시베리아 벌판에서 고독하게 죽어간 '카레이스키'들이 이제는 바람보다 먼저 편안히 누워 쉬기를 진정으로 바랐다.

나는 바위틈에서 채집한 바위솔을 손바닥 위에 올려놓았다. '생명 있는 것들은 모두 다 아름답고 소중한 존재야.' 알혼섬에 잠든 어느 브리야트 샤먼의 영혼이 속삭이는 소리가 들려오는 듯했다. 순간, 손바닥 위의 바위솔이 우주보다 무겁게 느껴졌다. 차르르 차르르 조약돌 구르는 소리를 들으며 한참 동안 바위솔을 바라보았다.

바이칼 호수 언덕의 말뚝에 매단 푸른 천 '하닥'이 바람에 펄럭이고 있다.

에피슈라의 비밀

'신비하고 흥미롭다.'

바이칼을 한마디로 말하라면 이보다 더 적절하게 표현할 말은 없다. 왜 그렇게 생각하고 있는지 바이칼에 가서 직접 보고 느낀 것들의 기억을 더듬으며 나름의 몇 가지 이유를 적어본다.

블라디보스토크에서 열차로 시베리아를 횡단하여 이르쿠츠크까지, 거기서 다시 바이칼까지 7일간의 긴 여행을 마무리하는 마지막 날, 마침내 나는 리스트비얀카의 작은 언덕에 섰다. 바이칼 호수와 앙가라 강이 만나는 이곳은 이르쿠츠크역에서 불과 약 70킬로미터, 버스로 1시간이면 올 수 있는 작은 마을이다.

눈 아래 펼쳐진 장엄하고도 드넓은 바이칼의 푸른 물 위로 갈매기가 날고, 파도가 줄지어 밀려와 부서졌다. 어느 모로 보아도 바이칼은 바다였다. 그래서 바이칼이 '신비하고 흥미롭다'고 한 것은 바로 바이칼이 호수라고 믿을 수 있는 증거가 아무것도 없다는 사실이다. 바이칼에 붙는 화려한 수식어와 숫자는 많다. 예로서 그 몇 가지만 꼽아본다면, 초승달을 닮은 시베리아의 푸른 눈, 시베리아의 진주, 나이 2천5백만 년, 수심

1,742미터로 세계 최고의 깊이, 면적 3만 1,500평방킬로미터로 대한민국의 3분의 1, 전체 둘레 2,000킬로미터, 전 세계 담수의 20퍼센트로 현재 지구에 살고 있는 약 76억 명이 거의 40여 년간 마실 수 있는 양의 물, 물밑 40미터까지 들여다보이는 맑고 깨끗한 물 등이다. 그러나 위에 나열해 본 그 어떤 단어나 숫자로도 바이칼이 호수라는 증명은 되지 못한다.

결국 나는 호수라는 게 믿기지 않아 물가로 다가갔다. 제사상의 정화수처럼 맑은 호수 바닥에 깔린 조약돌이 선명하게 보였다. 일렁이는 물결에 손을 넣어보았다. 7월의 호수인데도 손끝에서 느끼는 찬 기운이 온몸으로 번졌다. 두 손을 옴팍하게 모아 손바가지를 만들어 물을 한 모금 마셔보았다. 달고 시원한 물맛에 염분은 전혀 느껴지지 않았다. 생수통에 채워 넣고 다니며 마셔도 될 것 같았다. 바이칼이 바다가 아니라고 하는 사람은 아마도 소금기가 없는 담백하고 청량한 그 물맛 때문일 것이다. 그래도 여전히 나는 바이칼이 바다라고 말할 수밖에 없었다. 내가 확인한 바이칼은 민물을 담은 바다였다.

바이칼에 대해 좀 더 알고 싶어 리스트비얀카에 있는 바이칼 생태박물관으로 가보았다. 박물관 전속 해설자는 바이칼 탄생의 내력부터 바이칼의 진귀한 것들을 보여주겠다고 했다. 먼저, 바이칼에 서식하는 3,500여 종의 생물 중 희귀 동식물의 실물을 볼 수 있는 대형 수족관으로 갔다. 그중에서도 내 관심을 끈 것은 네르파(Nerpa)라고 하는 바다표범이었다. 바이칼 물개라고도 하는데, 바이칼에는 약 20만 마리의 물

바이칼에만 사는 물고기 오물(Omul)

개가 서식하고 있다고 한다. 바이칼을 '신비하고 흥미롭게' 생각하는 것 중의 한 가지가 바로 그 물개다.

그 외에도 바이칼에만 사는 물고기인 오물(Omul), 속이 보이는 투명한 물고기 갈랴만까, 바이칼의 가장 큰 물고기 철갑상어, 등 신기하고 흥미로운 것들도 많았다. 그러나 유독 물개에 흥미를 느낀 것은 바다에 있어야 할 물개가 어떤 경로로, 어떻게 바이칼에 와서 살게 되었는가 하는 점이었다. 북극해의 물개와 비슷한 네르파는 세계에서 유일한 담수 물개다.

인터넷을 검색해 보니 바이칼은 바다로부터 7천 킬로미터 이상 떨어져 있다. 해발고도 1,500미터~2,000미터의 바이칼산맥이 둘러싸고 있는 바이칼이 바다와 연결되려면 강줄기뿐이다. 그러나 바이칼 물이 빠져나가는 길은 오로지 앙가라 강 하나뿐이다. 앙가라는 바다에 닿기 전, 1,800킬로미터를 흘러가서 예니세이 강과 만나 북극해로 빠진다. 그 물길이 무려 7천 킬로미터인 것이다. 만일 물개가 북극해에서 바이칼로 왔다면, 그 길고 긴 강물을 거슬러 헤엄쳐왔을 것이다. 그렇지 않다면, 혹시 바이칼 물개는 원래 바이칼에서 태어난 것은 아니었을까? 여태 나는 그 답을 찾지 못했다.

바이칼을 '신비하고 흥미롭게' 생각하는 또 다른 이유는, 내가 생각하는 가장 중요한 이유이기도 한데, 호숫물이 항상 '첫새벽에 길어온 맑고 정결한' 정화수(井華水)처럼 맑다는 것이다. 바이칼 안에 있는 알혼섬의 최북단 하보이 곶에 올랐을 때였다. 바람을 맞으며 바이칼의 맑은 물을 바라보고 있으려니 나도 모르게 내 영혼이 순수해지는 느낌이 들었고 스스로 기도하는 마음이 생겼다. 그래서인지 알혼섬의 후지르마을에 사는 부리야트 부족은 바이칼을 '영혼의 정화수'라고 부른다는 말이 가슴으로 느껴졌다.

만약 앞으로 바이칼로 들어오는 물이 없더라도, 앞에서 말했듯이 현재 지구상의 모든 사람이 거의 40년을 마실 수 있을 양이며, 지금처럼 계속 호숫물이 흘러 나가더라도 다 빠지는 데는 약 400여 년이 걸린다고 한다. 여기에서 '신비한' 의문점이 또 하나 생겼다. 오랜 세월 동안 그 많은 양의 물을 간직했다가 하나뿐인 강으로 내보내며 어떻게 정화수와 같은 깨끗한 물을 유지해 올 수 있었을까. 해설자의 설명을 듣고서야 그 비밀을 알게 됐다. 바이칼은 스스로 깨끗해지는 '자기 정화능력'을 갖고 있었던 것이다.

담고 있는 물의 양이 많고 순환이 느림에도 불구하고 물이 깨끗하게 유지되는 것은 바로 1.5밀리미터 정도의 작은 바이칼 새우 '에피슈라'가 살고 있었기 때문이다. 사람 눈으로는 거의 보이지 않을 정도의 지극히 작은 신비한 새우다. 호수를 더럽히는 이물질이나 죽은 물고기, 해로운 박테리아 같은 것들을 잡아먹는 자연의 청소부 역할을 하는 것이다. 해설자는 여기에 정말로 거짓말 같은 '비밀' 하나를 덧붙였다. 러시아 사람들은 바이칼에 빠진 사람을 사흘이 지나도록 찾지 못하면 에피슈라가 먹어 치운 것으로 생각한다고 했다. 에피슈라는 사람이나 동물시체의 해골과 뼈까지도 남김없이 모두 삼켜버린다는 것이다. 바이칼을 정화 시키는 30여 종의 생물들이 있지만, 특히 에피슈라는 수심 50미터 층에 있는 모든 물을 1년에 세 번씩이나 깨끗하게 정화하는 역할을 한다는 것이었다.

그리고 바이칼 물이 항상 깨끗한 이유가 또 한 가지 더 있었다. 바로 지진이다. 겉으로는 멀쩡해 보이는 바이칼의 수심 깊은 곳에서는 끊임없이 지진 활동이 일어나고 있다. 거의 매일 몇 차례씩 미진이 발생하며 연평균 2,000회 이상의 지진이 관측될 정도로 활발하게 일어난다고 한다. 지진은 수천 길의 바닥으로부터 물을 뒤집어 위아래로 흔들어놓는다. '자연정화기' 역할을 하는 에피슈라를 비롯한 많은 생물들이 있었지만, 바이칼은 썩지 않으려고 자신도 스스로를 뒤집어엎는 고행을 쉼 없이 계속하고 있는 것이다. 바이칼이 항상 순수하고 수정처럼 맑고 깨끗한 젊음을 유지하고 있는 비밀은 바로 에피슈라와 지진이었다.

에피슈라 - 리스트비얀카 바이칼 생태박물관 수족관

4부_블라디보스토크에서 바이칼까지

에피슈라 얘기를 하다 보니 요즘 자주 듣는 '비우고 살라'는 말이 떠오른다. 친구들이 관련 동영상이나 메시지를 카톡으로 보내주기도 하고, 티브이에서는 '100세 시대 정신건강' 특별프로그램으로 '비우는 삶' 같은 내용을 방영하기도 한다. 또한 뇌를 휴식시키고 스트레스를 해소시켜 준다는 '멍때리기' 같은 생소한 대회도 생긴 걸 보면 사람들이 일상의 '고뇌'에서 벗어나려는 수행의 방법도 다양하게 변화하고 있음을 느낀다.

그래서 나를 정화시키는 바이칼의 에피슈라 같은 청소부 하나 마음속에 있으면 얼마나 좋을까, 하는 생각을 해본다. 분노, 증오, 대립, 미움, 스트레스, 트라우마 등등 내 마음을 오염시키는 것들을 먹어 치우는 그런 '자연정화기' 같은 것 말이다. 내 욕심이 너무 지나친 걸까. 바이칼이 썩지 않으려고 스스로를 뒤집어엎는 고행을 계속하듯, 나도 누군가가 해주기 전에 나 스스로 세파에 오염된 영혼을 맑고 깨끗이 하는 수양부터 실천하며 하루하루를 헛되이 보내지 말아야겠다.

블라디보스토크에서 바이칼까지

미니픽션
하보이곶의 이방인

하보이곶을 떠난 이방인은 서둘러 마을로 향했다. 그녀가 묵고 있는 자작나무집 펜션에 도착했을 때는 자정이 다 된 시각이었다. 짙은 어둠 속에 거실만 훤했다. 그는 한동안 마당에서 서성이다 창가로 다가갔다. 1년 만에 보는 그녀의 얼굴이 무척 수척해 보였다. 한국에서 바이칼까지 오려면 쉽지 않을 텐데 벌써 4년째다. 그녀를 바라보는 이방인의 눈가에 이슬이 맺혔다.

뿌옇게 증기가 서린 유리창 안에서 그녀는 한 남자와 식탁에 마주 앉아 있었다. 식탁 위에는 보드카 병과 다이빙하는 여자 라벨이 붙은 '바이칼 스카야' 생수통이 보였다. 전설의 바이칼 처녀 앙가라를 상징하는 상표다. 두 개의 크리스털 잔에 술을 채운 그녀는 맞은편 남자에게 잔 하나를 건넸다. 남자는 푸른색 옷에 푸른색 고깔을 쓰고 있었다. 이방인은 알혼섬 후지르마을의 전통 샤먼(shaman) 복장의 브리야트인을 떠올렸다. 후지르에서는 푸른 옷에 푸른 고깔을 쓰고 당나귀처럼 작은 말을 타고 다니는 샤먼을 종종 볼 수 있었다. 푸른 고깔은 그녀가 준 술잔을 식탁에 내려놓은 채 손으로 흑빵을 떼어먹었다. 그녀가 남자에게

바이칼 호수 알혼섬의 하보이곶 절벽

술을 권했다.

"자, 마셔요."

반쯤 열린 유리문 사이로 그녀의 쉰 듯한 목소리가 흘러나왔다.

"스빠씨버, 이즈비니쩨."

하지만 말없이 흑빵을 떼어먹던 푸른 고깔은 아주 미안하다는 표정을 지으며 손사래를 쳤다.

"괜찮아요. 사양할 거 없어요. 당신 술 마실 줄 아는 거 다 알아요."

그녀의 말에 푸른 고깔은 잠시 머뭇거리다가 단숨에 잔을 비웠다. 그녀도 푸른 고깔이 하듯이 단숨에 마셨다. 잔을 비운 그들은 서로에게 한마디도 하지 않았다. 한참 후, 어색한 적막함을 깨뜨리려는 듯 그녀가 입을 열었다.

"남편은 여행을 좋아했어요."

그녀의 거나한 목소리는 거실 밖에서도 크게 들렸다. 창밖의 이방인은 입안에 가득 고인 침을 소리 나지 않게 두어 번 나누어 삼키며 유리창 안을 주시했다.

"그이는 친구 셋과 바이칼에 갔어요. 4년 전 여름이었죠."

단숨에 잔을 비운 그녀가 길게 한숨을 내쉬며 말했다. 창밖의 이방인은 그녀가 뿜어내는 보드카의 독한 알코올 냄새가 맡아지는 듯 고개를 옆으로 돌렸다. 푸른 고깔은 그녀의 얘기를 그냥 듣기만 했다.

"남편과 친구들은 호수 안의 알혼섬 북단의 하보이곶으로 갔어요. 당신들은 알혼섬을 영혼의 집으로 부른다죠? 아무튼 어릴 적 소아마비 후유증으로 한쪽 다리가 불편한 남편은 하보이 절벽 정상에서 발을 헛

바이칼 호수 알혼섬으로 가는 선착장에서 마주친 여자 샤먼

디뎌 그만 호수로 떨어졌어요. 물론 그 사실도 나중에 그이 친구들이 알려줘서 알았어요."

그 순간, 그녀의 얘기를 듣고 있던 이방인이 흠칫 놀라며 창가에서 한 발 뒤로 물러났다. 그때 그녀가 가쁜 숨을 몰아쉬며 일어섰다. 잠시 후, 그녀는 주방에서 보드카 한 병을 더 갖고 왔다.

"연어포, 라르도, 러시아산 햄, 깔바싸……, 안주는 뭐든지 있으니까 실컷 마셔요. 원한다면 샤슬릭도 당장 구워낼 수 있어요."

그녀는 안주거리를 식탁에 내려놓으며 말했다.

"남편 소식을 듣고 곧장 하보이곶으로 달려갔어요. 그러나 현장에 도착했을 땐 이미 구조대원들은 그이의 시신을 찾는 걸 포기한 상태였어요. 바이칼에는 에피슈라라는 아주 작은 새우가 사는데 호수에 들어오는 어떤 불순물도 다 먹어 치운댔어요. 동물시체의 해골이나 뼈까지도 3일이면 흔적도 없이 사라진대요."

잠시 말을 멈춘 그녀의 눈에 언뜻 물기가 비쳤다. 창밖의 이방인은 마치 그녀가 자신을 바라보는 것 같아 얼른 머리를 창틀 밑으로 숙였다. 다시 그녀의 목소리가 들렸다.

"붉은 대장종양 같은 이끼가 다닥다닥 달라붙은 바위 절벽이었어요. 하늘까지 닿을 듯 치솟은 높다란 하보이곶의 절벽을 올려다본 순간, 그이가 부르는 환청이 들렸어요. 정말, 바로 옆에서 부르는 것 같았어요. 소리를 따라 호수 속으로 뛰어들려고 했지만 그렇게 하지 못했어요. 오늘도 그 절벽에 갔다가 마침 근처 부르한 바위에서 샤먼 의식을 치르던 당신을 본 거예요. 매년 그이가 죽은 날이면 그 절벽에서 뛰어내리려고 찾아 가지만 막상 절벽 위에 서면 엄두가 나지 않아요. 오늘도 뛰어내리지 못했어요. 나는 그런 여자예요. 왜 그런지 나도 모르겠어요."

빈 술잔을 든 채 서 있던 그녀는, 절망적인 목소리로 왜, 왜, 라며 절규하다 알 수 없는 소리를 마구 질렀다.

"알아요? 난 지금 살아있는 게 아니라고요! 그이는 내 영혼까지 다 가져갔어요. 에피슈라가 바이칼을 깨끗이 청소해버리듯 말예요."

그녀는 바닥에 풀썩 주저앉았다.

"그이가 그리워요. 영혼이라도 한번 만나보고 싶어요. 자, 이쯤에서 당신의 능력을 보여주세요. 지금 내 앞으로 그이의 영혼을 데려온다면 돈은 원하는 대로 다 드리겠어요."

샤먼 바위 - 아시아 9대 성소(聖所) 중 하나인 불한 바위

그제야 꼿꼿이 앉아 있던 푸른 고깔은 가방에서 푸른색의 긴 비단 천과 북을 꺼냈다. 그러고 나서 목과 허리에 푸른 비단을 칭칭 동여맨 다음, 북을 치며 큰 소리로 주문을 외기 시작했다. 그 소리는 마치 달빛 없는 캄캄한 밤에 하늘을 향해 울부짖는 야생의 들개나 여우가 울부짖는 소리 같았다. 한참 후, 거실을 빙빙 돌며 주문을 외던 푸른 고깔이 힐끗 창가 쪽을 쳐다보았다. 깜짝 놀란 창밖의 이방인은 재빠르게 몸을 낮추었다.

벽에 기대어 고자누룩이 앉아 있는 그녀의 눈길은 초점을 잃은 채 먼 곳을 향해 있었다. 그녀는 침묵했고, 북소리와 푸른 고깔의 주문 외는 소리만 요란하게 하늘로 날아올랐다. 멀리서 자정을 알리는 종소리가 들려왔다. 그때, 희붐한 빛의 안개가 자욱이 밀려왔다. 창밖에서 줄곧 그녀를 지켜보고 있던 이방인을 끌어안은 안개는 푸른 고깔이 두드리는 북소리에 맞춰 남실남실 창틈을 넘어 들어갔다. 잠시 방안을 맴돌던 한 덩이 안개가 스멀스멀 그녀의 몸을 감쌌다. 안개에 휘감긴 그녀는, 몇 번 몸을 뒤척이고는 깊은 잠 속으로 빠져들었다. 주문을 외는 푸른 고깔은 더욱 힘차게 북을 두드렸다.

단편소설

이콘을 찾아서

 무언가를 찾듯 천천히 고개를 옆으로 돌렸다. 눈앞의 사물이 테두리만 어릿어릿하게 보였다. 꿈을 꾸고 있는 건지도 모르겠다는 생각이 들었다. 다시 고개를 반대쪽으로 돌리는데, 위층 침대 밖으로 비주룩 나온 발이 보였다. 문득, 어쩌면 그녀의 발일지도 모른다는 착각에 빠졌다. 사위가 어둑하여 자세하게 구별하긴 어려웠지만 순간적인 느낌은 그랬다. 하지만 그녀의 발이라고 하기에는 너무 컸다.
 갑자기 덜커덩 소리가 들리며, 침대 밖으로 삐져나온 발이 흔들렸다. 그때, 뿌우, 뿌우, 뿔고동 나팔을 부는 것 같은 소리가 들렸다. 열차가 울리는 경적이었다. 그 소리는 내가 시베리아 횡단 열차의 객실 침대에 누워있다는 사실을 일깨워주었다. 그제야 조금 전에도 열차가 심하게 흔들렸고, 그때 막 잠이 깼다는 것을 알았다. 깰 머리에 얼핏 본 것은 2층 침대의 위층에서 자고 있는 사내의 발이었다는 것도 꿈이 아니었구나, 라고 중얼거리며 다시 눈을 감았다. 그러나 눈을 감고 있어도 좀체 잠이 오지 않았다. 감았던 눈을 뜨자 바로 코앞에 흔들리는 발이 보였다. 나는 그것을 보지 않으려는 듯 몸을 옆으로 돌렸다. 열차의 객실 출입문이 눈에 들어왔다. 얼핏 내가 일하는 '고섶' 카페의 창고방 문을 닮았다는 느낌이 들었다. 카페 주방 옆에 샌드위치 패널로 칸을 막아 방을 들였다. 창고 겸 쉼터로 쓸 요량으로 만든 것이었다. 열차의 객실 출입문은 바로 그 카페 창고방의 문이 있을 자리였다. 그러나 열차의 문에는 달력 대신 그 자리에 화려한 금색 바탕의 이콘이 걸려있었다. 그림 속의 이국적인 양파 모양을 한 둥근 돔 지붕의 건축물이 생소했다. 분명 카페의 창고방 같은데 모두 낯설었다. 출입문을 바라보던 나는 이내 고개를 돌려버렸다. 갑자기 혼란스러워졌다. 내가 누워있는 곳이 카페 창고방인지, 혹은 열차의 객실인지 분간이 되지 않았다. 무슨 헛것을 본 것 같기도 하고 꿈속을 헤매는 것 같기도 했다. 모든 게 너무 비현실적으로 느껴졌다. 60여 시간 열차를 타고 온 탓에 지쳐서 그런 것 같기도 했다. 등허리가 축축했다.

눈앞에서 일렁이는 발에 자꾸 신경이 쓰였다. 더는 잠잘 생각을 떨쳐버리고 사내의 발을 뚫어지게 쳐다보았다. 길쭈름하고 뚝뚝한 발 모양은 희붐한 미명 속에서도 뚜렷했다. 그렇게 크고 중뿔난 발은 세상 어디에도 없을 것 같았다. 언젠가 미국 피지에이(PGA) 투어 중계방송을 보던 때였다. 한 프로골퍼가 들고나온 퍼터에 눈길이 갔다. 직육면체 모양의 커다란 헤드는 마치 부삽이나 쓰레받기처럼 보였다. 전체가 검은색인 쇳덩이 헤드는 벼루를 연상케 하기도 했다. 아무튼 처음 본 기괴한 모양의 부삽 퍼터를 닮은 듯한 사내의 발은 그녀의 발보다 세 배는 더 커 보였다. 순간, 나에게 발을 내밀며 겸연쩍게 웃던 그녀의 모습이 떠올랐다.

러시아 정교회와 이콘으로 둘러싸인 성당 내부 모습

"제 발이 밉죠?"

그녀의 양쪽 발은 안으로 굽어있었다.

"태아가 엄마의 자궁 안에서 눌리면 저처럼 발이 뒤틀린 만곡족이 될 수 있다고 해요."

그녀가 의사한테 들었다며 한 말이었다. 어릴 적, 그녀가 뒤뚱뒤뚱 걸으면 보기 흉하다고 엄마가 방 빗자루로 엉덩이를 때렸다고 했다. 하지만 이상하게 전혀 아프지 않았고 엄마가 밉거나 화가 나지도 않았다고 했다. 그녀는 엄마에게 매를 맞아도 결코 한 번도 울지 않았다고 했다.

"제 엉덩이를 때린 날엔 엄마는 밤새 저를 품속에 안아주셨어요. 전 엄마 품에 안겨 잠잘 때가 제일 행복했어요. 숨이 막힐 정도로 저를 가슴에 꼭 안아주셨거든요."

나는 그녀의 굽은 발을 생각하며 잠시 눈을 감았다가 발바닥을 한쪽 벽에 대고 똑바로 누웠다. 그런 다음, 다리를 쭉 펴서 양쪽 발을 그녀의 발처럼 안쪽으로 비틀어보았다. 발꿈치 힘줄이 당기며 발목에 통증이 왔다. 그녀는 태어나서부터 어쩔 수 없이 지독한 발목통증을 견뎌내며 온종일 걸었을 터였다.

사내의 발은 여전히 침대 밖으로 삐져나온 그대로였다. 멍하니 천장을 바라보았다. 그렇게 해서라도 다시 편안한 기분을 되찾고 싶었다. 천장을 바라본다고 했지만 사실 그것은 사내가 자는 침대의 등판 바닥이었다. 사내를 처음 보았을 때가 떠올랐다. 내가 배낭을 내려놓고 막 침대 끝에 걸터앉았을 때였다. 그가 객실로 들어왔다. 맨발에 샌들을 신었다. 뭉툭하고 커다란 그의 발은 엄지발가락이 유난히 짧았다. 새끼발가락보다 한 마디나 짧았다. 즈드라 스트부이찌! 라며 그가 웃었다. 러시아인들이 처음 본 사람에게 던지는 인사일 것이라고 생각했다. 나도 그에게 안녕하세요, 라며 웃었다. 그는 털썩 내 옆에 앉으며 객실 입구에 둔 커다란 캐리어를 끌어당겼다. 그때 동양인을 닮은 50대의 남녀가 객실로 들어섰다. 부부로 보이는 그들은 푸른 색 비단옷에 푸른색의 고깔모자를 썼다. 사진에서 본 브리야트족의 샤먼 같았다. 얼핏 보아 몽골족 같기도 한 그들은 한국인을 쏙 빼닮았다. 푸른 옷의 두 사람은 맞은편 침대에 나란히 앉았다. 두 사람을 데리고 온 러시아인 남자 차장이 침대에 앉은 우리를 한없이 무덤덤한 얼굴로 둘러보았다. 한참 후, 그는 아무 말 없이 객실을 떠났다.

나는 러시아인 차장보다 더 무표정한 얼굴로 객실을 둘러보았다. 마치 주방용품으로 가득 찬 카페의 창고방에 갇힌 느낌이었다. 2등실 '꾸페'는 어릴 적 살았던 셋집의 콧구멍만 한 단칸방보다도 작았다. 나는 숨이 막힐 정도로 비좁고 답답한 객실을 달리 더 적절하게 표현할 말을 찾지 못했다. 수십 시간을 이 비좁은 실내에서 네 사람이 함께 지낼 일은 생각만 해도 끔찍했다. 침대에 누워 다리를 뻗어보았다. 길이는 내 머리끝에서 두 뼘 정도 여유가 있었다. 어깨 넓이의 침대는 조금만 잠을 험하게 자도 바닥으로 뒹굴 것 같았다. 열차의 침대는 옹색하고 불안했다. 푸른 옷의 두 사람은 맞은편 2층 침대의 아래위에 제각각 자리를 잡고 누웠다. 그러자 침대 끝에 엉거주춤 걸터앉았던 사내도 사다리를 밟고 위층으로 올라갔다. 고소공포증이 있는 나는 조금만 높은 곳에 올라도 어지럼증이 일었다. 서울에서 블라디보스토크까지 올 때도 비행기를 타지 않고 강원도 속초항에서 떠나는 직항 페리를 이용했다. 사내가 순순히 위층으로 올라가서 다행이었다. 자칫 서로 아래층을 쓰겠다고 입씨름이라도 해야 할 판이었는데 말이다. 열차표엔 달랑 객실 번호만 있고, 정해진 침대 자리는 없었다.

나는 자투리 잠이라도 자려고 몸을 뒤척였다. 그러나 눈앞에 보이는 그의 발을 떨쳐버릴 수가 없었다. 귀찮게 느껴지던 그의 발이 점차 시간이 흐르면서 이젠 짜증이 밀려왔다. 그러다가 환자들이 북적거리는 병실에 누워있을 그녀를 떠올렸다. 그녀는 온몸에 화상 치료용 붕대를 감고 살이 찢기는 고통을 참고 있을 것이었다. 두 달 전 어느 날이었다. 나는 카페의 서빙 테이블에서 커피를 내리고 있었고, 그녀는 주방에서 주문받은 점심 메뉴를 준비했다. 그날따라 손님이 평상시의 배나 많았다. 휠체어를 탄 50대 남자 세 명과 초록색 조끼를 걸친 남자 둘, 그리고 엄마와 같이 온 초등학생 여자아이가 전부였지만.

손님들이 엇비슷한 시간대에 모여들자 그녀의 손길도 바빠졌다. 주방일을 보던 그녀가 타일 바닥에 미끄러졌다. 넘어지는 순간, 그녀는 무언가를 잡았다. 그것은 조리대 위의 포터블 가스버너 손잡이였다. 버너가 뒤집히며 허공으로 튀어 올랐다. 끓고 있던 찌개가 그녀의 허벅지에 쏟아졌다. 순간, 버너의 엘피가스 통이 폭발음을 내며 터지면서 옆의 기름통에 불이 옮겨 붙었다. 주방 쪽이 금세 불길에 휩싸였다. 바닥에 넘어진 그녀는 얼른 일어나지 못하고 허우적댔다. 그녀의 손을 재빨리 잡아 일으켜준 다음, 나는 서빙 테이블을 훌쩍 뛰어넘었다. 휠체어부터 바깥으로 내보내야 했다. 다른 손님들은 재빨리 홀을 빠져나갔다.

세 번째 휠체어를 대피시켰을 때, 그녀가 데굴데굴 바닥을 구르는 게 보였다. 손으로 얼굴을 감싼 채 옷에 붙은 불을 끄려고 뒹굴고 있었다. 주방 쪽에서 흘러나온 기름으로 불길은 더욱 거세졌고, 발이 불편한 그녀는 미처 그 불길을 피하지 못했다. 나는 손에 잡히는 대로 테이블보 하나를 걷어 그녀의 몸을 감쌌다. 그러고 나서 그녀를 번쩍 들어 안았다. 그때, 바닥에 뭔가 떨어지는 소리가 들렸다.

"그거 주워주세요. 잃어버리면 안 돼요."

그녀가 늘 목에 차고 있던 은색 목걸이였다. 목걸이를 주워 내 바지 주머니에 넣었다.

"아, 이콘, 이콘이 타요!"

내 팔에 안긴 그녀가 다시 팔을 내저으며 외쳤다. 나는 그녀가 가리키는 쪽으로 고개를 돌려 바라보았다. 미팅 룸에 걸린 액자에 불길이 번지고 있었다. 이건 '블라디미르의 성모' 이콘이에요. 언뜻 그녀가 그것을 가리키며 설명하던 기억이 스쳤다. 엄마의 목을 감고 있는 아기의 발에 불이 붙었다. 매캐한 나무 타는 냄새가 맡아졌다. 불길에 엄마의 얼굴이 이지러지며 아기를 안은 채 후드득, 아래로 떨어졌다. 나는 그녀를 안은 팔에 더욱 힘을 주었다. 한 번 거칠게 숨을 내쉰 다음, 곧장 밖으로 뛰쳐나왔다.

네 번의 밤과 낮이 바뀌는 동안 줄곧 열차 안에서만 지내면서 일상의 시간을 거의 잊어버렸다. 해가 떨어져도 낮처럼 훤했다. 잠시 캄캄한 어둠으로 덮였다가 금방 또 아침이 왔다. 오늘따라 캄캄한 시간이 좀 더 길게 느껴졌다. 몇 시나 되었는지 가늠이 되지 않았다. 객실을 둘러보았다. 먼지가 낀 희치희치한 주황색 전구가 물건들의 위치만 겨우 알려주었다. 나란히 마주한 두 개의 2층 침대 어름에 타원형의 작은 붙박이 테이블이 있다. 그 테이블에 앉아 출국 전에 미리 준비한 '전투식량'으로 끼니를 해결하고 술도 마시고 커피도 마셨다. 순간, 내가 처음으로 고섶 카페에 간 날이 떠올랐다.

쉬는 날이면 입에 맞는 커피 한 잔이 생각났다. 하지만 가까운 곳의 몇 안 되는 커피 전문점들은 모두 문을 닫았다. 그런 어느 날, 카페 고섶이 동네에 들어섰다. 카페의 위치는 이름처럼 집에서 바로 고섶에 있었다. 고섶에 처음 간 날, 그녀는 미팅룸에서 여러 개의 이콘을 걸어두고 설명을 하고 있었다. 맞춤하게 그 시간에 내가 간 것 같았다. 설명을 듣는 사람은 50대의 남자 셋과 30대쯤으로 보이는 여자 둘뿐이었다. 남자들은 모두 휠체어를 타고 있었디. 나는 입구에서 가장 가까운 의자에 앉았다.

"이콘은 중세 비잔티움 시대의 종교예술이라고 할 수 있어요. 보통 그리스, 러시아 등을 중심으로 한 동방교회의 성화를 말해요. 이콘은 중세 그리스 아토스산의 정교회 수도자들이 처음 만들었다고 해요."

그녀는 이콘 제작 과정에 대해 설명을 계속했다. 이콘을 만든 수도자들은 스스로를 신의 빛과 진리를 이미지로 받아 적는 필경사라고 했고, 그래서 그들은 이콘을 그린다고 하지 않고 쓴다고 했다고 했다. 자신은 대학에서 3년간 이콘 이론과 실기 공부를 했다며 잠시 회상에 잠기듯 눈까지 감았다. 이콘에 대해 전혀 아는 게 없었던 나는 그녀의 설명이

블라디미르의 성모(R-Bladimirskaja), 비잔틴 이콘(12세기), 100cm×70cm, 러시아 모스크바 뜨레챠코프 미술관

매우 흥미로웠다. 그녀의 눈이 자주 나를 향했다. 나도 설명을 들으며 그녀의 눈을 똑바로 응시했다.

"이건 블라디미르의 성모예요. 원본은 모스크바 뜨레챠코프 미술관에 소장되어있어요."

그녀는 벽에 걸린 액자 중 하나를 가리키며 말했다.

"여기, 아기의 모습을 보세요. 자신의 볼을 엄마의 볼에 맞대고서 왼손으로 엄마의 목을 꼭 감고 있어요. 세상 어떤 무서움이 닥쳐도 굳세게 아기를 지켜주려는 엄마의 마음이 느껴져요. 이 앞에 서면 언제나 어머니가 생각나요. 제 발을 고쳐주지 못해 어머니는 늘 마음 아파하셨어요. 돈이 많이 드는 교정 치료는 엄두도 내지 못했지요. 생활이 어려웠거든요. 제가 세 살 때 아버지가 교통사고로 돌아가셨어요."

설명이 끝나자 사람들은 서둘러 카페 밖으로 나갔다. 그리고 그녀가 나에게 다가왔다. 나는 과테말라 안티구아 커피 두 잔을 주문했다. 배뚝배뚝 주방으로 걸어가는 그녀의 엉덩이가 좌우로 심하게 흔들리며 금세라도 넘어질 것처럼 불안했다. 잠시 후, 그녀는 딸그락딸그락 잔이 부딪치는 소리를 내며 커피 두 잔을 들고 왔다. 그리고 내 앞에 마주 앉으며 말했다.

"오픈 한 지 6개월 되었어요. 아직은 알음알음 지인들 소개로 오시는 분들이 대부분이에요. 새로운 손님이 오면 반가워요."

그녀와 눈을 마주하며 나는 그녀가 진심으로 나를 반기고 있다는 걸 느꼈다.

"혼자 운영하세요?"

"절 도와주던 바리스타가 있었어요. 휠체어를 타는 뇌병변장애를 가진 분이었는데, 대형 프랜차이즈 점에 취직을 해서 갔어요."

나는 그녀의 은색 목걸이를 유심히 바라보았다. 빨간 하트 장식이 흔들렸고, 나는 잠시 현기증이 일었다. 갑자기 그녀의 흔들거리는 엉덩이가 떠올라서였다. 그 순간에 내가 왜 그녀의 엉덩이를 떠올렸는지 나도 몰랐다. 젠장, 누군가가 나를 흘깃흘깃 여자 엉덩이나 훔치며 사는 추잡한 놈이라고 욕할지도 몰랐다.

"그런데 무슨 일하세요?"

그녀가 갑자기 생각이 났다는 표정으로 물었다.

"사진 촬영을 다닙니다. 내달엔 상트페테르부르크로 갈 계획입니다. 백야 축제 사진 몇 장 건져볼까 해서요."

"사진작가세요?"

"그렇다고 할 수 있죠."

내가 '그렇다고 할 수 있다'고 한 것은 남들이 흔히 말하는 프로가 아니라는 뜻이기도 했고, 생판 아마추어도 아니라는 뜻이기도 했다. 그래서 그렇게 두루뭉술 대답한 것이었다. 나는 사진 콘테스트나 개인 작품전에는 별로 관심을 두지 않았다. 다만 돈이 되는 사진이면 어디든 열심히 쫓아다녔다. 내가 처음으로 돈을 받고 사진을 판 것은 10여 년 전 용인의 어느 놀이공원에서였다. 후룸라이드를 타는 고객들에게 중간중간에 찍은 스냅을 팔았다. 그 후에는 촬영한 슬라이드 스틸을 모아두었다가 광고회사나 기업체에 팔기도 했다.

"그럼, 저 좀 도와주시지 않을래요?"

그녀가 대뜸 도움을 청했다. 사실 나에게는 3년 전에 학원에서 딴 바리스타 자격증이 있었다. 그녀를 도울 수도 있을 것 같았다.

"어떤 일을 도와드리면 될까요?"

"고섶을 사회에서 소외된 이들을 위한 문화예술 카페로 만드는 게 꿈이에요. 문을 열 때부터 도대체 이 문제를 누구와 얘기해야 하나, 하고 머리가 아팠어요."

그녀는 집 근처의 성당에서 운영하는 고아원에서 컸다고 했다. 그녀가 여덟 살 때, 자궁암으로 투병하던 어머니가 죽으면서 원장수녀한테 그녀를 맡아달라고 부탁했다. 그녀는 여태껏 고아원에서 주방 일을 도우며 수녀들과 함께 지냈다. 그러다가 최근에 요리사 자격증을 딴 후, 고아원 일을 그만두고 그동안 푼푼이 모은 돈으로 카페를 열었다고 했다. 홀의 한쪽을 통유리로 막아 미팅 룸을 만들었다. 인문학 강좌나 전시회, 소그룹 모임 등의 공간으로 활용할 것이라고 했다.

"음, 지금 막 생각한 건데, 우선 사진 전시회부터 열면 어떨까요? 준비해주실 거죠? 저는 누구에게나 이렇게 막무가내로 떼를 쓰는 버릇이 있다니까요. 전시회비용은 나중에 돈 벌면 드릴게요. 요즘은 하루 버는 게 고작 10만 원도 안 돼요."

그녀는 한 손으로 입을 가리고 소리 없이 웃었다. 나는 집에 와서도 '저 좀 도와주시지 않을래요?' 라는 그녀의 말이 계속 머릿속에서 한참을 서성댔다. 마흔이 넘도록 혼자인 나는, 출사를 나가지 않는 날에는 방안에서 뒹굴고 있는 것보다 고섶에서 커피 향내를 맡으며 일하는 것도 괜찮을 것 같았다. 그녀의 도발적인 요청이 처음엔 의아스럽기도 했지만, 어쩐지 그녀를 도우는 것은 내가 해야 할 의무처럼 느껴졌다. 물론 보수는 한 푼도 없겠지만.

  오줌이 차오르며 방광이 터질 듯 뻐근했다. 화장실에 가려고 일어서면 사내의 발에 머리를 부딪힐 것 같았다. 그러나 더는 참을 수가 없었다. 천천히 옆으로 몸을 굴린 다음, 고개를 숙이고 간신히 침대에서 빠져나왔다. 다행히 머리가 사내의 발에 닿지는 않았다. 그래도 나는 어찌나 귀찮고 짜증스러운지 당장에 그를 깨워 발을 안으로 넣으라고 하거나 발을 잡아당겨 침대에서 끌어 내리고 싶었다. 하지만 더 급한 건 오줌이 아니던가. 복도로 나온 나는 화장실까지 어기적어기적 벋다리로 걸었다. 걸으면서 찔끔찔끔 오줌을 흘렸다.
  화장실의 녹이 슨 양철 변기 뚜껑을 연 순간, 나는 그만 '흑!'하고 숨을 멈추었다. 속을 파낸 호박처럼 빈 변기에서 회오리바람이 몰아쳤다. 자갈이 깔린 열차의 선로가 훤히 내려다보였다. 나는 화급히 지퍼를 내리고 오줌을 갈겼다. 열차가 흔들리는 통에 막대같이 세찬 오줌발이 변기 언저리를 쳤다. 오줌 파편이 발등과 매트로 튀었다. 뻥 뚫린 변기에서 불어오는 서늘한 바람이 사타구니를 스쳤다. 아, 시원해! 나도 모르게 튀어나온 말이었다. 화장실에는 손바닥 두 개를 합친 것 만한 작은 세면대가 있었다. 배수관 마개를 막고 물을 받았다. 두 손을 옴팡하게 모아 세면대의 물을 퍼서 오줌이 묻은 아랫도리를 닦았다. 등과 배에도 그렇게 물을 퍼서 부었다. 머리에도 여러 번 물을 부었다. 오줌이 튄 발은 손으로 박박 문질러서 닦았다.

뜻밖의 온몸 샤워로 한결 기분이 좋아졌다. 객실로 돌아온 나는 창문을 조금 올렸다. 창틈으로 들어오는 바람이 살가웠다. 나는 침대 밖으로 비죽 나온 사내의 발을 부드럽게 안으로 밀어 넣었다. 그리고 가방에서 푸른색 로프를 꺼냈다. 객실에 매달아 빨랫줄로 쓸 요량으로 가져온 등산용 로프였다. 그가 자는 침대 양쪽 끝에 로프를 매어 여러 번 둘렀다. 그러자 사내의 발이 침대 밖으로 비져나오지 않을 것 같아 좀 마음이 놓였다. 열차는 덜컹거리며 달렸다. 침대 귀퉁이에 매달린 2층으로 올라가는 사다리가 시계추처럼 규칙적으로 벽에 부딪히며 딸깍거렸다. 덜컹, 딸깍, 덜컹, 딸깍, 소란스러운 새벽이었다. 그러나 객실의 사람들은 열심히 잠을 잤다. 시끄러운 소음 속에서도 끄떡없이 자고 있는 그들이 신기할 뿐이었다.

침대에 로프 매는 일을 끝낸 나는 약간 나른해졌다. 커피 생각이 났다. 가방에서 커피를 꺼냈다. 그녀가 5백 밀리미터 병에 담아준 안티구아 커피 농축액이었다. 커피 액이 담긴 머그컵을 들고 복도로 나갔다. 객실 옆의 사모바르에는 늘 펄펄 끓는 물이 있었다. 사모바르의 작은 수도 꼭지를 조심해서 눌렀지만 뜨거운 물이 손등에 튀었다. 그놈의 사모바르인지, 오모바르인지, 빌어먹을! 꼭지를 누르면 언제나 뜨거운 물이 튀어 깜짝깜짝 놀랐다. 힘주어 꼭지를 눌러야 하는 데다 뜨거운 물이 튀는 러시아식 주전자인 사모바르가 흉물처럼 느껴졌다. 하지만 커피나 라면 같은 인스턴트식품을 먹으려면 어쩔 수 없이 그놈의 꼭지를 눌러야 했다. 살짝 누르기만 해도 온수와 냉수가 술술 나오는 고섶 카페의 정수기가 그리웠다.

객실로 돌아온 나는, 커피를 마시며 창밖의 자작나무숲을 바라보았다. 미소를 지으며 나를 바라보는 그녀의 얼굴이 자작나무숲과 겹쳐졌다. 어딘가 텅 빈 것 같은 허전함이 몰려왔다. 블라디보스토크에서 모스크바까지 지구 둘레의 4분의 1을 가는 시간은 일상의 시간개념이 아니었다. 어쩔 수 없이 열차 안에서 보내야 하는, 그저 막막한 시간일 뿐이었다. 앞으로 내가 살아갈 시간들도 그렇게 막막할 것이었다. 나는 이제 그녀의 시선이 없어도 나 혼자 있는 시간에 익숙해져야 했다.

그녀와 늦도록 카페 운영에 대해 얘기를 나눈 날에도 늘 허전함이 남았다. 나는 사진 전시회 준비를 위해 거의 매일 고섶에 나갔다. 커피를 내리고, 음식 서빙을 하고, 청소하고, 그러면서 자연스럽게 그녀와 고섶의 공동운영자가 되었다. 그러나 문제도 많았다. 메뉴를 바꾸거나 새로 정하기, 가격 정하기, 집기비품 관리, 식재료 주문, 인테리어 바꾸기, 인터넷에 카페 알리기 등 어느 것 하나 쉽게 결정하지 못했다. 어느 날 저녁, 그녀와 가격 정책에 대해 얘기했다. 그녀는 모든 메뉴를 장애인에게는 천 원씩 할인해주자고 했다. 그러나 나는, 그것은 역차별이라며 반대했다. 역차별이란 단어를 구태여 쓸 필요가 없을지도 몰랐다. 우리의 목표는 고섶 카페를 장애인이나 비장애인, 노인이나 어린이까지, 차별 없이 누구라도 와서 편하게 즐길 수 있는 곳으로 만드는 것이었다. 그녀는 자기 마음을 알아주지 않는다며 서운해했다. 하지만 그녀와 나는 이윤 축적을 하지 않는다는 약속이 있었다. 우리의 노동으로, 고섶을 계속 유지할 수 있을 만큼의 수익만 바랐다. 나는 그렇게 정한 가격을 또 할인하는 건, 결국 우리의 노동이 착취당하는 거나 다름없는 것이라고 생각했다. 그래서 나는 내 주장만 했는지도 몰랐다.

 발이 시렸다. 조금 올려두었던 창문을 닫았다. 그런 다음 침대에 누워 이불을 덮었는데도 발이 차고 저렸다. 발을 만져보았다. 얼음장처럼 차가웠다. 복숭아뼈와 발뒤꿈치에 붙은 각질에 손이 스칠 때마다 서걱거렸다. 연화 연고나 보습용 바셀린 크림을 발라도 얼마 가지 않아 다시 각질이 생겼다. 순간, 아기 발처럼 보드랍고 통통한 그녀의 발이 떠올랐다.
 어느 날 저녁, 영업이 끝난 시간이었다. 그녀가 대야 가득 물을 떠서 미팅 룸으로 갔다. 그녀는 의자에 앉아 발을 담근 다음, 구부정하게 등을 구부려 자신의 발을 주물렀다. 통유리로 칸을 막은 미팅 룸은 안이 훤히 들여다보였다. 그녀가 자신의 발을 남에게 보인 것은 전혀 뜻밖이었다. 그녀는 옷에 특별히 신경을 쓰지는 않았다. 검은색 치마와 흰 블라우스에 회색 조끼를 카페 유니폼처럼 입었다. 그런데 치마는 언제나 땅에 끌릴 정도로 길어서 발을 볼 수 없었다. 옷자락에 덮인 발은 정말 코끝조차 보이지 않았다. 그래서 내가 그녀의 발을, 더군다나 뽀얀 맨발을 본 것은 처음이었다.
 나는 그녀의 발을 만져보고 싶은 충동을 견딜 수가 없었다. 잠시 멈칫거리다 그녀에게 다가갔다. 미팅 룸 안으로 들어서자 그녀가 고개를 들었다.
 "종일 서 있으면 발바닥에 불이 붙은 것처럼 화끈거려요. 오늘부터 이렇게 해서라도 불을 꺼야겠어요."
 그렇게 말하면서 그녀는 아무 일 없었다는 듯 다시 등을 구부려 발을 주물렀다. 그녀가 발을 닦는 동안 나도 아무렇지 않은 듯 미팅 룸을 휘둘러보았다. 그때였다. 그녀 등 뒤의 블라디미르 성모 이콘 속 아기 발이 눈에 들어온 것은. 엄마의 목을 감고 있는 아기의 한쪽 발이 맨발이 아닌가! 알 수 없는 일이었다. 매일 여러 번 어김없이 본 그림인데 아기의 발이 맨발인 줄은 전혀 몰랐다. 자세히 살펴보니 오른쪽은 신발을 신었는데 왼쪽은 신발이 벗겨진 채로 발바닥이 드러났다. 아기는 뭔가 무서운 것에 쫓겨 화급히 달려오다 한쪽 신발을 잃어버린 것 같았다. 놀란 아기를 품에 안은 엄마의 눈에는 걱정이 가득했다. 나는 그렇게 느꼈다.

문득, 발을 닦고 있는 그녀가 이콘 속의 아기처럼 느껴졌다. 등을 구부린 그녀가 힘들어 보였다. 아마 그녀는 자신을 품속에 안아줄 엄마를 그리워하고 있을지도 몰랐다.

"제가 해드릴게요."

나는 그녀의 발을 닦아주겠다고 했다. 그녀가 놀란 눈으로 나를 올려다보았다. 고개를 든 그녀의 얼굴은 멀미를 하다 막 배에서 내린 사람처럼 피곤해 보였다. 나는 말없이 그녀의 발을 하염없이 내려다보며 서 있었다. 그녀의 굽은 발이 마치 살아있는 생물체처럼 물속에서 일렁였다. 그녀도 고개를 숙인 채 대야 속 자신의 발을 물끄러미 쳐다보았다. 한참 만에 그녀가 고개를 들며 말했다.

"그래도 정말 괜찮겠어요?"

그러면서 그녀는 멋쩍게 웃었다.

"괜찮아요. 제가 닦아드릴게요."

그러자 그녀가 머뭇거리며 나에게 발을 내밀었다. 아기 발처럼 작고 투명한 그녀의 발에는 각질이나 군살 같은 건 없었다. 가볍게 그녀의 발을 쥐었다. 그러자 발가락이 사르르 오므라들었다. 내 손안에 그녀의 발이 쏙 들어왔다. 따뜻하고 보드라웠다. 마치 방금 삶은 달걀을 쥐고 있는 듯했다. 그녀가 발가락을 꼼지락거릴 때마다 내 마음이 흔들렸다. 꼬물거리는 발가락을 쥐고 있으면 나도 모르게 내 몸이 자꾸만 가닐거렸다. 그럴 때마다 나는 그녀의 발을 살짝살짝 감아쥐었다 놓았다 했다. 그러면서 나는 손으로 그녀의 은밀한 곳을 애무하는 상상에 빠져들었다. 중학교 때부터였다. 나는 교과서보다는 성인용 잡지나 만화를 더 즐겨보았다. 비키니 수영복 차림의 유명 여배우 사진도 여러 장 모았다. 좀 더 커서는 성인용품점에서 여체의 하반신을 본떠서 만든 쿠션을 사서 베고 자기도 했다. 나는 본래 태어나기를 그렇게 음충한 인간으로 태어났다. 그러니 그녀의 발을 닦으며 내 몸이 가닐거린 것은 어쩌면 당연한 일인지도 몰랐다.

  나는 꺼칠꺼칠한 발바닥의 군살을 쓰다듬으며 그녀의 보드라운 발을 기억했다. 살며시 발을 쥐면 팽팽하게 수축하는 그녀의 발꿈치 힘줄과 발가락의 작은 움직임까지 느껴졌다. 발바닥을 가볍게 문지르고 발을 주무르면 그녀는 어깨를 이리저리 뒤틀었다. 나중엔 허리까지 비틀며 입을 옴짝거리다 한숨인 듯, 신음인 듯 잠꼬대 같은 소리를 흘렸다. 지금도 그녀의 보드랍고 탄력 있는 발의 질감들을 생생하게 느낄 수 있었다. 그러나 그녀의 발은 이제 한갓 곡두일 뿐이었다. 나는 고개를 흔들어 그녀의 생각을 떨쳐버리려 했다.

  그러던 순간, 불현 듯 그녀와 미팅 룸에서 커피주를 마신 날이 떠올랐다. 그날은 장애인에게 모든 메뉴를 천 원씩 할인해주는 문제로 그녀와 나시락타시락 입씨름을 한 날이었다.

"우리 커피 한잔해요."

그녀가 침묵을 깨며 일어섰다.

"커피주 먹어봤어요? 맛이 괜찮아요."

신경을 곤추세우며 논쟁을 한 후의 서먹한 분위기를 바꾸려는 그녀의 배려였다. 주방에서 커피를 내리며, 그녀가 나를 뚫어져라 바라보았다. 언뜻 눈가에 물기가 비친 것 같았다. 그녀는 숨을 한 번 길게 내뿜었다. 잠시 후 그녀가 뒤뚱뒤뚱 커피 두 잔을 들고 왔다. 갓 만들어 온 커피주는 보드카의 향과 구수한 커피 맛이 어우러진 독특한 맛이 느껴졌다. 나는 그녀와 카페를 공동으로 운영하면서 서로의 생각과 사물에 대한 감각이 얼마나 어떻게 다른지 날마다 새롭게 경험했다. 처음 마셔보는 커피주 맛처럼.

커피주를 마시며 마주앉은 그녀를 바라보았다. 갑자기 그녀를 갖고 싶었다. 바라보면 바라볼수록 그녀가 더욱 갖고 싶어졌다. 그녀와 결혼하면 행복해질 것 같았다. 이렇게 말하면, 남들은 식상한 말이라고 할지 모르지만 아무래도 상관없었다. 하지만 결혼을 하자고 하면, 대뜸 그녀가 안 된다며 자리를 박차고 일어설 것만 같았다. 곁눈질로 그녀의 얼굴을 슬쩍 바라본 후 고개를 돌리는데, 블라디미르 성모 이콘이 눈에 들어왔다. 그 순간, 불현 듯 나는 깨달았다. 그녀의 발을 닦을 때, 언제부턴가 나는 그녀의 발이 아니라 이콘 속의 아기 발을 닦았다. 발을 닦아주려고 그녀 앞에 쪼그려 앉으면 그녀의 어깨 너머로 아기 발이 보였다. 그녀의 발이 이콘 속 아기 발처럼 느껴졌다. 어느새 나는 아기의 발바닥에 묻었을 오물을 닦고 있었던 것이다. 그런데 이상하게도 내가 이콘 속의 아기 발을 닦고 있다는 생각을 하면서부터 발에 낀 각질처럼 두텁게 내 마음을 덮고 있던 음습한 생각들이 양파껍질처럼 한 겹 한 겹 벗겨지는 느낌이 들었다. 내가 그녀를 진심으로 갖고 싶어진 것도 그래서인지도 몰랐다.

"늘 같은 목걸이를 해도 지루하지 않아요?"

나는 결혼하자는 말 대신 불쑥 그녀의 목걸이에 대해서 물었다. 순전히 장식용으로 그걸 차고 있는 것 같지는 않았다. 누군가 앞날을 약속한 남자가 주었을지도 모를 일이었다.

"세례받을 때 고아원 원장이 준 거예요. 이 선물을 받으며 뒤틀린 발을 대물림해주는 엄마가 되지 않을 것이라고 결심했어요."

그녀는 목에 차고 있던 은색목걸이를 들어 보이며 말했다. 그녀는 자신처럼 만곡족으로 태어나는 아이 중 30퍼센트는 가족력과 관련이 있다는 사실을 알게 되었다고 했다. 그리고 유전자 검사도 받았는데, 17번 염색체에 이상이 있다는 사실을 알았다고 했다. 아버지 발은 기억이 나지 않지만 어머니는 온전한 발이었다고 덧붙였다.

"제 나이 마흔 넷인데, 그동안 마음 한구석에 결혼해서 아이 낳아 키우며 남들처럼 살고 싶다는 생각이 왜 없었겠어요. 하지만 그런 생각이 들면 머리를 흔들며 이를 악물었어요. 결코 결혼은 하지 않을 거라고."

그녀의 말을 듣는 순간, 무어라고 말을 하고 싶은데 머리가 멍할 뿐 입이 벌어지지 않았다. 만약 그녀와 결혼을 하자고 했더라면 당장 지옥으로 꺼지라고 했을지도 몰랐다. 나는 두뇌 칩을 제거해버린 인간 로봇처럼 멍한 채로 한동안 그 자리에서 꼼싹할 수 없었다.

그녀와의 결혼을 생각하던 때를 기억하며 팔베개를 하고 누워있던 나는, 문득 병실 침대에 누운 그녀의 얼굴이 떠올랐다. 그녀를 테이블보로 감싸 안고 불길 속을 빠져나올 때까지 그녀의 한쪽 다리가 허벅지부터 발끝까지 심한 화염화상을 입었다는 걸 몰랐다. 그녀는 4시간이 넘는 응급수술을 받았다. 나는 대기실의 스크린을 통해 그녀의 살과 함께 녹아버린 옷을 벗겨내는 수술 장면을 지켜보았다. 두 달이 지난 지금도 도저히 그 기억을 떨칠 수 없었다.

"얼굴 부위의 화상은 경미하여 다행입니다. 그러나 화상이 심한 하체 부위는 앞으로 몇 차례 피부이식수술을 받아야 할 겁니다."

응급수술을 마친 담당 의사의 말이었다. 병문안을 온 고아원 사람들은 그녀의 화상을 보며 무섭다고 손으로 얼굴을 가렸다. 나는 그들 앞에 마치 죄인이 된 기분이었다. 그녀를 지켜주지 못한 나쁜 놈이라고 손가락질을 할 것 같았다. 그녀를 온전히 화마에서 구해주지 못한 나는 정말 저주받아 마땅할 인간인지도 몰랐다. 보드카를 들이킨 듯 목이 타고 숨을 쉬기가 힘들었다. 베고 있던 팔이 저렸다. 벌떡 일어나 앉은 나는, 혀를 굴려 억지로 침을 한 모금 만들어 삼켰다. 내가 떠나던 날 아침, 병실로 그녀를 보러 갔을 때였다.

"이콘 찍어오는 거 잊지 말아요. 사진작가님!"

그녀는 올가을에 고아원 수녀님들과 러시아의 뜨레챠코프 미술관에

갈 계획이었다. 그러나 치료 중이라 언제 갈지 모르게 됐으니 내가 상트페테르부르크 가는 길에 모스크바에도 들러 블라디미르의 성모 원본사진을 찍어오라는 것이었다.

"염려 말아요. 경비원이 촬영을 못 하게 하면 훔쳐내서라도 꼭 찍어올 테니."

그러자 그녀가 입가에 엷은 웃음을 띠며 나에게 손을 내밀었다. 나는 붕대가 감긴 그녀의 손등에 가볍게 입을 맞추었다. 그때 피고름이 묻은 붕대 뭉치가 그녀 머리맡의 상자 속에 보였다. 멀쩡하던 내 눈에 난데없이 눈물이 고였다.

희부옇게 하늘이 밝아올 즈음, 서쪽을 향해 달리던 열차가 급히 남쪽으로 방향을 틀었다. 오른쪽 창 너머로 바이칼호수가 모습을 드러냈다. 열차는 호수 언저리를 따라 달리고 있었다. 그제야 나는 그녀를 떠나 지구의 어느 멀고 먼 곳에 이르렀음을 깨달았다. 갑자기 그녀의 발이 눈앞에 일렁였다. 손으로 그녀의 발을 잡으려 하면, 사르르 발가락이 오므라들며 점점 멀어졌다. 그러나 결코 눈에서 완전히 사라지지는 않으면서 한없이 멀어졌다. 그 순간, 나는 여태까지 그녀와 결혼할 꿈을 꾸고 있다는 것을 알았다. 웃음이 나왔다. 나라는 인간은 본래 눈물이 나는 일에도 웃는 인간이었을까. 웃음과 울음을 분간 못 하게 생겨 먹었는지 아니면 우스울 때 눈물이 나고 슬플 때 웃음이 나게 내 신경 전달 세포가 거꾸로 입력이 되었는지 알 수가 없었다. 하하, 웃으면서 눈물을 흘렸다. 아니 눈물이 마구 쏟아졌다. 내가 가련해서 눈물을 흘리는 게 절대 아니었다. 팔과 다리에 화상치료 붕대를 친친 감고 있는 그녀의 고통이 내 뼛속까지 파고든 때문이었다. 그때 활활 타오르는 불길 속에서 그녀가 데굴데굴 바닥을 구르는 모습이 떠올랐다. 그녀는 손으로 얼굴을 감싼 채 온몸에 붙은 불을 끄려고 뒹굴고 있었다. 한동안 가슴이 먹먹해졌다. 나는 젖은 눈을 질끈 감았다.

축축한 새벽안개가 걷히자 햇귀가 객실 안까지 퍼졌다. 햇살 한 가닥이 열차의 출입문에 걸려있는 이콘에 닿았다. 황금색 바탕이 환하게 빛났다. 양파 모양의 화려한 돔 지붕은 마치 스스로 빛을 내는 발광체 같았다. 창문을 열고 창밖의 호수를 내다보았다. 바이칼을 따라 달리는 내 마음은 어느새 블라디미르의 성모를 찾아가고 있었다.

"다음 달 12일, 맞죠?"

내가 귀국할 날을 물어보던 그녀의 목소리가 들리는 듯 했다. 나는 점차 그 목소리 속으로 빠져들었다.